W0108116

Hans-Martin Tillack

Die korrupte Republik

Über die einträgliche Kungelei
von Politik, Bürokratie und Wirtschaft

| Hoffmann und Campe |

1. Auflage
Copyright © 2009 by
Hoffmann und Campe Verlag, Hamburg
www.hoca.de
Satz: atelier eilenberger, Leipzig
Gesetzt aus der Janson Text und der Univers
Druck und Bindung: Friedrich Pustet, Regensburg
Printed in Germany
ISBN 978-3-455-50109-4

HOFFMANN
UND CAMPE

Ein Unternehmen der
GANSKE VERLAGSGRUPPE

Inhalt

Vorwort

Man stelle sich ein Land vor, in dem es nicht strafbar ist, einen Parlamentsabgeordneten zu bestechen. Ein Land, in dem die Generalität gern Tanzveranstaltungen organisiert und diese von den größten Waffenlieferanten bezuschussen lässt. Ein Land, in dem ein Regierungschef unmittelbar nach seiner Amtszeit in den Dienst eines Konsortiums tritt, dessen Geschäftsvorhaben er zuvor befördert hat. Warum auch nicht? Sein Amtsvorgänger führte eine millionenschwere schwarze Kasse und ist trotzdem weiterhin hoch angesehen.

Natürlich, die Rede ist von Deutschland. Lange glaubten seine Bewohner, ihre Republik sei korruptionsfrei. Bestechung galt als Phänomen, das nur südlich des Alpenkamms auftrete. Deutschen Beamten unterstellte man eine preußische Dienstauffassung, die sich mit Bakschisch und Unterschlagung nicht vereinbaren ließe. Korruption in Bundesministerien? So etwas gebe es nicht, versicherten Bonner Beamte noch Ende der neunziger Jahre im Brustton der Überzeugung.

Erst langsam wird uns heute bewusst, dass wir in einer anderen Republik leben – einer anderen, als wir uns das vorgemacht haben. Nur allmählich realisieren wir, dass Deutschland ein Korruptionsproblem hat. Inzwischen wissen wir, dass nicht nur die CDU schwarze Kassen führte, sondern auch der Vorzeigekonzern Siemens. Nicht nur im Frankfurter Hochbauamt, sondern auch in der deutschen Bankenaufsicht hielten Beamte die Hand auf. Korruption ist in Deutschland zum Alltagsphänomen geworden.

Nur die Politik tut immer noch so, als habe sie damit nichts zu tun. Dieselben deutschen Minister, Parlamentarier und Beamte, die unsere Computer online überwachen lassen und detailliert festlegen, wo geraucht werden darf und wo nicht, fallen beim Kampf gegen die Korruption in eine merkwürdige Dauerstarre. In der Koalitionsvereinbarung von CDU/CSU und SPD, geschlossen Ende 2005, wird die »konsequente Korruptionsbekämpfung« nur einmal erwähnt, im Kapitel Entwicklungshilfe. So als trete dieses Problem nur in den Tropen auf.

Auch in den Bundestagswahlkämpfen hat das Thema noch nie eine prominente Rolle gespielt. In den USA war die Eindämmung der »culture of corruption« in Washington ein Kernthema des erfolgreichen Präsidentschaftskandidaten Barack Obama. Auch sein republikanischer Gegenspieler John McCain wetterte im Wahlkampf gegen »Klüngel« und Korruption in Washington. Er engagierte sich seit Jahren für eine striktere Kontrolle der mächtigen Lobby in der US-Hauptstadt. Ist Washington korrupter als Berlin? Das muss als unwahrscheinlich gelten, denn bei uns ist vieles legal, was in den USA als strafbar und skandalös gilt.

Doch das treibt nur wenige Berliner Politiker um. Anders die Bürger. In deren Augen geht es um ein echtes Problem und ein wachsendes dazu. Dem Korruptionsbarometer der Berliner Organisation Transparency International zufolge rechneten Ende des Jahres 2007 69 Prozent der Deutschen damit, dass die Korruption in den folgenden drei Jahren zunehmen werde. 77 Prozent hatten den Eindruck, die Regierung gehe nicht wirksam genug gegen Korruption vor. Als besonders korrupt gelten den Bürgern neben der Privatwirtschaft die politischen Parteien.

Ihnen dürften dabei neben den Affären um CDU und Siemens einige weitere Vorgänge vor Augen gestanden haben. Zum Beispiel die Zahlungen von Großkonzernen an Bundestagsabgeordnete, für die die Parlamentarier offenkundig keine erkennbare Gegenleistung erbringen mussten. Oder die kontroverse Diskussion um den Wechsel von Exkanzler Gerhard Schröder (SPD) zu dem vom russischen Mehrheitsgesellschafter, dem Staatskonzern Gazprom, dominierten Konsortium Nord Stream AG, das an einer Pipeline durch die Ostsee verdienen will, deren Bau Schröder selbst als Kanzler vorangetrieben hatte.

Nichts davon war illegal. Viele Bürger fanden die genannten Vorfälle trotzdem verwerflich. Nach einer Definition der Weltbank ist Korruption der Missbrauch anvertrauter Macht zum persönlichen Vorteil.

Dazu zählt einiges, was in Deutschland üblich und erlaubt ist. In vielen anderen Ländern sind die Regeln sehr viel schärfer als hierzulande. Unsere Gesetze sind lax, weil es die Berliner Politik so will.

Korruption ist ein Delikt der Mächtigen. Sie ist ein Oberschichtenphänomen. Die Täter gehören zur Crème de la Crème unserer Gesellschaft. »Männlich, über 40 Jahre, ohne Schulden und Vorstrafen«, das sei der typische Korruptionssünder, hat die Gießener Kriminologin Britta Bannenberg ermittelt. Gestatten, Elite!

Darum liegt der Verdacht nahe, dass der Kampf gegen Korruption unter Politikern schon deswegen wenig beliebt ist, weil die Täter unter den eigenen Kollegen zu finden sind. Oder unter denjenigen in der Wirtschaft, auf deren Förderung die politischen Parteien besonders angewiesen sind. Sicher ist, dass der Bundestag bei der Korruptionsbekämpfung aus eigener Kraft wenig zustande bringt. Der Anstoß zu Reformen kommt fast immer von außen, sei es durch internationale Abkommen oder den Druck der Öffentlichkeit. Letzterer ist in der Bundesrepublik immer noch schwächer als in anderen Staaten. Die deutsche Öffentlichkeit scheint sich mit der ganz legalen, alltäglichen Korruption abgefunden zu haben.

Bis heute hat die Bundesrepublik nicht die UN-Konvention gegen Korruption ratifiziert. Weil die Mehrheit der Bundestagsabgeordneten nicht will, dass Abgeordnetenbestechung konsequent bestraft wird, stehen wir schlechter da als Albanien oder Uruguay. Und selbst der Europarat in Straßburg kritisiert die deutsche Praxis, wonach hohe Staatsdiener und Politiker ohne große Umstände zu Firmen wechseln können, die von ihnen vorher begünstigt wurden.

Whistleblower dagegen – also Beamte oder Firmenmitarbeiter, die die Wahrheit über schmutzige Deals ausplaudern – gelten bei uns oft als Nestbeschmutzer. Wir haben nicht einmal ein deutsches Wort für diese mutigen Menschen, während sie in den USA oder Großbritannien schon seit Jahren per Gesetz geschützt werden. Und während Staatsanwälte in Italien unabhängig ermitteln und selbst einen amtierenden Ministerpräsidenten ins Visier nehmen konnten, stehen deutsche Staatsanwälte bis heute unter der Fuchtel der Landesjustizminister. Selbst wo Korruption in Deutschland eindeutig strafbar ist, wird sie so oft nur zögernd verfolgt, weil die Ermittlungsbehörden unterbesetzt oder überpolitisiert sind – oder beides.

Kaum etwas erleichtert dubiose Geschäfte auf Kosten des Steuerzahlers so sehr wie das deutsche Amtsgeheimnis. Bis heute erhalten in Deutschland die Bürger – und selbst gewählte Abgeordnete – keinen Einblick in vom Staat geschlossene Verträge mit privaten Unternehmen. Wenn Firmen mit Steuergeld bedacht werden, hat das die Steuerzahler nichts anzugehen. Das ist die Logik deutscher Behörden.

Während die Bürger etwa in Schweden schon seit über zwei Jahrhunderten das Recht haben, fast alle Arten amtlicher Dokumente einzusehen, stellen sich die Behörden bei uns bis heute stur. Selbst nach der – sehr späten – Einführung eines Informationsfreiheitsgesetzes im Jahr 2006 ist die Bundesrepublik in Sachen Transparenz ein Entwicklungsland. Immer noch denkt man sich in Bundesministerien allerlei Vorwände aus, um die Bürger von den Akten fernzuhalten.

Doch die Regierenden in Berlin verharren nicht nur in der Regelungsblockade beim Kampf gegen das Korruptionsproblem. Sie schaffen auch ganz neue Korruptionsrisiken. Wir alle sind Zeugen einer nie dagewesenen Kommerzialisierung der deutschen Politik.

In Zeiten des weltweiten Wettbewerbs um Exportanteile und Industrieansiedlungen sieht sich der Staat mehr denn je als Speerspitze des Business. Deutsche Ministerien lassen in ihren Amtsstuben sogar Firmenmitarbeiter an Gesetzen mitschreiben. Phantombeamte aus der Finanzbranche konnten Gesetze mitformulieren, die die Bankenaufsicht neu regelten – offenkundig eher schlecht als recht. Jahre bevor die rot-grüne Regierung den Bürgern wenigstens ein Minimum an Informationsfreiheit gewährte, hatte sie die Lobbyisten bereits dutzendweise in die Ministerialbürokratie hineinkomplimentiert.

Anders als noch im kleinstädtischen Bonn hat überdies in Berlin das Sponsoring der Regierung durch interessierte Konzerne massiv zugenommen. Wo die Ministerialbudgets von Jahr zu Jahr gekürzt werden, suchen Beamte Ersatz. All die Berliner Sommerfeste müssen eben finanziert werden – wenn nicht vom Steuerzahler, dann von der Firma, die sich demnächst einen Auftrag des Ministeriums erhofft.

Weil die Globalisierung das gut geölte Räderwerk der alten Deutschland AG aufgebrochen hat, nahm auch die Zahl der Lobbyisten in Berlin sprunghaft zu. Doch anders als in Washington oder inzwischen sogar in der EU-Hauptstadt Brüssel verfügt die Bundesrepublik über so gut wie keine Regulierung des Lobbyeinflusses auf die Politik.

Selbst die Bundesverfassungsrichterin Christine Hohmann-Dennhardt beklagte im September 2008 auf einer Fachtagung in Berlin »eine umfassende Infiltration« der Politik durch Privatinteressen. Und sie diagnostizierte eine »zunehmende Geneigtheit« der Politik, sich darauf einzulassen.

Im Gefolge der Finanzkrise lässt sich nicht mehr leugnen, dass die Marktwirtschaft nur funktioniert, wenn der Staat die Rolle des Hüters spielt. Die Wirtschaft braucht den Wettbewerb, aber der braucht die Aufsicht der Politik. Sie muss die Regeln setzen und ihre Befolgung kontrollieren. Doch auch in Deutschland hatte die Regierung es zugelassen, dass Lobbyisten die Regeln mitschreiben konnten – Regeln, nach denen der Finanzmarkt wenig später kollabierte.

Während der Staat dem gemeinen Bürger gegenüber immer noch fast so herrisch auftritt wie eh und je, werden große Firmen und Lobbyisten hofiert und eingebunden. Deren angebliche Betriebsgeheimnisse sind gar ein probater Vorwand, den Bürgern Informationsrechte zu verweigern. So verweben sich staatliche Ziele mit dem Profitinteresse einzelner Firmen.

Gewiss, für gezielte Wirtschaftsförderung gibt es viele gute Argumente. Aber sie öffnet auch der Korruption Tür und Tor – dann nämlich, wenn Beamte und Politiker willkürlich entscheiden können, welche Firmeninteressen dem Allgemeinwohl dienen und welche nicht. Und Willkür lässt sich umso leichter praktizieren, wenn die Öffentlichkeit ausgesperrt bleibt. Denn Korruption gedeiht dort, wo das Geheimnis regiert.

Korruption und Unterentwicklung gehören zusammen. In Ländern, die Betrug und Bestechung energisch bekämpfen, wächst die Wirtschaft schneller als anderswo. In Dänemark, Finnland oder Schweden sind die Behörden besonders transparent und bürgerfreundlich. Zugleich wuchs dort die Wirtschaft regelmäßig stärker als bei uns. Wo die Bürger den Behörden vertrauen können, wagen sie es auch eher, etwas zu riskieren. Wo in der Dritten Welt die Korruption am schlimmsten grassiert, bleiben auch die Investoren fern. Firmen, die ihre Produkte nur mit Bakschisch an den Mann bringen, haben auf die Dauer nirgendwo eine Chance.

Gewiss, Deutschland gehört nicht zu den Ländern, in denen Bestechung und Schutzgelder den Alltag regieren, wie zum Beispiel in dem neuen EU-Mitgliedsland Rumänien, wo man nach Schätzungen von Experten ein Drittel des örtlichen Bruttosozialproduktes einsetzen müsste, wollte man alle Korruptionsfälle aufklären.

In Sachen Korruptionsbekämpfung ist Deutschland sehr viel besser dran als Liberia oder Bulgarien. Aber wollen wir uns an Westafrika oder dem östlichen Balkan messen? Natürlich nicht. Unsere engsten Partner sind die Länder Nord- und Westeuropas, die USA und Kanada. Mit den Beneluxstaaten, Frankreich, den Ländern Skandinaviens oder auch Großbritannien sind wir seit vielen Jahrhunderten eng verbunden, und sei es in Konflikt und Rivalität. An ihnen messen wir uns wirtschaftlich und kulturell, nicht an Ruanda oder Albanien.

Beim Blick auf die Statistiken fällt auf, dass viele unserer Nachbarländer beim Schutz vor Korruption besser dastehen als Deutschland – zum Teil deutlich besser. Beim alljährlichen Korruptionsindex von Transparency International werden die Spitzenplätze seit Beginn im Jahr 1995 von Ländern wie Finnland, Dänemark und Schweden eingenommen. Die Niederlande, die Schweiz, Österreich, Luxemburg, Kanada und Großbritannien stehen traditionell ebenfalls weiter oben als die Bundesrepublik. Die USA und Frankreich folgen wenige Plätze hinter uns.

Der TI-Index misst keine harten Fallzahlen. Er beziffert die wahrgenommene Korruption, auf einer Skala von 0 – der gravierendste Wert – bis 10. Deutschland lag 1995 bei 8,14, im Jahr 2008 bei 7,9. Eine Verbesserung ist das nicht.

Regelmäßig erstellt auch die Weltbank in Washington ein ähnliches Ranking. Anders als Transparency International ist sie keine Nichtregierungsorganisation, sondern eine internationale Bank. Die Bundesrepublik ist der drittgrößte Anteilseigner. Bei ihrem Korruptionskontrollindex hat sich Deutschland über die Jahre erkennbar verschlechtert. Im World Bank Governance Report stand Deutschland 2006 bei einem Wert von 1,78. Zehn Jahre zuvor waren es 2,08.

Die statistische Fehlerquote kann solche Fluktuationen zur Not gerade noch erklären. Trotzdem ist auffällig, dass die uns benachbarte Schweiz auf deutlich höherem Niveau immerhin stabil blieb und sich Finnland in derselben Zeit weiter nach oben schob: von 2,29 auf einen Wert von 2,57.

Das sind keine leeren Zahlenspielereien. Wäre Bestechung hierzulande ähnlich selten wie in Finnland, könnte das Durchschnittseinkommen der Deutschen um sechs Prozent steigen, sagt der Passauer Volkswirt Johann Graf Lambsdorff, der jedes Jahr für Transparency International den weltweiten Korruptionsindex erstellt. Denn mit jedem Punkt, um den sich ein Land auf dieser Skala von 0 bis 10 verbessere, stiegen die Auslandsinvestitionen um 0,5 Prozent und das Durchschnittseinkommen um vier Prozent.

Allein für das Jahr 2008 schätzt der Linzer Wirtschaftsprofessor Friedrich Schneider die Kosten der Korruption in Deutschland auf bis zu 295 Milliarden Euro. Ein Grund: Wenn sich Firmen Aufträge durch Bestechung erschleichen können, gehen ehrliche und möglicherweise effizientere Konkurrenten leer aus und rutschen in die Pleite.

Der Bund Deutscher Kriminalbeamter kam auf eine jährliche Schadenssumme von 200 Milliarden Euro – auch wegen der Steuerausfälle und der überhöhten Preise, die die Behörden von Bund, Ländern und Gemeinden an Lieferanten zahlten, die ihre Aufträge mit unlauteren Mitteln ergatterten.

Korruption ist nicht nur eine Gefahr für die Wirtschaft. Sie unterminiert auch die Demokratie. Sie sei »ein sehr guter Indikator für die Schwäche demokratischer Systeme«, schreibt der britische Politikwissenschaftler Colin Crouch. Ihr Auftreten zeige, »dass die politische Klasse zynisch und amoralisch geworden« sei und sich kritischer Überprüfung entziehe. Crouch hat den Begriff der Postdemokratie geprägt. Gemeint ist ein System, in dem zwar weiter demokratische Wahlen stattfinden, aber hinter den Kulissen die »Macht der Wirtschafteliten« und der Lobby zunimmt.

Viele Bürger beschleicht die Angst, dass diese Diagnose auch unsere Republik zutreffend beschreibt. Doch in der politischen Klasse in Berlin gibt es nur wenige, die das als Alarmzeichen sehen. »Politiker haben keinen Anreiz, Korruption zu bekämpfen«, sagte 2005 die Münchner Oberstaatsanwältin und Korruptionsexpertin Regina Sieh in resigniertem Tonfall. »Sie wollen vielmehr gar nichts von dem Thema wissen.«

Diese Haltung ist fahrlässig. In puncto Bildung und Demographie gilt die Bundesrepublik vielen schon länger als der kranke Mann Europas. Nun drohen wir auch beim Kampf gegen Betrug und Korruption zurückzubleiben. Das ist eine Gefahr für das Land und unsere Demokratie.

Kapitel 1 »Das Einfallstor in die Korruption«

Fallstudie Regierungssponsoring: Wie große Firmen deutsche Ministerien mit Spenden bedenken und die Beamten das Sponsoring am liebsten geheim gehalten hätten.

Die Lüfte sind lau an dem Samstagabend im Juni 2006. Generalleutnant Aarne Kreuzinger-Janik eröffnet das Sommerfest der höheren Kommandobehörden der Luftwaffe in Köln. Bundeswehrgeneräle flanieren in Uniformsmoking, untergehakt die festlich gekleidete Gattin. »De Cölln Band« und das Luftwaffenmusikkorps aus Münster spielen zum Tanz. Die Militärs gönnen sich – so wird es später heißen –»Kulinarisches aus fünf Kontinenten«. Es ist gerade Fußballweltmeisterschaft, und darum diskutieren die Offiziere angeregt über den Zustand der Wade von Michael Ballack. Am Ende gibt es Feuerwerk und Geschenke für die Damen.

»Die Welt zu Gast bei Freunden« – so lautete das Motto der Festivität. Es hätte auch anders heißen können, etwa: »Wir kennen uns, wir helfen uns«. Denn einen Großteil des Festbudgets finanzierten nicht etwa die Generäle selbst, auch nicht der Steuerzahler, sondern große Rüstungsfirmen. Der deutsch-französische Luftfahrtriese EADS ließ etwas springen, ebenso die französische Thales-Gruppe, die Rüstungsfirmen MTU und Diehl sowie zwei weitere Unternehmen. Sie hatten das Fest mit 6500 Euro Zuschuss ermöglicht. Die Lufthansa Technik AG und eine Pyrotechnikfirma aus Eitorf an der Sieg stellten Damenpräsente und Feuerwerk.

Spricht man über Korruption in Deutschland, sollte man vielleicht zunächst über das reden, was hierzulande nicht als Korruption gilt, sondern als ganz normal. Etwa wenn Rüstungskonzerne die Bälle deutscher Generäle finanzieren. Oder die Deutsche Telekom Beamten des Gesundheitsministeriums ein Buffet spendiert, um deren interne Party aufzupeppen. Oder die Krankenkasse AOK 85 000 Euro an

Versichertenbeiträgen abzweigt, um die Sommerfeste des Bundespräsidenten zu bezuschussen.

Die korrekte Bezeichnung für diese Art von Zahlungen ist nicht Bestechung, sondern »Sponsoring«. Und zwar Behördensponsoring. Es ist verbreiteter, als die meisten Bürger denken. Und es hat bereits eine beträchtliche Tradition. Trotzdem dauerte es bis zum Januar 2007, bevor Details dieser Praktiken breiter bekannt wurden. Da enthüllt der *stern*, wie der Rüstungskonzern EADS seit Jahren als Sponsor Empfänge, Bälle und Essen für Ministerialbeamte, Bundeswehr und ihre Gäste mitfinanziert. Allein von 2003 bis Ende 2006 steigen zwanzig solcher Festivitäten, immer von EADS oder Tochterfirmen wie Airbus und Eurocopter bezuschusst.

Mal zahlt EADS 9500 Euro für »Musik«, »Feuerwerk« und »Bewirtung«, mal die Tochter Airbus 15 000 Euro für eine Feier anlässlich »50 Jahre Luftwaffe« in Laage. Mal unterstützt der Konzern den »Ball des Sanitätsdienstes« oder auch das Oktoberfest des Heeresverbindungsstabs in Fort Rucker (Alabama) in den USA. Insgesamt förderten EADS und ihre Töchter von 2003 bis 2006 das Wehrressort mit Geld und Sachleistungen im Wert von über 87 000 Euro. Das Volumen ähnelt dem der Parteispenden des Wehrunternehmens. Die kamen 2006 auf insgesamt 50 000 Euro.

EADS ist nicht der einzige Sponsor des Verteidigungsministeriums. Auch Krauss-Maffei, Diehl, Rheinmetall, Thyssen-Krupp, Heckler & Koch und der französische Rüstungsriese Thales lassen hin und wieder etwas springen. Und andere Ministerien hatten und haben ebenfalls ihre spendablen Freunde.

Beim Stichwort Sponsoring denkt man zunächst an Sportveranstaltungen und die Förderung von Radrennställen oder Formel-1-Teams durch Telekomfirmen und Tabakkonzerne. Dass dieselben Unternehmen in ähnlicher Weise seit Jahren auch deutschen Behörden Finanzhilfe leisten, war lange kaum jemandem bekannt.

Der Grund, warum die Bürger nicht viel über das Regierungssponsoring erfuhren, lag nicht nur darin, dass Bundesminister und ihre Beamten, anders als Radrennfahrer und Formel-1-Piloten, keine Trikotwerbung tragen. Die verbreitete Unkenntnis war die Folge offizieller Politik. Während die Namen von Parteispendern seit vielen Jahren ab einer bestimmten Schwelle – heute 10 000 Euro – publik gemacht werden müssen, gedieh das Regierungssponsoring lange Zeit im Verborgenen. Die Bundesregierung ließ wenig über das Zuschusswesen verlauten und nannte vor allem eines möglichst nicht: die Namen der Sponsoren.

Aus schlechtem Gewissen? Anders als Radsportteams oder Formel-1-Rennställe werden deutsche Ministerien ja eigentlich bereits von den Steuerzahlern finanziert. Den Umfang ihrer Budgets bestimmt nicht die Ministerialbürokratie selbst, sondern der vom Volk gewählte Bundestag.

»Haben sich Parlament oder Kommunalvertretung ... bei der Verabschiedung des Haushalts darauf verständigt, einem bestimmten Zweck nur begrenzte – im Haushalt ausgewiesene – Ausgaben zuzuweisen«, urteilte der Sponsoringforscher Frank Meininger 2000 in einer Dissertation, »so darf dieser parlamentarische Wille nicht dadurch unterlaufen werden, dass die Verwaltung Sponsoringmittel akquiriert und auf diesem Weg das ihr vorgegebene Budget – entgegen der parlamentarischen Zielrichtung – eigenmächtig erhöht.«

Die Regierungsapparate sind also gehalten, mit den Summen auszukommen, die ihnen das Parlament bewilligt. Sie sollten überdies im Sinne des Gemeinwohls handeln und Unabhängigkeit demonstrieren. Um diese zu garantieren, dürfen Beamte keine Geschenke annehmen, deren Wert bei 25 Euro oder höher liegt. Für das Sponsoring gelten diese Grenzen nicht.

Wie Regierungssponsoring modern wurde

Wann genau die ersten Spender den deutschen Ministerien finanziell unter die Arme griffen, ist selbst dem dafür zuständigen Bundesinnenministerium unbekannt. Es muss einige Jahre zurückliegen. Und es galt unter den Bundesbeamten lange als verpönt. Im März 1997 organisierte der Rechtswissenschaftler Meininger eine Umfrage unter den Mitarbeitern von 41 Bundesbehörden. Nur 15,7 Prozent derjenigen, die Antworten einreichten, hatten Erfahrungen mit Sponsoring.

Damals waren noch 62,5 Prozent der Bundesbediensteten der Meinung, Sponsoring sei gefährlich. Denn, so hörte es Meininger: »Der Bürger denkt, die Verwaltung neige zu Gefälligkeiten gegenüber dem Sponsor.« Stolze 68,5 Prozent der befragten Bundesbeamten waren ganz generell »gegen eine Anwendung des Finanzierungsinstruments Sponsoring«. Mehrfach, so hörte Meininger, »wird die Auffassung vertreten, Sponsoring sei mit der öffentlich-rechtlichen Aufgabenwahrnehmung nicht vertretbar«.

Das war 1998. Die Jahre vergingen, und die Bedenken schwanden. Die Regierung zog nach Berlin, und Sponsoring wurde hoffähig. Sachte schwoll der Geldstrom an, doch die Behörden machten davon nicht viel Aufhebens.

1997 verbuchten die Ministerien laut Bundesrechnungshof 17,5 Millionen Euro an eingeworbenen Sponsorenleistungen, 1999 sammelten sie bereits 23 Millionen ein. 2005 und 2006 waren es im Schnitt schon 41,2 Millionen. Früher spendierten die Firmen vor allem Sachleistungen – etwa kostenlose Plakatflächen für Anti-Aids-Kampagnen. Heute geht es beim Sponsoring meistens um Cash.

Die Rechnungshöfe des Bundes und der Länder machten schon früh auf die Gefahren dieser Praktiken aufmerksam. Bereits im September 1998 warnten die Präsidenten der Höfe in einem gemeinsamen Beschluss, sie betrachteten den Trend zum Sponsoring »mit Sorge«. Die Spendenpraxis sei nichts weniger als ein potenzielles »Einfallstor in die Korruption«.

Die Rechnungshofpräsidenten machten auch einen konstruktiven Reformvorschlag. Um eine parlamentarische und »öffentliche Kontrolle« zu ermöglichen, sollten die Namen der Geldgeber »offengelegt werden«.

Die Forderung verhallte. Der Strom der Sponsorenmittel wurde breiter. Im März 2002 unternahm der Bundesrechnungshof einen neuen Anlauf. In einem vertraulichen Bericht an den Haushaltsausschuss des Bundestages kritisierten die Prüfer die amtliche Schattenwirtschaft mit scharfen Worten. Würde die Regierung sich durchringen, auf Sponsoring »möglichst grundsätzlich zu verzichten«, wäre das die beste Lösung, mahnten die Rechnungsprüfer. Ein Großteil der eingeworbenen Sponsorengelder – nämlich 70 Prozent – werde von den Bundesbehörden noch nicht einmal im Haushalt ausgewiesen. Das sei geeignet, die Budgetrechte des Parlaments zu verletzen.

Schon der »Anschein finanzieller Abhängigkeit von bestimmten Wirtschafts- oder Gesellschaftskreisen« könnte »das Vertrauen der Bürger in die Verwaltung« deutlich »erschüttern«, schrieb der Rechnungshof weiter. Der »bisweilen naheliegende Verdacht«, dass der Sponsor unzulässige Gegenleistungen erwarte, könne »in den Bereich der Bestechung und Bestechlichkeit« führen.

Das erschien der Bundesregierung übertrieben. Das damals von Otto Schily (SPD) geführte Innenministerium spielte das Problem herunter. Beim Sponsoring handle es sich um »ein sensibles und vielschichtiges Thema«, bei dem es auch um »das nachhaltige politische Bemühen um die Einbeziehung der Gesellschaft« gehe, antwortete das Ministerium dem Bundesrechnungshof. Als gäbe es in dieser Gesellschaft nicht eine Mehrheit von Bürgern, denen die nötigen Tausender fehlen, um sich als Sponsoren einbeziehen zu lassen.

Der Rechnungshof macht Druck

Etwas bewirkt die Kritik des Rechnungshofs aber doch. Im Juli 2003 erlassen Minister Schily und Bundeskanzler Gerhard Schröder eine Verwaltungsvorschrift, die das Spendenwesen in den Ministerien regeln soll. Die dort niedergelegten Prinzipien klingen streng. »Über die Einwerbung und Annahme ist grundsätzlich restriktiv zu entscheiden«, heißt es in der Anordnung. Eine »Beeinflussung der Verwaltung bei ihrer Aufgabenwahrnehmung« sei »auszuschließen«. Ja, nicht einmal der »Anschein einer solchen Beeinflussung« dürfe entstehen.

Schily und Schröder gehen sogar noch einen Schritt weiter: »Sponsoring ist gegenüber der Öffentlichkeit offenzulegen.« Nicht nur Umfang und Art der Förderung, sondern auch die Sponsoren selbst seien »transparent zu machen«, steht in den neuen Bestimmungen. All dies werde per Veröffentlichung in einem alle zwei Jahre zu publizierenden Sponsoringbericht geschehen, zwecks »Vermeidung jeden Anscheins von Parteilichkeit der öffentlichen Verwaltung«.

Der Rechnungshof zeigt sich zufrieden. Am 26. März 2002 lobt die Prüfbehörde gegenüber dem Haushaltsausschuss, dass dank des geplanten regelmäßigen Sponsoringberichts nun die »notwendige Transparenz hergestellt« werde, »mit Nennung des Mittelgebers«.

Alles scheint auf dem rechten Weg. Das Innenministerium bereitet gar eine Mustervereinbarung vor, mit deren Hilfe die Bundesbehörden ihre Gönner verpflichten sollen, sich bei Abschluss des Sponsoringvertrags mit der Veröffentlichung ihrer Namen einverstanden zu erklären.

Was sollte auch dagegen sprechen, die Namen der Sponsoren publik zu machen? Besteht doch der Sinn des Sponsorings darin, dass der Sponsor mit seinem Namen und der eigenen Großzügigkeit wirbt. Anders als bei der Bestechung, die wohlweislich im Geheimen stattfindet.

Sponsoring als Geheimoperation

Doch in der – damals rot-grünen – Bundesregierung ist man sich dieses Unterschieds offenbar nicht so gewiss. Am 28. November 2003, kaum ist die Vorschrift erlassen, versammeln sich die Sponsoringbeauftragten der Ministerien und treffen eine folgenschwere Entscheidung. Im geplanten Zweijahresbericht sollen nun doch nur die geförderten Projekte sowie die gezahlten Summen aufgeführt werden. Die Sponsorennamen hingegen, so einigt sich die Runde, sollen ungenannt bleiben. »Nach einhelliger Meinung«, so das Beschlussprotokoll, reiche dies vollkommen aus. Diese Verfahrensweise diene der »Vermeidung unnötiger Bürokratie«.

Fortan lässt sich zwar das Innenministerium von seinen Sponsoren weiterhin routinemäßig bescheinigen, dass sie im Bericht genannt werden dürfen. Aber es hält die Namen dann trotzdem zurück, so wie alle anderen Ministerien.

Der erste Sponsoringbericht, den der neue Innenminister Wolfgang Schäuble (CDU) Anfang 2006 Bundestag und Öffentlichkeit vorstellt, enthält folglich ausführliche Tabellen über die »Empfänger« der Leistungen, deren »Art«, »Wert« und »Verwendungszweck«. Aber eine Spalte fehlt in der 79-seitigen Aufstellung: die Identität der Sponsoren. Keiner findet das kritikwürdig, auch nicht die Opposition im Bundestag, auch nicht die sonst auf Transparenz erpichten Grünen.

Im August 2006 stößt der *stern* auf fragwürdige Sponsoringpraktiken im Auswärtigen Amt. Ein Beamter verweist auf den Sponsoringbericht – in dem die Namen fehlen. Als der *stern* beim Innenministerium nach den Gründen für diese Informationslücke fragt, haben Schäubles Mitarbeiter eine Menge Argumente parat. Die Namen stünden ja in den internen Aktenvermerken, argumentieren sie. Die Kriterien der »höchstmöglichen Transparenz« seien so bereits erfüllt.

Höchstmögliche Transparenz ist nach Auffassung des Innenministeriums also erreicht, wenn Beamte hinter verschlossenen Türen die

Vermerke anderer Beamter lesen können. Dass Transparenz dazu führen könnte, die Bürger mit Informationen zu versorgen, schied aus ministerieller Sicht aus.

Noch kurz vor ihrem vorzeitigen Ende im Herbst 2005 hatte die rotgrüne Koalition freilich etwas Wichtiges zuwege gebracht. Im Januar 2006 sollte das sogenannte Informationsfreiheitsgesetz (IFG) in Kraft treten, nach dem Vorbild von Regelungen, wie sie in den USA seit Jahrzehnten und in Schweden sogar seit Jahrhunderten gang und gäbe sind. Deren Prinzip ist immer das gleiche: Amtliche Dokumente gelten nicht mehr als grundsätzlich geheim, sondern als a priori öffentlich und für den Bürger einsehbar.

Angst um das Wohlwollen der Spender

Im September 2006 leitet der *stern* dem Bundesinnenministerium unter Berufung auf das IFG einen Antrag auf Nennung der Sponsorennamen zu. Knapp vier Wochen später lehnt die Behörde das Begehren ab. Bewusst habe man bisher auf die Namensnennung verzichtet, damit Sponsoren nicht befürchten müssten, »künftig auch von anderer Seite« um Beihilfen gebeten zu werden, schreibt das Ministerium. Außerdem gebe es gar keine »Liste der Namen der Sponsoren der Bundesverwaltung«, die sich einsehen ließe. Man sei auch nicht verpflichtet, eine solche anzufertigen.

Daraufhin stellt der *stern* rechtlich überarbeitete separate Anträge an alle vierzehn Ministerien sowie an das Kanzleramt. Juristisch sind die Anträge nun wasserdicht. Ächzend setzt sich der Verwaltungsapparat in Bewegung. Das Innenministerium genehmigt den Antrag und lädt zur Einsicht in die Akten an den Berliner Ministeriumssitz. Das Verkehrsministerium genehmigt ebenfalls und lädt an den Bonner Ministeriumssitz.

Einige Ministerien geben die Informationen gratis. Andere stellen horrende Gebühren in Rechnung, bis zu 500 Euro, dem gerade noch erlaubten Höchstsatz für die Bearbeitung von IFG-Anfragen. Doch die Ergebnisse sind den Aufwand wert. Zu den Gebern der Bundesministerien, so stellt sich nun heraus, gehört die Crème de la Crème der deutschen Wirtschaft: EADS, Siemens, Deutsche Telekom, BMW, Daimler-Chrysler, VW, E.ON und EnBW. Aber auch internationale

Energiekonzerne wie Shell und Vattenfall, der britische Pharmariese Glaxo Smith Kline oder General Electric aus den USA haben sich großzügig gezeigt.

Washington-Trip dank Telekom

So nahm ein Mitarbeiter der Deutschen Telekom im November 2004 auf Konzernkosten einen Beamten des Verkehrsministeriums mit auf eine dreitägige Reise nach Washington, zur Teilnahme an einem Kongress über die »Sicherung gegen Terrorbedrohungen im Seefahrts- und Hochseehafenbereich«. Die Telekom trug für den Ministerialen Kosten von 3942,84 Euro, für Flug, Hotel, Kongressgebühr und zwei Abendessen. Laut Ministeriumsakte ging es dem Sponsor um die »Pflege von Geschäftskontakten« und um »Networking«.

Den Tag der offenen Tür 2005 im Bau- und Verkehrsministerium unterstützten der Energiekonzern Vattenfall und die Firma Tank & Rast im Wert von je 10 357 Euro. Unter dem damaligen Minister Manfred Stolpe (SPD) wurde das Sponsoring nach kurzer Prüfung genehmigt. Vattenfall war damals der Stromlieferant fast aller Bundesministerien in Berlin wie in Bonn. Zugleich ist aktenkundig, dass der Konzern zu dieser Zeit gerade potenzieller Bewerber für ein 40-Millionen-Geschäft war –»als einer von wahrscheinlich nur fünf leistungsfähigen Anbietern für den Bau und den Betrieb der Energiezentrale« für das neue Hauptquartier des Bundesnachrichtendienstes (BND) in Berlin.

Tank & Rast wiederum – sie gehört seit 2004 den Terra Firma Capital Partners, die von dem FDP-Politiker Otto Graf Lambsdorff beraten wird – betreibt etwa 800 Autobahnraststätten. Sie bewirbt sich regelmäßig um Lizenzen für neue Standorte. Die Konzessionen vergeben die Länder im Auftrag des Bundes, und darum unterhält die Firma – so ein Aktenvermerk vom 25. Juli 2005 – »dauerhafte Beziehungen und ständige Kontakte« auch mit den Bundesbehörden.

Sowohl Vattenfall als auch Tank & Rast bestreiten jeden Zusammenhang zwischen diesen Geschäftsinteressen und dem Sponsoring. Der BND-Auftrag sei an die Konkurrenz gegangen, erklärt Vattenfall.

Der US-Telekomriese Verizon ließ 4000 Euro springen für einen vom Innenministerium organisierten »Abend des Bundes« bei der CeBIT 2006. Auf dem habe man »mit Behördenvertretern und geladenen Gästen den ersten CeBIT-Tag in ungezwungener Atmosphäre ausklingen« lassen, heißt es in einem Aktenvermerk. Verizon war zugleich Auftragnehmer beim Innenministerium. 2003 und 2004 erhielt die Firma insgesamt 644 288 Euro, netto ohne Umsatzsteuer. Ein Jahr zuvor war eine Tochter der großen französischen IT-Firma Cap Gemini als Sponsor für die CeBIT-Party des Ministeriums eingesprungen, die Firma SD & M AG. Sie betreute gleichzeitig das Regierungsportal www.bund.de und bekam dafür 2004 und 2005 insgesamt über eine Million Euro. Auch SD & M zahlte dem Innenministerium 4000 Euro für die Band bei der CeBIT-Feier. Nach eigenen Angaben tat die Firma das, »weil es sonst keine Musik gegeben hätte«.

Die Aufträge an die Firmen seien ja bereits erteilt gewesen, argumentierte das Innenministerium. Neue Aufträge an die Unternehmen hätten zu der Zeit nicht in Aussicht gestanden.

Der britische Multi Glaxo Smith Kline (GSK) wiederum war immer wieder gern zur Stelle, wenn der Gesundheitsdienst des Auswärtigen Amtes zum Symposium über »Reise- und Impfmedizin« lud. Dreimal zahlte der Pharmakonzern – der größte Europas – jeweils über 9000 Euro. Die AA-Tagung sei nun mal die größte reisemedizinische Fortbildungsveranstaltung für deutsche Ärzte, hieß es bei GSK.

Die Volkswagen AG stellte den Fahrdienst, wenn Kanzler oder Außenminister die US-Hauptstadt Washington besuchten. Die dortige Botschaft bekam einen Dienstwagen im Wert von 158 000 Euro geschenkt. In Neu-Delhi (Indien) erhielten der Botschafter und zwei weitere Diplomaten ihre Handys von einer Privatfirma – »zum dienstlichen Gebrauch und Product Placement zur Werbung für deutsche Technologie«, hieß es in der Liste des Ministeriums. Das Auswärtige Amt in Berlin hatte den Namen des Handy-Herstellers nicht in den Akten, aber der Verdacht lag nahe, dass es sich um ein Unternehmen handelte, dessen Handy-Sparte heute nicht mehr existiert – die Siemens AG, damals noch der einzige deutsche Hersteller von Mobiltelefonen.

Keine Feier ohne Förderer

Das Ausmaß des Regierungssponsoring hatte längst solche Dimensionen angenommen, dass die Ministerien meinten, nicht mehr ohne es auskommen zu können. Der FDP-Abgeordnete Werner Hoyer, früher

Staatsminister im Auswärtigen Amt, schilderte seinen Parlamentskollegen in einer nichtöffentlichen Sitzung des Haushaltsausschusses im April 2002 die Nöte der Diplomaten und Militärs. Ohne Sponsoring, so Hoyer, könne »mancher Bataillonskommandeur« seinen Tag der offenen Tür »nicht mehr durchführen«. Und ohne die Hilfe von Privatfirmen wäre auch mancher Botschafter »in den Entwicklungsländern« nicht mehr in der Lage, seinen Empfang zum Tag der Deutschen Einheit abzuhalten.

Tatsächlich kommen deutsche Diplomaten heute kaum noch irgendwo auf der Welt ohne Sponsoren aus, auch in den reichen Staaten der ersten Welt. Egal ob in Port-au-Prince, Helsinki, Jaunde oder Tel Aviv – das Bier zum 3. Oktober kommt meist vom Sponsor. Selbst die Druckkosten für die Einladungskarten übernehmen immer öfter die fremden Gönner, sei es in Wien oder London. Das Generalkonsulat in Atlanta akquirierte erstaunliche 139 911 Euro, um sein hundertjähriges Jubiläum zu feiern – offenbar in ganz großem Stil.

Was das Auswärtige Amt nicht finanzieren kann, das beschaffen so private Firmen. Sie sind es, die dem Botschafter erlauben, mit herrschaftlicher Geste aufzutreten. Muss daraus nicht eine Abhängigkeit entstehen?

Laut Vorschrift soll das Sponsoring »restriktiv« gehandhabt werden. Aber im Haus von Außenminister Frank-Walter Steinmeier (SPD) wusste lange nicht einmal die Ministeriumszentrale in Berlin, von wem alles sich die deutschen Diplomaten rund um den Globus finanzieren ließen. Der Rechnungshof fand so etwas fragwürdig, weil keine Kontrolle und »Fachaufsicht« möglich sei.

Eigentlich hätten die Beamten des Außenministeriums von selbst darauf kommen müssen, dass die Sponsoringpraktiken eine bessere Kontrolle verdient hätten. Denn schon 2005 verfügte das Ministerium über eine hausinterne Risikoanalyse, die das Sponsoring als eine der Angelegenheiten einstufte, die »potenziell besonders korruptionsgefährdet« seien.

Schlechtes Vorbild Berlin

Wie gesagt, normalerweise dürfen Bundesbeamte nur Geschenke im Wert von unter 25 Euro annehmen. Auf einer Website der Bundespolizeigewerkschaft reagieren Leser empört auf die großzügige Sponsoringpraxis in Berliner Ministerien, von der sie im Januar 2007 in den Zeitungen erfahren haben. »Unsereins hat schon Angst, einen Kugelschreiber zu Weihnachten anzunehmen, damit er ja nicht in Verdacht gerät, bestechlich zu sein«, schreibt ein anonymer Kommentator. Ein Polizist berichtet, Vorgesetzte hätten ihm und seinen Kollegen untersagt, sich von einem Dolmetscher zur Pizza einladen zu lassen. Er hatte für sie vier Monate lang während einer Telefonabhöraktion Gespräche übersetzt und wollte sich nun für die gute Zusammenarbeit bedanken. Ordnungsgemäß baten die Beamten ihren Vorgesetzten um Genehmigung, doch der sagte Nein. »Eine Pizza wäre auch für einen normalen Polizeibeamten viel zu viel gewesen«, schreibt der Ordnungshüter erbittert. Der User »Bahnpolizist« reagiert zynisch: »Also was lernen wir daraus. Nix wird gemeldet und die Pizza wird gefressen. Basta.«

Eigentlich müsste man erwarten, dass die Bundesministerien bei der Korruptionsprävention mit gutem Beispiel vorangehen. Stattdessen verderben die Berliner Sponsoringpraktiken das Klima im ganzen Land. Und sicher ist: Beim Regierungssponsoring geht es regelmäßig um mehr als eine Pizza pro Person.

Der größte Empfänger milder Unternehmensgaben ist regelmäßig das Gesundheitsressort von SPD-Ministerin Ulla Schmidt. Von Mitte 2003 bis Ende 2004 verbuchte ihr Haus einen Spendenwert von stolzen 44,6 Millionen Euro. Die flossen zwar zum allergrößten Teil in eine Anti-Aids-Kampagne, für die zum Beispiel TV-Anstalten kostenlose Sendezeit zur Verfügung stellten. Freilich nahmen Ulla Schmidts Beamte im November 2003 auch ein kostenloses Catering für ein rein behördeninternes Fest in Bonn an. Bezahlt wurde das Buffet im Wert von 2447 Euro von der Deutschen Telekom. Die Gesundheitsbürokraten feierten anlässlich des Abschlusses eines »umfangreichen Gesetzgebungsverfahrens« und zur »Förderung von Motivation und Teamgeist«. Gerade hatte das Ministerium eine der jüngeren Gesundheitsreformen unter Dach und Fach gebracht. Der Rechnungshof fand die Bezuschussung der Beamtenparty »bedenklich«. Kein Wunder: Welche Werbewirkung will ein Sponsor wohl erreichen, wenn außer den Beamten selbst keine potenziellen Kunden von seiner Großzügigkeit erfahren?

Bei der Frage, ob Sponsoring in Korruption umschlägt, spielt nach Auffassung des Bundesrechnungshofes »vor allem die Motivation des Sponsors eine erhebliche Rolle«, auch wenn die oft nicht überprüft werden könne. Auf die Frage, warum ein nicht gesundheitsaffiner Konzern wie die Telekom so viel Fürsorge gegenüber dem Gesundheitsministerium gezeigt habe, antwortete Ministerin Schmidts Sprecher Klaus Vater: Da könne man nur spekulieren, und das wolle er nicht. »Reicht Ihnen das als Erklärungsansatz?«, schrieb er.

Obwohl der Schmidt-Sprecher die Motive nicht kannte, wusste er eines sicher: Das Engagement der Telekom könne jedenfalls nichts damit zu tun haben, dass sie sich gleichzeitig aktiv für eine Beteiligung am Millionenprojekt »Gesundheitskarte« bewarb. Ausgerechnet die Telekom sowie Siemens unterstützten 2004 und 2005 auch das Sommerfest von Gesundheitsministerin Schmidt. Siemens bemühte sich da ebenfalls bereits um das lukrative Kartengeschäft.

Die beiden Firmen und das Gesundheitsministerium schlossen einen Zusammenhang trotzdem aus. Zum Zeitpunkt der Sponsoringaktivitäten habe das Haus keine Aufträge in Sachen Gesundheitskarte mehr zu vergeben gehabt, erklärte Sprecher Vater. Das sei Sache der von den Krankenkassen betriebenen Gesellschaft Gematik gewesen. Sie stehe nur unter der Rechtsaufsicht des Gesundheitsministeriums.

Rechnungshof besteht auf Transparenz

Schon im Dezember 2006 meldet sich auch der Bundesrechnungshof wieder zu Wort. In einem Prüfbericht vom 19. Dezember 2006 greift er das Innenministerium scharf an und bemängelt die fehlenden Namen im Sponsoringbericht. Die Sponsoringvorschrift sei damit nicht korrekt umgesetzt worden und der Report »in seiner Aussagekraft« schlicht »eingeschränkt«. Hier gebe es eine »wesentliche Differenz« zwischen Rechnungshof und Regierung, heißt es in dem Schreiben.

Die damalige Grünen-Abgeordnete Anja Hajduk will darum nun per Beschluss durchsetzen, dass der Schleier gelüftet wird. »Zur Transparenz gehört die Nennung der Sponsoren«, findet sie. Kaum werden im Januar 2007 die Sponsorennamen und auch die Rechnungshofschelte publik, schlägt die Stimmung in Bundesregierung und Parlament um. Nun sind alle mit Hajduks Forderung einverstanden.

Jetzt will auch das Bundesinnenministerium die Namen der Geber im zweijährlich erscheinenden Sponsoringbericht erwähnen. Freilich erst ab einer Summe von je 5000 Euro und obwohl die »Mehrzahl der Sponsoringleistungen« unterhalb dieser Grenze liegt, wie Hajduk bemerkt. »Zur Vermeidung von Bürokratie« habe man diese Grenze gezogen, begründet die SPD-Abgeordnete Petra Merkel diese Regelung und benutzt damit dasselbe Argument, mit dem die Bundesregierung bis dahin die komplette Anonymisierung der Spendernamen zu erklären versucht hat.

Autohersteller hilft beim Klimaschutz

Die Sponsoringpraxis selbst geht freilich ungehindert weiter. Im März 2007 richtet der Verband der Privaten Krankenversicherungen Gesundheitsministerin Ulla Schmidt eine Anti-Aids-Konferenz in Bremen aus. Der Wert der Sachleistung beträgt 200000 Euro. Der Bundeszentrale für gesundheitliche Aufklärung spendieren die privaten Versicherer sogar 5,1 Millionen Euro für eine Kampagne zur Aidsvorsorge.

Mit 274500 Euro bezuschussen private Geber die Berliner EU-Ratstagung im März 2007. Unter den Gebern sind die Waffenschmiede EADS mit 50000 Euro und die allgegenwärtige Deutsche Telekom mit 120000 Euro. Beim G8-Gipfel in Heiligendamm springen Alcatel-Lucent und Nextiraone mit Leistungen (»Hardware für Telekommunikationsdienste«) im Wert von 142894 Euro ein.

Während im März 2007 die G8-Umweltminister in Potsdam über Klimaschutz beraten, lässt sich Umweltminister Sigmar Gabriel (SPD) von einem Luxuslimousinenhersteller den Fahrdienst organisieren, im Wert von 34000 Euro. Wirtschaftsminister Michael Glos (CSU) erlaubt derweil den Kraftwerksbetreibern Vattenfall und RWE, eine »Kraftwerkskonferenz« der G8-Minister im Wert von 9000 Euro zu unterstützen.

Die Vorgabe der grundsätzlich restriktiven Einwerbung von Spenden bereite offenkundig »Probleme in der Umsetzung«, notieren die Prüfer des Rechnungshofes im Dezember 2006 trocken.

Sponsoren handeln nicht selbstlos

Auch der strikt zu meidende »Anschein« unlauterer Einflüsse lässt sich anscheinend nicht so leicht ausschließen, wie es vorgeschrieben ist. Sponsoren sind eben keine selbstlosen Mäzene, sondern Unternehmer, die nur dann Erfolg haben, wenn sie hart kalkulieren. Die »Attraktivität eines wichtigen Teils von Verwaltungssponsoring« liege in der »Nutzbarmachung von Beziehungsgeflechten«, resümiert der Sozialforscher Andres Friedrichsmeier von der Uni Bochum das Ergebnis von Umfragen, die er unter Geberfirmen durchgeführt hat.

Die Sponsoringvorschrift der Bundesregierung verbietet eigentlich jede weitergehende Gegenleistung der Behörde für den Sponsor: »Als Verpflichtung der Dienststelle darf ausschließlich die Darstellung des Sponsors zugelassen werden, insbesondere die mündliche oder schriftliche Nennung des Namens, der Firma und der Marke des Sponsors sowie die Präsentation seines Logos und sonstiger Kennzeichen im Rahmen der Veranstaltung.«

Gelegentlich verlangen die spendenden Konzerne trotzdem offen und unverhüllt ganz besondere Dienste, bevor sie ihre Schatulle öffnen. Zum Beispiel die Postdienstleister von der PIN Group. Deren Vorstandsvorsitzender Günther Thiel wollte gern im Sommer 2007 den Tag der offenen Tür des Bundesrates mit 14 280 Euro unterstützen.

Im von Thiel und dem Direktor des Bundesrates am 21. Mai 2007 unterschriebenen sogenannten Partnervertrag waren dafür bereits eine ganze Reihe von »Gegenleistungen des Bundesrates« vereinbart: Der Bundesratspräsident – damals der mecklenburgische Ministerpräsident Harald Ringstorff (SPD) – werde den PIN-Stand »auf seinem Rundgang über das Fest besuchen«. Die Firma dürfe einen »Talkgast« für Talkrunden während der Festivitäten stellen. Mit von PIN »zu benennenden Personen« sei das Unternehmen auch Gast beim »Sponsorenempfang mit Harald Ringstorff«.

Unter der Überschrift »Leistungsstörungen« vermerkte der Kontrakt: »Der Präsident des Bundesrates hat seine Teilnahme am Tag der offenen Tür fest terminiert. Diese persönliche Präsenz des Bundesratspräsidenten kann nur aus schwerwiegenden tagespolitischen oder persönlichen Gründen abgesagt werden.«

Man könnte sich fragen, was hinreichend schwere persönliche

Gründe gewesen wären. Leichte Grippe? Schwere Grippe? Aber die PIN Group hatte ohnehin deutlich mehr erhofft. Einige Tage nach Vertragsabschluss mailt ein Mitarbeiter in der Luxemburger Konzernzentrale an den zuständigen Eventmanager Stefan Schulze-Hausmann. Der von ZDF und Arte bekannte TV-Moderator wickelt mit seiner Firma Coment das Bundesratssponsoring ab.

Er habe erfahren, so der PIN-Mann am 5. Juni 2007 an Schulze-Hausmann, »dass die vorgeschlagene Diskussionsrunde zum Thema Liberalisierung des Postmarktes vom Direktor des Bundesrates nicht genehmigt wurde. Unser Engagement fußt aber im Wesentlichen auf dieser Diskussionsrunde.«

Dass die PIN Group gern mehr Wettbewerb im Briefgeschäft erreichen will, ist verständlich. Aber darf man bei dieser PR-Arbeit den Bundesrat einspannen und auf einer Diskussionsrunde zum Thema bestehen? Gegen ein paar tausend Euro Sponsoring?

Schulze-Hausmann antwortet dem PIN-Mann einen Tag später, dass der Direktor in der Tat »offenbar das aus seiner Sicht für den Bundesrat ›zu‹ politische Thema aus dem Plenarsaal verbannt« habe. Man werde aber »einen Weg finden, Ihrem CEO (Chief Executive Officer – Vorstandschef) einen adäquaten und öffentlichkeitsstarken Auftritt zu verschaffen, der auch unseren vertraglichen und persönlichen Absprachen entspricht«.

Persönliche Absprachen neben dem Vertrag sind laut Sponsoringvorschrift unzulässig. Trotzdem scheint es sie zu geben.

Besonders attraktiv für die Sponsoren scheinen Ministerien wie die für Verteidigung, Inneres oder Gesundheit zu sein, die allesamt sensible Aufgaben erfüllen. Liegt dies daran, dass hier viel häufiger lukrative Aufträge locken oder aus Firmensicht teure Regulierungen drohen als – sagen wir – in den Ministerien für Soziales oder Umwelt?

Sponsoring als Schmiermittel?

Wenn der Bastei-Verlag (wie geschehen) dem Verteidigungsministerium Romanhefte für im Ausland dienende Soldaten im Wert von 360 Euro spendiert, hat das sicher keinen unlauteren Grund – außer der Werbung unter dem Militärpersonal. Aber warum finanziert der Rüstungskonzern EADS bevorzugt das Verteidigungsministerium?

Sicher ist, dass das Unternehmen pro Jahr fast 300 Aufträge aus dem Wehrressort erhält. Ebenso sicher ist, dass die Verteidigungsministerialen immer wieder auch gegen heftige Widerstände im Bundestag die Beschaffung milliardenteurer EADS-Technik durchsetzen, die nach Ansicht von Kritikern eher in Zeiten des Kalten Kriegs Sinn ergeben hätte als heute – etwa den Eurofighter oder das Raketenabwehrsystem MEADS. »Die Verlässlichkeit des Verteidigungsministeriums«, schwärmte der EADS-Manager Thomas Enders im Frühjahr 2005, »ist seit den achtziger Jahren nicht mehr so groß gewesen wie heute.«

Ebenso verlässlich lässt EADS einen kleinen Teil der erzielten Einnahmen per Sponsoring an das Ministerium zurückfließen.

Bis heute scheint es gängige Praxis zu sein, dass Firmen Ministerien unterstützen, während sie sich bei ihnen gleichzeitig um Aufträge bewerben. Der Staatsrechtler Hans Herbert von Arnim findet das »hoch problematisch«. Wenn sich das Verteidigungsministerium oder die Bundeswehr sponsern ließen von Rüstungsunternehmen, die ein erklärtes Interesse an Aufträgen des Bundes haben, »dann ist das ein Unding, und man wundert sich, dass das tatsächlich praktiziert wird«, sagt der Speyerer Professor im August 2007 dem ARD-Magazin *Kontraste*.

So bemühte sich die Telekom-Tochter T-Systems im September 2005 um einen Auftrag (»IT-Supportleistungen«) des Schäuble unterstehenden Technischen Hilfswerks (THW) im Wert von 1,4 Millionen Euro. Gleichzeitig akzeptierte das Hilfswerk das Angebot von T-Mobile, ihm 100 US-Telefonkarten mit je 50 Dollar Guthaben für den Gebrauch in Mobiltelefonen kostenlos zu überlassen. Die konnte das THW gerade gut gebrauchen, weil es seine Leute zum Einsatz in die USA schicken wollte – zur Unterstützung der Amerikaner nach dem Wirbelsturm Katrina. T-Systems habe den THW-Auftrag nicht bekommen, sagt das Hilfswerk. Das Beschaffungsamt des Bundesinnenministeriums, das größere THW-Aufträge ausschreibt, habe den Vertrag mit einem anderen Bewerber geschlossen.

Die Annahme etwaiger Leistungen von Bietern während oder nach Vergabeverfahren sei »generell geeignet«, zumindest »den Anschein einer Beeinflussung entstehen zu lassen«, warnte Matthias Korte, ein Korruptionsexperte des Bundesjustizministeriums. Darum »dürfte die Annahme von Sponsoringleistungen während eines Vergabeverfahrens nicht genehmigungsfähig sein«, schrieb er 2007 in einem Buchaufsatz.

Eine Kollision zwischen Sponsoring und Auftragsvergabe sei nicht nur problematisch, weil in den Wettbewerb eingegriffen werde. Es könnten auch »Leistungen für Bürger verteuert werden, da sich in der Regel Spenden und Sponsoring für den Geldgeber amortisieren müssen«.

Auffällig ist etwa das Engagement des Raststättenbetreibers Tank & Rast. Neben dem Verkehrsministerium fördert die Firma besonders häufig die Berliner Sommerfeste der einzelnen Bundesländer. Allein im Jahr 2006 sponserte sie die Feiern von mindestens vier Ländern. Es sind die Länder, die über die Konzessionen für neue Autobahnrestaurants entscheiden. Das Unternehmen versichert, es gebe keinen Zusammenhang.

Der – inzwischen aufgelöste – Verband der Cigarettenindustrie (VdC) zahlte nicht nur 5,1 Millionen Euro für eine auf Jugendliche zielende Nichtraucherkampagne an das Bundesgesundheitsministerium. Er war auch stets besonders aktiv als Förderer von Sommerfesten. Weil die Tabaklobby 2006 insgesamt knapp 7000 Euro für Feste der niedersächsischen Staatskanzlei springen ließ, kam im April 2007 sogar Ministerpräsident Christian Wulff (CDU) unter Druck. Hatte er sich etwa aus Dank an die Lobby für einen eher laxen Nichtraucherschutz eingesetzt?

Schon wegen der geringen Größenordnung des Sponsorings sei das nicht zu befürchten, sagte ein Wulff-Sprecher. Doch Zigarettenlobbyisten räumen offen ein, dass sie mit ihrer Förderung etwas erreichen wollen. Das Produkt Zigarette sei nun mal »komplett durchreguliert«, sagte Reemtsma-Chefsprecher Lars Großkurth auf einer Podiumsdiskussion der Journalistenvereinigung »Netzwerk Recherche« im Juni 2007. Deshalb »müssen wir mit den Regulierern im Gespräch bleiben«. Dabei hilft es offenbar, wenn man den Regierenden in Bund und Land pekuniäre Gaben zukommen lässt.

Sommer, Sonne, Sponsoring

Der Sommer ist die Hauptsaison des Berliner Behördensponsorings. Denn Jahr für Jahr müssen zahllose Feste von Ministerien und Ländervertretungen finanziert werden. Seit dem Regierungsumzug sind die Behörden besonders offen für private Zuschüsse. Ein aufwendiges Sommerfest gilt hier vielen Verwaltungen als Muss. In Bonn war die Feierkultur noch etwas provinzieller. »Die Erwartungen an die Unternehmen und daher die Zahl der Anfragen an die Unternehmen, etwa zu sponsern, hat zugenommen«, sagt der Berliner Vertreter des Touristikkonzerns TUI, Wolf-Dieter Zumpfort. »Ein Ministerium will ein Sommerfest veranstalten, ist aber nicht in der Lage, das aus eigenen Mitteln zu finanzieren. Dann sollen die Firmen oder Verbände diesen finanziellen Engpass ausbügeln.«

Und viele tun es. Bei den Berliner Gartenfesten der Landesvertretungen von Rheinland-Pfalz und Hessen sind die Sponsorenlisten heutzutage so lang, dass die Firmenlogos aller Spender kaum auf die Einladungskarten passen.

Es dürfe nicht dazu kommen, dass sich Firmen als »Haus- und Hofsponsoren« unentbehrlich machten, mahnt der Bundesrechnungshof. Offensichtlich passiert jedoch genau das bei den oft von Jahr zu Jahr prächtigeren Feierlichkeiten. Opel, Coca-Cola, die Spielbank Wiesbaden oder der Pharmakonzern Sanofi-Aventis waren bei der Berliner Hessensause von Ministerpräsident Roland Koch (CDU) immer wieder dabei, ebenso der Verband der Cigarettenindustrie. Koch sagte im Juni 2007 in seiner Berliner Festansprache, er sei »dankbar, dass so viele Sponsoren bereit sind, unser Hessen-Fest zu unterstützen«.

Die Festveranstalter wiederum sind regelrecht abhängig von den Zuwendungen: »Weil wir es uns sonst schlicht nicht leisten könnten, ein solches Sommerfest zu veranstalten«, sagt Rüdiger Jacobs von der Landesvertretung Niedersachsen. Unverzichtbar seien die Sponsoren schon deshalb, »weil es der Öffentlichkeit nur schwer zu vermitteln wäre, warum Steuergelder für das Amüsement von Persönlichkeiten eingesetzt werden sollen, die sich derartige Unterhaltung auch selber finanzieren könnten«.

In ihrem Feiereifer sind die Landesbehörden nicht wählerisch. Der umstrittene Spielhallenbetreiber Gauselmann war 2006 mit 10 000 Euro einer der größten Financiers des Berliner Sommerfestes der Landesvertretung von Nordrhein-Westfalen. 2007 stand Gauselmann erneut auf der Sponsorenliste des NRW-Festes, diesmal mit 7500 Euro.

Auf dem von Ministerpräsident Kurt Beck (SPD) eröffneten Sommerfest des Landes Rheinland-Pfalz war im Jahr 2007 gleich ein halber Raum mit Spielautomaten ausgerüstet – aufgestellt von der Automaten-Wirtschaftsverbände-Info GmbH. »Die Automatenwirtschaft ist

Teil der gewerblichen Wirtschaft und bietet moderne Freizeitgestaltung«, heißt es in deren Selbstdarstellung.

Wie viel die einzelnen Sponsoren bezahlen, wird im Bundesland des zeitweiligen SPD-Chefs allerdings – anders als etwa in Niedersachsen oder Nordrhein-Westfalen – strikt geheim gehalten. Man sei »vertraglich gebunden«, zur geldwerten Höhe der Zuschüsse »keine Aussage zu machen«, erklärt eine Sprecherin.

Zwei SPD-Ministerinnen auf Abwegen

Johann Hahlen, der ehemals für die Korruptionsbekämpfung zuständige Staatssekretär im Bundesinnenministerium, will bis heute im Regierungssponsoring keinerlei Problem erkennen: »Das ist nichts, was auch nur ein Gerüchle hätte«, sagte er im Oktober 2008 auf einer Fachtagung in Speyer. Die Zahlungen seien ja jetzt alle »transparent«.

Wenn es irgendeines Grundes zum Misstrauen bedürfte, er läge freilich genau in der ungehemmten Geheimniskrämerei, mit der die Behörden das rege Geben und Nehmen über viele Jahren behandelten, darunter nicht zuletzt das Innenministerium, in dem Hahlen vor seinem Ruhestand tätig war.

Als der *stern* im Herbst 2006 bei den Ministerien die Nennung der Firmennamen offiziell beantragt, lassen zwei SPD-geführte Ministerien besonders lange auf eine Antwort warten. Ulla Schmidts Gesundheitsministerium liefert die Namen ihrer Sponsoren erst nach nahezu fünf Monaten. Dabei ist vorgeschrieben, dass Anfragen nach dem Informationsfreiheitsgesetz (IFG) innerhalb eines Monats beantwortet werden sollen. Zunächst mussten Schmidts Mitarbeiter laut ihrer ministerialen Rechtsabteilung »umfangreiche Recherchearbeiten« im eigenen Haus anstellen. Überdies wollte das Ressort allen Ernstes die Spender »um Einwilligung in die Veröffentlichung« ihrer Betriebsgeheimnisse sowie »personenbezogenen Daten« bitten.

Das war ein absurdes Unterfangen. Warum sollte die Höhe der Sponsoringzahlungen von Firmen an öffentliche Behörden deren Privatgeheimnis sein? Selbst der Bundesbeauftragte für den Datenschutz und die Informationsfreiheit (BFDI) – der bei IFG-Anfragen als Ombudsmann angerufen werden kann – wies dieses Argument zurück. Nach der herrschenden Definition fielen Informationen unter das Betriebsgeheimnis, wenn die »Aufdeckung der Tatsachen« dem Geheimnisträger »wirtschaftlichen Schaden« zufügen könne. Das sei bei Sponsoring aber doch wohl kaum der Fall.

Noch sperriger verhielt sich das von Brigitte Zypries (SPD) geführte Justizministerium. Es verweigerte über ein Jahr lang die Nennung der Namen eines Autoherstellers, der den Ministeriumsfahrern kostenloses Sicherheitstraining gewährt hatte – während etwa das CDU-geführte Familienministerium ähnliche Daten ohne Zögern herausgab.

Das Justizministerium berief sich in arrogantem Ton – wer wüsste Bescheid, wenn nicht wir? – ausgerechnet auf den gesetzlich verankerten »Schutz personenbezogener Daten«. Der mache es »nicht möglich«, die Namen zu nennen.

Dieser Schutz gilt aber laut Datenschutzgesetz ausdrücklich nur für Privatleute, nicht für Firmen. Erst als der Ombudsmann mit einer regelrechten Rüge drohte, rückten Zypries' Ministeriale den Namen der Firma heraus. Es war die Volkswagen AG.

Zum Campari beim Bundespräsidenten

Massive Schwierigkeiten bei der Gesetzesinterpretation hatte auch die Behörde von Bundespräsident Horst Köhler (CDU). Der mahnt zwar bei Besuchen im Ausland »Standards guter Regierungsführung und der Transparenz« an. Im eigenen Haus zeigten seine Präsidialamtsmitarbeiter keine so entschiedene Bereitschaft, sich an diese Standards zu halten – jedenfalls als es um die Sponsoren des Hauses ging.

Obwohl höchster Repräsentant der Republik, kommt auch der Bundespräsident nicht mit den ihm zugewiesenen Steuermitteln aus. Er braucht daneben das Spendengeld großer Unternehmen. Sein alljährliches prächtiges Sommerfest kostet etwa eine Million Euro. Die kratzt er jedes Jahr bei Großkonzernen wie Dresdner Bank, EADS oder Vattenfall zusammen. Campari oder Warsteiner liefern gratis die berauschenden Getränke.

Offen darüber reden mochte das Präsidialamt lange Zeit nicht. Im Sponsoringbericht des Jahres 2006 hatte es selbst bei den Summen keine präzisen Angaben gemacht. Das fand der Rechnungshof kritikwürdig. Im Sponsoringbericht 2007 fehlten immer noch einige Firmennamen. Auch auf konkrete Anfragen hielt die Köhler-Behörde deren Identität zunächst zurück, unter Verstoß gegen die einschlägigen Regeln.

Zum Beispiel bei einem Geber, der 2006 immerhin 25 000 Euro zahlte. Dieser habe seine »Zustimmung« zur Veröffentlichung verweigert, schrieb Köhlers Behörde auf eine Anfrage im März 2007, ohne das näher rechtlich zu begründen.

Noch einmal: Selbst Parteispenden müssen laut Gesetz ab 10 000 Euro publik gemacht werden. Sponsoringbeträge in weit größerer Höhe dagegen nicht? Als darüber berichtet wurde, wies ein Köhler-Sprecher trotzdem alle Vorwürfe als unberechtigt zurück. Aber die Köhler-Beamten hatten offenbar geschlampt. Der angeblich so geheimnisversessene Großspender war der Gesamtverband der deutschen Versicherungswirtschaft (GDV). Er hatte nach eigenen Angaben die Veröffentlichung nie mit einem Veto belegt.

Fünf Monate nach dem Negativbescheid entschuldigte sich das Präsidialamt in aller Form per Brief. Ein »bedauerliches Versehen« sei geschehen. Natürlich stehe jedem Bürger die Nennung der Namen zu, räumt Köhlers Justiziar ein. Was er nicht erwähnt, ist eine Intervention des Datenschutzbeauftragten. Der hatte dem Präsidialamt wegen der Informationsblockade mit einer Rüge gedroht.

Wie die AOK den Bundesrat fördert

Beamte des Bundesrates reagierten ebenfalls mit allerlei Winkelzügen, als sie gebeten wurden, ihre Sponsorennamen zu nennen. Auf eine Anfrage von Januar 2007 antwortete die Länderkammer erst monatelang gar nicht, dann sandten die Beamten eine Liste, in der ein Großteil der Namen fehlte. Die Sponsoren selbst hätten »ausdrücklich einer Veröffentlichung nicht zugestimmt«, hieß es im Begleitschreiben. Auch der Bundesrat berief sich darauf, dass Sponsoringzahlungen Betriebsgeheimnisse der fördernden Firmen seien.

Erst über ein Jahr nach der ersten Anfrage und wieder nur unter Druck des Ombudsmannes lieferte der Bundesrat eine vollständigere Liste nach. Auch »diejenigen Sponsoren«, die ihr Einverständnis zur Veröffentlichung bisher »nicht erteilt« hätten, seien nun doch damit einverstanden, schreibt jetzt eine Ministerialrätin des Bundesrates.

Unter den bis dato geheim gehaltenen Sponsoren sind zwei klingende Namen. Erstens der in Brandenburg produzierende Triebwerks-hersteller Rolls-Royce, der zwei Bundesratsveranstaltungen mit je 15000 Euro gefördert hatte. Zweitens die Krankenkasse AOK. Sie hatte zweimal den Tag der offenen Tür des Bundesrates mit sogar 29000 Euro bezuschusst.

Die Frage an die AOK, warum sie sich so lange gegen die Nennung ihres Namens gesperrt habe, provoziert eine interessante Antwort. Die AOK hatte sich bereits am 2. April 2007 mit der Veröffentlichung von Namen und Sponsoringleistungen einverstanden erklärt, kurz nach-dem der Bundesrat am 20. März um diese Freigabe gebeten hatte. Trotzdem ließ der Bundesrat im Mai 2007 im Sponsoring-Jahresbericht der Bundesregierung das Gegenteil verbreiten. Und genauso noch in einem Schreiben vom 26. Juli 2007. Die Ministerialrätin, die es unter-schrieben hatte, beharrt darauf, dass sie nicht gelogen habe. Warum? Sie sei von der zuständigen Mitarbeiterin nicht korrekt und vollständig informiert worden.

In einem nachgeschobenen Fax vom 17. Januar 2008 erläutert die Ministerialrätin, dass man die AOK-Freigabe vom 2. April 2007 wegen einer »zeitlichen Überschneidung« im Juli 2007 noch nicht genannt habe.

Weil in der wunderbaren Welt des Bundesrates der 2. April offenbar nach dem 26. Juli kommt. Laut Darstellung des Eventmanagers des Bundesrates sollen die gesponserten Festivitäten die Länderkammer übrigens als »offen, transparent, sympathisch« darstellen.

Schattenhaushalt beim Staatsunternehmen

Ungewöhnlich häufig finden sich unter den Sponsoren Firmen, die nicht privat kontrolliert werden, sondern mehrheitlich im Besitz der öffentlichen Hand sind. Besonders gebefreudig sind Deutsche Tele-kom, Deutsche Post oder Deutsche Bahn. Alle drei steuerten zum Bei-spiel 2008 je 60000 Euro zu Köhlers Präsidentenparty bei. Kritiker finden so etwas problematisch. Immerhin bedienen sich Behörden und Politik damit auf Umwegen doch wieder des Geldes der Steuerzahler.

Finanzminister Peer Steinbrück (SPD) stellt sich gern als Sachwal-ter sparsamer Haushaltsführung dar. Aber auch er hat – wie sein eben-falls sozialdemokratischer Amtsvorgänger Hans Eichel – keine übertriebenen Hemmungen, Gelder anzunehmen, die aus den von ihm mitkontrollierten Staatsbetrieben stammen. Einmal im Jahr veranstaltet das Bundesfinanzministerium ein sogenanntes Jahrestreffen Wirtschaft, Politik und Bundesunternehmen. Die exklusive Tagung für Entscheidungsträger aus Politik und Staatswirtschaft finanzieren vom Finanzministerium abhängige Firmen reihum und in großzügiger Weise.

Dem jeweils amtierenden Minister verschafft das die Chance für einen schönen Auftritt vor beeindruckender Kulisse. 2007 rüstete die Bundesanstalt für Immobilienaufgaben sogar den Hangar 2 des Flughafens Tempelhof in Berlin zur Partyoase um und verpflichtete einen VIP Shuttle Service mit acht Mercedes der S-Klasse und zwölf Vans.

Im Oktober 2004 war die Deutsche Post an der Reihe, mit einer Sponsoringleistung von opulenten 170 000 Euro. Ein Jahr darauf bezahlte die Telekom sogar 193 000 Euro – für eine eintägige Veranstaltung mit 145 Besuchern. 2006 kam der Deutschen Bahn das Jahrestreffen in Berlin 265 818 Euro zu stehen – bei gerade mal 150 Teilnehmern ein stolzer Preis.

Zum Pro-Kopf-Preis von 1772 Euro wurden den Teilnehmern nicht nur Reden von Minister Steinbrück und dem damaligen Bahnchef Hartmut Mehdorn geboten, sondern auch eine Potsdamfahrt im Sonderzug, Abendessen und »Nightcap« im E-Werk (laut Selbstdarstellung eine der »bekanntesten Eventlocations Berlins«) – sowie eine Übernachtung im Hotel Marriott am Potsdamer Platz.

Die meisten Gäste hätten diese Vergnügungen sicherlich mühelos aus der eigenen Spesenkasse finanzieren können. Darunter waren Telekom-Chef René Obermann, Air-Berlin-Boss Joachim Hunold, der Lobbyist und Exstaatssekretär Siegmar Mosdorf (SPD), mehrere Bundestagsabgeordnete sowie diverse hohe Beamte.

Auch die Länder lassen sich ihre Feste auf ähnlichen Umwegen aus dem Steuertopf finanzieren – meist von den Landesbanken, als ob deren Finanzen nicht leidend genug wären. Etwa der nordrhein-westfälische Ministerpräsident Jürgen Rüttgers (CDU). Für seine Berliner Sommerfeste war die Landesbank WestLB in den Jahren 2006 wie auch 2007 beide Male mit 30 000 Euro mit Abstand der größte Sponsor. Auf Platz zwei folgte in beiden Jahren die ebenfalls landeseigene NRW Bank mit je 20 000 Euro.

Wenn der Finanzminister oder der Ministerpräsident um Spenden bittet, können die Chefs von Landesbanken oder Deutscher Bahn kaum Nein sagen. Aus gutem Grund ist es staatseigenen Firmen darum laut Parteiengesetz untersagt, Parteispenden zu leisten. Ein ähnliches Verbot gibt es beim Sponsoring bisher nicht. »Das Sponsoring durch öffentliche Unternehmen, an denen die öffentliche Hand mehr als 25 Prozent besitzt, ist grundsätzlich – analog dem Parteiengesetz – zu verbieten«, fordert darum Christian Humborg, der Geschäftsführer von Transparency International Deutschland.

Deutsche Post und andere treten sogar als Sponsoren von Parteiveranstaltungen auf. Bei der sogenannten CDU Media Night im Juni 2007 war das zum Beispiel die Deutsche Post – neben Privatfirmen wie McDonald's, Reemtsma und Vattenfall. Die CDU teilte mit, die Post habe nur gezahlt, um eine Fläche für einen Werbestand zu mieten.

Auch laut der für Parteienfinanzierung zuständigen Bundestagsverwaltung ist das Sponsoring von Parteien nicht mit der Zahlung von Parteispenden zu vergleichen. Die Parteien müssen darum die eingeworbenen Sponsoringsummen selbst dann nicht veröffentlichen lassen, wenn die Wertgrenze von 10000 Euro erreicht ist. Beim Sponsoring gebe es ja eine Gegenleistung für den Geber, etwa in Form von positiver Publicity, argumentiert die Bundestagsverwaltung.

Gewiss, Sponsoren erhalten, anders als Parteispender, keine Spendenbescheinigung. Dennoch ist schwer zu verstehen, warum das immer beliebter werdende Sponsoring von Parteien nicht ebenso einer Publizitätspflicht unterworfen werden sollte wie Spenden an CDU, SPD und Co.

Das Parlament schaut weg

Lange Zeit interessierte sich der Bundestag kaum für die Sponsoringpraxis – oder ermutigte sogar zu ihr. Als das Innenministerium im Februar 2006 erstmals seinen Sponsoringbericht vorstellte und die Namen entgegen der Forderung des Rechnungshofes fehlten, beschäftigte sich zwar der Rechnungsprüfungsausschuss des Bundestages mit dem Bericht. Was den Abgeordneten aufstieß, war lediglich die späte Vorlage des Berichts. In der Tat hatte die Regierung über die 2003 und

2004 vereinnahmten Beträge erst mit mehr als einjähriger Verspätung rapportiert.

Die Transparenz beim Sponsoring sei damals »nicht das wahnsinnige Thema« gewesen, rechtfertigt sich später die SPD-Abgeordnete Petra Merkel. Als zuständige Berichterstatterin muss sie gewusst haben, dass die Namensnennung für den Bundesrechnungshof sehr wohl eine zentrale Forderung war.

Für viele Berliner Politiker – auch die im Bundestag – scheint Sponsoring in Zeiten knapper Kassen allein deshalb attraktiv, weil sich damit mehr Masse zum Verteilen schaffen lässt. Schon als 2002 der Bundesrechnungshof den Wildwuchs beim Sponsoring in einem internen Prüfbericht anprangerte, nahmen selbst Abgeordnete der damaligen Opposition die rot-grüne Bundesregierung in Schutz. Der FDP-Kollege Hoyer plädierte im Haushaltsausschuss sogar für einen »proaktiven Ansatz«. Wenn der Rechnungshof meine, »dass Sponsoring im Prinzip etwas Schlechtes sei, so vertrete er hierzu eine andere Auffassung«, gab auch der CDU-Parlamentarier Steffen Kampeter zu Protokoll. Besser, der Bundespräsident finanziere sein Sommerfest über Sponsoring, als dass man dafür »die Mittel für den Künstlersozialfonds zu diesem Zweck kürzen« müsse, meinte Kampeter im Ausschuss.

Nun gäbe es ja auch die Alternative, das Fest ganz ausfallen zu lassen. Aber das kam aus Sicht des CDU-Mannes offenbar nicht in Frage. Er verlangte »Transparenz«, wollte aber gesichert wissen, dass man »niemanden daran hindere, Finanzmittel bereitzustellen«.

Allein die Linkspartei verlangt inzwischen, den Sponsoringwahn ganz zu unterbinden. Eine »gekaufte Republik« dürfe es nicht geben, warnt deren Bundestagsabgeordnete Gesine Lötzsch.

Nur Sponsoring – oder Schutzgeld?

Wenn es denn nur ums Kaufen ginge. Manchmal liegt geradezu ein böser Vergleich mit Schutzgeldzahlungen nahe: Nur wenn du mich förderst, bin ich dir zu Diensten.

»Die Unternehmen werden von Politikern und ihren Beamten häufig gedrängt, Veranstaltungen zu finanzieren, wie Lobbyisten großer Unternehmen unter dem Siegel der Verschwiegenheit beklagen«, sagt der Berliner PR-Experte Horst Kerlikowsky.

Dass Behörden Geld erbitten und dies dann »auch ein bisschen deutlicher formuliert« werde, das komme »in allen Teilen der öffentlichen Hand« vor, räumt auch Wolfgang Hainer ein, der frühere Geschäftsführer des Verbands der Cigarettenindustrie. Manchmal grenzten die Sponsoringanfragen schon an »Erpressung«, zitierte der *Bild*-Kolumnist Graf Nayhauss den – anonymen – Chef eines großen Telekommunikationskonzerns.

In etwa der Hälfte der Fälle sind es, so der Bundesrechnungshof im März 2002 in einem Bericht an den Haushaltsausschuss, nicht die Firmen, die ihre Spenden von sich aus anbieten. Stattdessen gehen die Behörden die Sponsoren aktiv um Gelder und Sachleistungen an. Das war laut EADS regelmäßig der Fall, wenn der Rüstungskonzern das Verteidigungsministerium bezuschusste. »Von uns aus treten wir nicht an Ministerien heran«, ließ sich ein EADS-Sprecher im Januar 2007 im *stern* zitieren.

Auch der Bundesrat lässt immer wieder Unternehmen anschreiben und um Unterstützung bitten. Aber wie wollen Politiker und Beamte beim Einwerben von Sponsoringgeldern vermeiden, sich von der Gunst der Zahler abhängig zu machen?

Der damalige Chef des Energiekonzerns Vattenfall, Klaus Rauscher, nutzte eine Sponsoringanfrage des damaligen Bundesratspräsidenten Peter Harry Carstensen (CDU) zu einigen netten Worten an den Ministerpräsidenten von Schleswig-Holstein: »Auch mich hat es gefreut, dass wir uns abseits des hektischen Tagesgeschäfts einmal in einer so gemütlichen Atmosphäre austauschen konnten«, schrieb Rauscher am 20. März 2006 nach einem Treffen mit Carstensen. Leider könne Vattenfall die Bundesratsfeier zum Tag der Deutschen Einheit nicht fördern, weil man zum selben Datum bereits eine andere Veranstaltung subventioniere, bedauerte der Konzernchef. Aber Rauscher wollte Carstensen auch »eine gute Nachricht« vermelden: »In Ihrem Namen habe ich seitens des Bundesrates eine Anfrage vom 27.2.2006 erhalten, mit dem Angebot einer Unterstützung des Tages der offenen Tür des Bundesrates, dem ich gerne entsprechen werde.« Vattenfall betreibt in Carstensens Bundesland übrigens zwei Atomkraftwerke.

Das Betteln um Sponsorengelder scheint trotzdem ein häufig mühsames Geschäft. Bundesratsdirektor Dirk Brouër ging Anfang 2007 insgesamt 35 Firmen um Zuschüsse zum Tag der offenen Tür und zur

Feier am Tag der Deutschen Einheit an. Doch von den meisten – darunter Air Berlin, Arcor, Coca-Cola, EADS und die Schwartauer Werke – kam ein Njet.

Der damalige Berliner Generalbevollmächtigte des Energiekonzerns EnBW, Jürgen Hogrefe, bedauerte, dass das Bundesratsfest »nur schwer in Einklang zu bringen ist mit unserem Konzept für Sponsoring, insbesondere wegen der geographischen Entfernung von unseren Kundenkontakten in Baden-Württemberg«.

Auch die Deutsche Post lehnte ab, per Brief vom 13. März 2007: »In diesem Jahr sponsert der Konzern bereits die Festlichkeiten zu ›50 Jahre EU‹.« Deshalb seien leider »keine weiteren Verpflichtungen« möglich.

Schon ein Jahr zuvor hatte die ehemalige EU-Kommissarin Monika Wulf-Mathies (SPD), die damals bei der Deutschen Post für das Lobbying verantwortlich war, dem Bundesrat einen Korb gegeben – wenn auch mit ausgesuchter Höflichkeit. Als Antwort auf einen Bittbrief erinnerte sie am 20. März 2006 daran, dass man ja bereits »das Jubiläumsfest des Bundesrates unterstützt« habe. Auch jetzt habe sie extra »noch einmal prüfen lassen«, aber könne leider nicht helfen: »Zu meinem Bedauern muss ich Ihnen … mitteilen, dass wir für dieses Jahr bereits feste Verpflichtungen zur Unterstützung einer Vielzahl von politischen Sommerfesten und Veranstaltungen verschiedener Institutionen in Berlin eingegangen sind, so dass die für derartige Zwecke zur Verfügung stehenden Budgetmittel bereits fest vergeben sind«, schrieb Wulf-Mathies.

Sponsoringexperte Matthias Korte vom Justizministerium warnt seine Kollegen in den Behörden: »Bei der Einwerbung von Sponsoringmitteln ist Zurückhaltung der einwerbenden Amtsträger angesagt.« Denn für Beamte stelle sich »bei der zu nachdrücklichen Einwerbung von Sponsoringmitteln schnell die Frage nach der Strafbarkeit«.

Tatsächlich scheint vielen deutschen Behördenbediensteten das Sensorium dafür, was erlaubt sein darf und was nicht, längst verloren gegangen zu sein. Offenbar, so der Staatsrechtler von Arnim, habe »ein Wandel in der öffentlichen oder jedenfalls der ministerialen Kultur stattgefunden, dass man gar nicht mehr sieht, wie problematisch solche Zahlungen sind. Hier ist genau genommen ein Schlendrian eingerissen, der noch vor Jahren eigentlich unvorstellbar gewesen wäre.«

Ob nur Schlendrian oder schon Korruption – die Geschichte des Regierungssponsorings macht zwei Grundprobleme deutlich. Erstens: In den Berliner Bundesbehörden herrscht ein wachsender Mangel an Distanz zur Wirtschaft. Zweitens blüht bis heute ein exzessiver Hang zur Geheimhaltung. Das Gemisch ist gefährlich. Wie soll der Bürger erfahren, was für Verabredungen Politik und Unternehmen untereinander treffen, wenn derartige finanzielle Transaktionen geheim bleiben?

»Man kann alles kaufen, außer Vertrauen«, hat Justizministerin Zypries erkannt. Beim Sponsoring verkauft die Politik ihren guten Ruf. Darf man sich wundern, wenn der hinterher nicht mehr unbeschadet vorhanden ist?

Kapitel 2 Bundestag GmbH & Co.

Lachshäppchen, Revuetheater, Karibikreisen – wie man Abgeordnete gewogen stimmt. Warum der Bundestag die UN-Konvention gegen Korruption lieber nicht umsetzt.

In den Gläsern glitzert der Crémant. Die Tische sind weiß gedeckt und die meisten Lachshäppchen schon weg. Gleich werden die Austern aus Cancale aufgefahren, die Jakobsmuscheln, das irische Lamm, die Nougatschlupfer und dazwischen die anderen sechs Gänge des fliegenden Buffets.

Ein ganz normaler Donnerstagabend in Diekmanns Austernbar im Berliner Hauptbahnhof. Schwere rote Vorhänge schützen vor neugierigen Blicken. Einmal im Monat bewirtet der Stromkonzern Vattenfall hier Bundestagsabgeordnete. Und er ist dabei ebenso großzügig wie diskret.

An diesem Abend im März 2008 ist der CDU-Rechtspolitiker Jürgen Gehb unter den Gästen. Er will erleben, wie die Journalistin Tissy Bruns aus ihrem Buch über den Kulturverfall der Berliner Politik liest. Anders als in Bonn müsse in Berlin immer alles »größer, schöner, weiter, mehr« sein, klagt sie.

Größer, schöner, mehr – wer würde das besser kennen als die Leute von Vattenfall. Seit fünf Jahren sind die Schweden dank der Übernahme von Stromerzeugern wie HEW und Bewag einer der vier großen Energiekonzerne in Deutschland. Seitdem fahren sie immer wieder Rekordprofite ein. Seitdem treten ihre Berliner Statthalter gern standesgemäß auf.

Wenn Vattenfall Abgeordnete in die Austernbar bittet, geht es freilich nie ums schnöde Geschäft, jedenfalls nicht offiziell. Kein Wort von Kohlendioxid, Klima, Kernkraft. Hier wird über Kunst geredet. Jeden Monat stellt der Energiekonzern seinen Gästen die Vernissage eines anderen Malers vor.

»Wir wollen in entspanntem Rahmen mit Ihnen das erste Jahr unserer ›Augenweiden‹ feiern und Ihnen einen kleinen Ausblick auf das Programm in 2008 geben«, lockt der Konzern im November 2007 die Abgeordneten. »Wir freuen uns, Ihnen im Zuge der Veranstaltungsreihe Augenweiden Positionen zeitgenössischer Kunst ausgewählte Werke von Isabel Pauer präsentieren zu dürfen« – so steht es in der Einladung für den Abend des 9. Oktober 2008.

Es geht also um das Edle, Gute und Schöne. Ganz so, als hinge es nicht von den geladenen Gästen ab, wie scharf Vattenfalls Strompreise kontrolliert werden, wie billig der Konzern seine Treibhausgase in den Himmel blasen darf und ob die Atomkraftwerke doch ein bisschen länger laufen dürfen.

Die Vernissagen in der Austernbar seien »keine Lobbying-Veranstaltungen, sondern eine Corporate-Art-Aktivität«, also Kunstförderung, erläutert man bei Vattenfall. Nur »ein verschwindend geringer Anteil der Gäste« seien Politiker.

»Vattenfall schickt besonders häufig Einladungen, immer mit viel Essen und Getränken«, sagt dagegen der Grünen-Abgeordnete Hans-Josef Fell. Was die großen Stromkonzerne machen, das sei »Dauerlobbying, nicht nur dann, wenn es wirklich einen Anlass gibt«.

Aber wie gesagt, wenn Vattenfall einlädt, geht es nicht darum, Politiker gewogen zu stimmen, sondern um »Kultursponsoring«. Was den Stromproduzenten treibt, ist die Verantwortung für die Gesellschaft – auch dann, wenn er für Abgeordnete, Beamte und Bundesminister einen kostenlosen Besuch der Berliner Staatsoper Unter den Linden arrangiert. Von 2005 und bis 2007 bat der Konzern alljährlich zu einer exklusiven Vorpremiere von »Carmen« oder »Manon«. Auch die SPD-Ministerinnen Brigitte Zypries und Ulla Schmidt sind den Einladungen schon gefolgt.

Die Gäste seien »aus allen Bereichen des Berliner Kultur-, Politik- und Gesellschaftslebens« gekommen, sagt dagegen Vattenfall. Aus der Sicht des Unternehmens war das eine »Image-Aktivität, die dem klassischen Vertriebsmarketing zuzurechnen ist«.

Die Einladungskultur floriert

Außerhalb des Berliner Regierungsviertels ist kaum jemandem bekannt, wie hier die Einladungskultur floriert. Der Öffentlichkeit präsentieren Bundestagsabgeordnete eine andere Version. Eines dürfe man ihnen nämlich keineswegs nachsagen: dass sie irgendwie bestechlich seien. Darauf legt jedenfalls der SPD-Abgeordnete Jörn Thießen Wert, als er ein paar Wochen nach der Vattenfall-Lesung von einem Podium im Tagungssaal 2M001 des Reichstages über Lobbying spricht. »Korruption«, sagt Thießen, »gibt es unter deutschen Parlamentariern nicht.«

Wer hinter die Berliner Fassaden blicken kann, sieht das oft etwas differenzierter. Gewiss, die überwiegende Mehrzahl der Parlamentarier ist nicht korrupt. Aber »es gibt faule Abgeordnete«, sagt der Lobbyist Nikolaus Huss: »Und wenn ich einen faulen Abgeordneten habe, kriege ich den durch ein Abendessen auf meine Seite.« Huss müsste es wissen, denn als er das sagt, ist der frühere Grünen-Funktionär gerade Managing Director bei dem deutschen Ableger des amerikanischen Public-Relations-Riesen Burson Marsteller.

Neben Treffen im Abgeordnetenbüro oder in der Verbandsvertretung sei »das Gespräch am gedeckten Tisch« für Lobbyisten »entscheidend«, um auf Parlamentarier einzuwirken – so bestätigt es der ehemalige grüne Bundestagsabgeordnete Christian Simmert. Denn »nur der unbedeutendste Teil der Lobbyarbeit« finde »im öffentlichen Raum« statt.

Anders als der Abgeordnete Thießen glaubt, sind die Versuchungen für die Parlamentarier in der Tat immens. Und einige mögen ihnen erliegen. Warum auch nicht? Es ist ja kaum etwas strafbar. Und vor allem herrscht in Berlin heillose Verwirrung, welche Rolle Politik und Parlament zu spielen haben.

Sind Volksvertreter nur Kreuzungspunkte im Parallelogramm der diversen organisierten Interessen? Ist das Parlament lediglich der Ort, an dem der Abgeordnete mit Gewerkschaftsticket auf den Industrielobbyisten trifft und der Politiker, der sich einem AKW-Betreiber verpflichtet fühlt, auf den Kollegen, der Solarstrominteressen vertritt? Oder haben Parlament wie Regierung nicht eine Rolle, die über das reine Abgleichen, Aufaddieren und Austarieren der zahlungskräftigsten

Privatinteressen hinausgeht? Sind nicht Bundestagsabgeordnete laut Artikel 38 Grundgesetz »Vertreter des ganzen Volkes«? Sind sie nicht Repräsentanten des Gemeinwohls und in erster Linie der Öffentlichkeit als Ganzes verantwortlich? Einer Öffentlichkeit, die sich vor der stetig wachsenden Kommerzialisierung der Berliner Politik hüten sollte?

Wie gesagt, die Mehrzahl der Bundestagsabgeordneten ist sicherlich nicht faul, sondern fleißig. Und richtig, wenn Firmen oder Verbände Abgeordnete einladen, geht es nicht nur um das Vergnügen, sondern oft auch um wichtige Sachfragen.

Mit Opel ins Revuetheater

Ein paar Auszüge aus der Einladungsmappe eines Abgeordneten: Da bittet die industriegeförderte Deutsche Gesellschaft für Wehrtechnik zum Mittagessen ins Restaurant Tucher am Brandenburger Tor. Zum Thema »Rüstungsexport« spricht Unterabteilungsleiter Karl Wendling aus dem Wirtschaftsministerium. Frühaufsteher werden ab 7.45 Uhr vom US-Rüstungsriesen Lockheed Martin im Luxushotel Adlon zur »Breakfast Lecture« erwartet – es geht um den F-35 Joint Strike Fighter und das Raketenabwehrsystem MEADS. Mittagessen für Abgeordnete lässt Daimler-Repräsentant Dieter Spöri im Haus Huth am Potsdamer Platz servieren – mit keinem Geringeren als Verkehrsminister Wolfgang Tiefensee als Tischredner. Thema: »Mobilität und Nachhaltigkeit«.

Das sind Sachthemen, keine Frage. Trotzdem scheinen nicht wenige Firmen mit sogenannten Parlamentarischen Abenden eher auf den unterhaltungsorientierten Abgeordneten zu zielen. Das gilt nicht nur für die kulturbeflissenen Leute von Vattenfall. Auch der »Gesamtverband Textil + Mode« lädt Berliner Abgeordnete zur Kunstausstellung, einschließlich einer informellen Begegnung mit dem Maler.

Auf Kosten des Autobauers Opel können Parlamentarier am 8. November 2007 im Berliner Revuetheater Friedrichstadtpalast dagegen jungen Frauen zuschauen, wie sie ihre nackten Beine schwingen. Auf der Einladung des Autobauers ist das Programm des »Parlamentarischen Abends« im Detail aufgeführt: »19 Uhr Sektempfang im Foyer.« Dann: »20 Uhr: Besuch der Revue ›Rhythmus Berlin‹. Im Anschluss: Ausklang im Revue Café Josephine.«

Es sei dabei um »Networking« gegangen, heißt es in der Berliner Opel-Repräsentanz – sowie um Kultursponsoring, also die Unterstützung des Friedrichstadtpalastes und seiner Revuetänzerinnen.

»Manche Kollegen organisieren ihr ganzes Leben um solche Einladungen, vom Frühstück bis zum Abendessen«, sagt eine erfahrene Parlamentarierin. »Die haben einen leeren Kühlschrank.«

Aber warum zeigen die einladenden Firmen so viel Großzügigkeit gegenüber Abgeordneten, die sicherlich mühelos ihr Frühstück selbst bezahlen könnten? Eigentlich seien Abendempfänge »beinahe die uneffizienteste Art, Informationen an Entscheidungsträger zu übermitteln«, sagt der Burson-Marsteller-Manager Jeremy Galbraith. Aber um die Informationsübermittlung geht es ja bei derartigen Veranstaltungen offenkundig weniger – sondern doch wohl vielmehr darum, mächtige Leute in gute Stimmung zu versetzen.

Strenge Regeln in den USA

In Deutschland gilt es als üblich, die Nase über die schmutzige amerikanische Politik zu rümpfen. Tatsächlich sind es nicht wir, die Grund zum Dünkel hätten, sondern die Politiker in Washington. Dort wurden Gesetze und Ethikregeln in den vergangenen Jahren sukzessiv verschärft. Sowohl der heutige Präsident Barack Obama wie sein republikanischer Gegenkandidat John McCain waren führend an diesen Reformen beteiligt.

US-Kongressabgeordnete dürfen inzwischen von Lobbyisten keine Gaben mehr annehmen, die über den Wert eines Schokoriegels hinausgehen. 2007 erklärte die Republikanische Partei ihren Abgeordneten im US-Repräsentantenhaus per Rundschreiben die neuen Regeln für die Annahme von »Geschenken, Essen und Reisen«. Für deutsche Abgeordnete müssen sie schockierend klingen: Geschenke unter 50 Dollar seien unproblematisch, aber nur, wenn sie nicht von einem Lobbyisten kämen oder einer Firma, die Lobbyisten beschäftigt. Dazu würde in den USA wohl auch Vattenfall zählen. Gleiches, so das Merkblatt weiter, gelte für Einladungen zum Essen. Unter 50 Dollar sei alles okay, außer wenn Lobbyisten beteiligt sind. Kostenlose Snacks und Getränke für das eigene Büro? Das geht in Ordnung, solange der Wert unter zehn Dollar bleibe. Blumen oder Baseball-Caps können US-Senatoren ebenfalls annehmen, dann aber allenfalls noch die Einladung zu einem Stehempfang mit Snacks oder ein – kontinentales! – Frühstück. Doch gesetzte Essen müssen US-Parlamentarier selbst bezahlen.

Firmen, die Lobbyisten beschäftigen, dürfen US-Abgeordnete nicht zu Reisen einladen und ihnen keine Karten für »Disney on Ice« überreichen. Immerhin, amerikanischen Parlamentariern ist es erlaubt, Geschenke von Freunden anzunehmen. Doch selbst hier gibt es Grenzen: Wenn der Wert 250 Dollar übersteigt, muss der Beschenkte das Ethikkomitee fragen.

Die Sitten in Washington mögen uns zu streng erscheinen. Gewiss, manche US-Firmen können beim Lobbying mit ganz anderen Beträgen jonglieren als viele hiesige Unternehmen. Vielleicht bedarf ihre Lobbyarbeit allein deshalb stärkerer Regulierung. Doch der Unterschied ist nur ein gradueller. Und warum findet in Berlin noch nicht einmal eine ernsthafte Debatte darüber statt, ob unsere laxen Regeln noch angemessen sind?

Christian Humborg, der Geschäftsführer des deutschen Zweigs von Transparency International, ist einer der wenigen, die die Berliner Einladungspraxis kritisieren. Er findet, Lobbyisten müssten »verpflichtet werden, keine Geschenke, Bewirtungen oder Ausgaben zu tätigen, wenn diese den Ausgang von gesetzgeberischen oder Verwaltungsentscheidungen beeinflussen können, wenn sie nicht angemessen sind und wenn sie nicht im guten Glauben erfolgen«.

Aus Humborgs Sicht ist es »eine problematische Kombination«, wenn Einladungen wie die in die Austernbar »sowohl inhaltsleer wie sehr reichhaltig« sind. Im Dezember 2008 publizierte sogar der Deutsche Industrie- und Handelskammertag (DIHK) zusammen mit der Internationalen Handelskammer ICC einen Firmenkodex, in dem es heißt: »Auch Reisen, Freikarten für Sport- und Kulturveranstaltungen, Essenseinladungen, Dienstleistungen, Werbeprämien und Rabatte sind als Geschenke anzusehen.« Und gerade »Freikarten für Sport- und Kulturveranstaltungen« hätten sich »zu einem sensiblen Thema entwickelt«, bei dem für Unternehmen Vorsicht geboten sei. Achtung, Korruptionsgefahr!

Bundestagsabgeordnete können ja in der Tat direkten Einfluss auf den Geschäftserfolg eines Unternehmens wie Vattenfall nehmen. Wie das funktioniert, lässt sich am 23. Juni 2008 in der – nichtöffentlichen –

Sitzung des Beirates der Bundesnetzagentur in Berlin verfolgen. Die Bundesbehörde hat die Aufgabe, darüber zu wachen, dass die großen Energieversorger ihre Verteilernetze hinreichend für den Wettbewerb öffnen. In der Sitzung im Juni 2008 geht es um den Wunsch der Netzagentur, die erlaubte Rendite der Stromversorger beim Neubau von Leitungen zu kappen – im Interesse der Stromkunden. Die Energiepolitiker Rolf Hempelmann (SPD) und Joachim Pfeiffer (CDU) halten als Beiratsmitglieder dagegen. Man müsse auch »die Rahmenbedingungen für die notwendigen Investitionen« schaffen, mahnt Hempelmann laut Protokoll. Sein Kollege Pfeiffer stimmt ihm zu. Der »Ausbau der Stromnetze« sei wichtig, »damit nicht im wahrsten Sinne des Wortes ›das Licht ausgehe‹«.

Unter dem Druck setzt die Agentur die Renditeansprüche der Konzerne wieder herauf. »Die Netzbetreiber haben eine sehr erfolgreiche Lobbyarbeit betrieben«, klagt Agenturchef Matthias Kurth hinterher auf einer Pressekonferenz. Das bringe ihnen nun bis zu 300 Millionen Euro. »Die Preise werden weiter steigen«, fürchtet der Bund der Energieverbraucher.

Sowohl Pfeiffer als auch Hempelmann bestreiten, je auf Einladung von Vattenfall in der Austernbar gewesen zu sein. Im Beirat der Netzagentur sei es ihm vor allem um die »Investitionstätigkeit von Stadtwerken« gegangen, sagt Hempelmann.

Wer über die strikten Verbote in Washington lächelt, sollte sich auch durchlesen, was das Innenministerium in Berlin den Bundesbeamten beim Umgang mit Einladungen rät. Es verbreitete im November 2004 Musterbriefe, mit denen die Ministerialbediensteten auf allzu aufdringliche Einladungen reagieren sollten.

Ein Auszug: »Da der Charakter Ihrer Veranstaltung wesentlich durch das Beiprogramm geprägt ist, bitte ich um Verständnis, dass es mir nicht möglich ist, Ihre Einladung anzunehmen. Der Öffentliche Dienst ist zur Neutralität verpflichtet. Deshalb bin ich grundsätzlich gehalten, von vornherein jeden Anschein der Beeinflussung zu vermeiden, der durch die Teilnahme an einer über eine reine Informationsveranstaltung hinausgehenden Präsentation entstehen könnte.«

Der Kernsatz eines anderen Musterbriefes lautet: »Da der Charakter Ihrer Veranstaltung wesentlich durch das festliche Programm geprägt ist, kann ich Ihre Einladung nicht annehmen.«

Wie man Abgeordnete anfüttert

Das strikte Geschenkverbot für Beamte soll das verhindern, was Korruptionsexperten »Anfüttern« nennen. Gemeint ist das anfangs harmlos scheinende, aber trotzdem nicht selbstlose Umgarnen wichtiger Entscheidungsträger. Wohlgemerkt, das Anfüttern ist hierzulande nur gegenüber Beamten verboten, nicht im Fall von Parlamentariern. »Abgeordnete weisen uns immer mit bleicher Miene darauf hin, dass es ihr tägliches Geschäft ist, Einladungen anzunehmen«, sagt Hansjörg Elshorst von Transparency International. Aber warum funktioniert der parlamentarische Betrieb in Washington auch ohne Abgeordnetenfütterung?

Der britische konservative Europaabgeordnete Giles Chichester demonstrierte seinen – auch deutschen – Kollegen im EU-Parlament im Frühjahr 2008 ein bisschen Transparenz nach Westminster-Art. Freiwillig folgte er den strengen Regeln des britischen Parlaments und machte publik, wer ihn so im Lauf der vergangenen Jahre eingeladen hatte. Er nannte eine Reise zum Segelcup ins spanische Valencia im Mai 2007 – bezahlt vom französischen Nuklearkonzern Areva. Imperial Tabacco finanzierte einen Besuch des Herrenfinales beim Tennisturnier in Wimbledon 2004, für Chichester und für seine Frau. Der Pharmakonzern Glaxo Smith Kline spendierte das Hotel und das Ticket für einen Opernbesuch in Verona.

Auch vom deutschen Energieriesen RWE hatte sich Chichester fördern lassen. Der ermöglichte ihm eine Reise zu einer Konferenz des industriefinanzierten Lobbyverbands Europäisches Energieforum in Sofia. Deutsche Europaabgeordnete nehmen derartige Einladungen ebenfalls an. Nur wird das meist nicht bekannt. Der Europaparlamentarier Jorgo Chatzimarkakis (FDP) etwa ließ sich 2006 vom Handelskonzern Metro einen Flug nach Peking finanzieren, zum Besuch einer Konferenz über die sogenannten RFID-Chips. Die sollen künftig in Supermärkten an allen Waren angebracht werden und helfen, den Güterfluss besser zu steuern. Kein Wunder, dass Metro daran Interesse hat – und wie günstig, dass der FDP-Europaabgeordnete Chatzimarkakis beim Thema RFID ebenfalls neben Risiken auch »riesige Chancen« sieht. Die Metro-Einladung hat er immerhin öffentlich angegeben.

Flug in die Karibik

Bereits 1999 hatte die niederländische Europaabgeordnete Nel van Dijk von ähnlichen Angeboten berichtet, darunter eine Einladung der französischen Luftfahrtfirma Aérospatiale zu einem Trip nach Französisch-Guyana. In dem Karibikdepartement liegt der Weltraumbahnhof Kourou, von dem die europäischen Ariane-Raketen starten.

Auch Bundestagsabgeordnete werden zu solchen Reisen animiert. Aber die Veranstalter scheinen sorgfältig darauf zu achten, keine Spuren zu hinterlassen. Der Grünen-Abgeordnete Hans-Josef Fell war 1998 gerade frisch im Bundestag. Etwa vier Wochen nach der Wahl bekam er eine Einladung – zu einem Raketenstart, ebenfalls in Kourou. »Bekomme ich das noch schriftlich?«, fragte Fell. Ach, das sei doch gar nicht nötig, antwortete der Einladende.

Die Grünen waren zu dieser Zeit gerade dabei, mit der SPD eine Regierung zu bilden. Fell war forschungspolitischer Sprecher seiner Fraktion, ein wichtiger Kontakt also für all diejenigen, die nach den Forschungsgeldern der Bundesregierung schielten. Er lehnte die Einladung zur Tropenreise ab.

Auch die FDP-Forschungspolitikerin Ulrike Flach erinnert sich, dass man sie schon »mehrfach« nach Kourou eingeladen habe. Sie sei aber nie hingefahren. Die heutige Landwirtschaftsministerin und damalige CSU-Forschungspolitikerin Ilse Aigner reiste im Dezember 1999 und im Februar 2004 zu Raketenstarts nach Kourou, auf Einladung der europäischen Raumfahrtagentur ESA. Die Agentur bezahlte die Übernachtungen und auch den Charterflug von Paris nach Guyana. Aigners CDU-Kollegen Klaus-Peter Willsch und Georg Nüßlein waren bei der dreitägigen Reise im Februar 2004 ebenfalls mit von der Partie.

Die ESA wird durch deutsche Steuergelder mitfinanziert. Aigner und Willsch waren damals im Haushaltsausschuss Mitberichterstatter für den Forschungsetat des Bundes und sollten kurz nach der Guyana-Reise über die Zuschüsse für die europäische Raumfahrtorganisation befinden. Warum lädt die ESA Abgeordnete ein, die über ihre Zukunft entscheiden? Fragt man in der ESA-Zentrale in Paris an, bestreitet Sprecher Franco Bonacina zunächst, solche Reisen angeboten zu haben. Erst nachdem man ihn mit dem Text der schriftlichen ESA-Einladung konfrontiert, räumt er den Sachverhalt ein.

Es sei darum gegangen, die verantwortlichen Politiker mit den Investitionen vertraut zu machen, die sie unterstützen sollten, sagt Bonacina nun. Aber kann es sein, dass eine Organisation wie die ESA die ihr zugewiesenen Steuermittel nutzt, um diejenigen Abgeordneten zu umgarnen, die ihr dieses Steuergeld verschaffen? Es kann sein, weil es in Deutschland nicht verboten ist.

Deutsche Abgeordnete sind, anders als etwa ihre britischen Kollegen, auch nicht verpflichtet, offenzulegen, wer sie wohin einlädt. Der Bürger erfährt davon nichts.

Dennoch ermittelte die Kölner Staatsanwaltschaft noch im Jahr 2008 gegen eine Reihe von Bundestagsabgeordneten. Sie hatten sich von kommunalen oder regionalen Energieversorgungsunternehmen zu attraktiven Kurztrips einladen lassen, etwa nach Budapest oder Mailand. Doch der Verdacht einer Straftat entstand nur, weil die Abgeordneten selbst in Aufsichtsgremien dieser Energieversorger saßen. Darum hatten sie sich möglicherweise des Tatbestands der Untreue zu Lasten der Energieversorger schuldig gemacht. Was übrigens Norbert Königshofen (CDU), einer der betroffenen Bundestagsabgeordneten, bestritt. Seine Ehefrau sei ja in Budapest dabei gewesen, argumentierte er. Schon deshalb habe »von einer Lustreise keine Rede sein« können. Die Ermittlungen gegen ihn stellte die Staatsanwaltschaft schließlich ein, wegen Geringfügigkeit.

Der Verdacht einer Straftat entstand in diesen Fällen nur, weil die Abgeordneten verdächtigt wurden, Firmen geschädigt zu haben, für deren Wohlergehen sie selbst verantwortlich waren. Sich von Dritten bedienen und verwöhnen zu lassen ist Bundestagsabgeordneten hingegen weitgehend risikolos möglich.

Abgeordnete des Deutschen Bundestages müssen zwar sogenannte Gastgeschenke ab einem Wert von 200 Euro dem Bundestag anzeigen und aushändigen. Manche Juristen meinen sogar – so etwa der Korruptionsexperte des Justizministeriums Matthias Korte –, dass aus dem Abgeordnetengesetz »ein Geschenkannahmeverbot für Abgeordnete« folgt.

Doch tatsächlich scheint die Gesetzeslage nicht ganz so klar. Das Verbot gilt nur für solche Präsente, die der Abgeordnete »mit Bezug auf sein Mandat« bekommt. Über Reiseeinladungen steht nichts Eindeutiges in den Paragraphen.

Immerhin ist seit Oktober 2005 im Abgeordnetengesetz unmissverständlich geregelt, dass Parlamentariern das Annehmen von »Geld oder geldwerten Zuwendungen« untersagt ist, wenn keine »angemessene Gegenleistung«, etwa in Form echter Nebentätigkeiten, erbracht wurde. Zugleich sind jedoch Spenden bis heute explizit erlaubt. Womit es genügt, Zahlungen als Spenden zu deklarieren, um ihnen einen legalen Mantel überzustreifen. »Das ist eine große Inkonsequenz«, sagt der Staatsrechtler von Arnim.

Weil Verstöße gegen das Abgeordnetengesetz nicht unter Strafe stehen, bleibt selbst das geltende windelweiche Geschenkverbot nur ein Verbot minderer Schärfe. Was seit Herbst 2005 höchstens droht, ist eine Strafzahlung an den Bundestag – neben der Peinlichkeit, öffentlich als Regelbrecher an den Pranger zu geraten. Aber die hat schon so mancher Parlamentarier überstanden.

Viel Düsternis senkt sich über die deutsche parlamentarische Grauzone, wenn es explizit um Spenden für die politische Arbeit der Abgeordneten geht. Hier erfährt selbst der Parlamentspräsident nur von Zuwendungen ab 5000 Euro – eine absurd hohe Schwelle. Die Öffentlichkeit müssen die Parlamentarier über diese sogenannten Abgeordnetenspenden sogar erst ab 10000 Euro informieren. Hier gelten die gleichen Kriterien, die auch die Pflicht zur Veröffentlichung von Spenden an Parteien bestimmen. Doch für einen einzelnen Abgeordneten sind ein paar tausend Euro natürlich ungleich wertvoller als für eine Partei.

Schon 1993 empfahl eine vom damaligen Bundespräsidenten Richard von Weizsäcker eingesetzte Parteienfinanzierungskommission, solche Direktspenden – der Staatsrechtler von Arnim nennt sie »Geldgeschenke« – an Abgeordnete zu verbieten. Die Forderung verhallte. Selbst wer als Parlamentarier die laxe Anzeigepflicht verletzte, hatte bis zum Jahr 2005 nichts zu befürchten. Inzwischen kann bei einer Unterlassungssünde immerhin ein Ordnungsgeld verhängt werden.

In Großbritannien und den USA wurde einst die parlamentarische Demokratie erfunden. Heute sind uns Briten und Amerikaner auch in Sachen Offenlegung weit voraus. In beiden Ländern erfahren die Bürger deutlich mehr über ihre Repräsentanten als in Deutschland selbst der Parlamentspräsident über die Bundestagsmitglieder.

In den USA sind Spenden an Parteien und Politiker ab einem Wert von 200 Dollar bekannt zu geben. Im Unterhaus in London müssen Abgeordnete alle Geschenke und Zahlungen ab 590 Pfund melden und veröffentlichen. Sogar Abgeordnetenmitarbeiter und Parlamentsjournalisten sind gehalten, auf der Westminster-Website ihre Nebeneinkünfte zu deklarieren.

Bundestagsabgeordnete mussten bis 2005 – wie gesagt – nicht einmal Konsequenzen fürchten, wenn sie die laxen deutschen Spendenregeln brachen. Denken wir an den Stralsunder CDU-Abgeordneten Ulrich Adam, der als Vertrauter von Kanzlerin Merkel gilt. Er räumte im Frühjahr 2007 ein, insgesamt 60 000 Euro an »Sachspenden« nicht deklariert zu haben. Der Geber war der Unternehmer und Gewerkschaftsgründer Wilhelm Schelsky, den wiederum die Siemens AG massiv finanziell gefördert hatte. Der Abgeordnete Adam bekam die Hilfe nach seinen Angaben »in Form persönlicher Werbemittel (Kugelschreiber, Flyer etc.)« für die Wahlkämpfe 1998, 2002 und 2005. Obwohl er es versäumt hatte, die Spenden beim Bundestagspräsidenten zu melden, hatte er dort nicht einmal ein Ordnungsgeld zu fürchten.

Da Parteispenden unter 10 000 Euro nicht veröffentlicht werden müssen, wurde im Jahr 2006 nur durch Zufall publik, dass der einflussreiche Hamburger SPD-Abgeordnete Johannes Kahrs für seinen Wahlkampf ein Jahr zuvor vierstellige Spenden zweier Rüstungskonzerne angenommen hatte. Dank großzügiger Zuwendungen von Krauss-Maffei Wegmann und Rheinmetall konnte sich Kahrs aufwendige Großflächenplakate leisten. Als Berichterstatter für den Verteidigungsetat hatte er anschließend im Haushaltsausschuss über ein Rüstungsprojekt mitzuentscheiden, das den beiden Firmen einen Auftrag über 3,5 Milliarden Euro einbringen soll – für 410 Puma-Schützenpanzer, die das Verteidigungsministerium ab 2010 beschaffen will.

Der Hamburger SPD-Abgeordnete selbst versichert, die Unternehmen hätten seinen Wahlkampf einfach deshalb unterstützt, »weil sie mich und meine Arbeit gut finden«. Als er die Spenden bekommen habe, sei er im Haushaltsausschuss ja noch nicht für den Wehretat zuständig gewesen. Selbst ein Fraktionskollege von Kahrs sieht das weniger locker. »Da hätte ich kotzen können«, sagt der SPD-Abgeordnete. »Der Fraktionsvorstand hätte die Reißleine ziehen und dafür sorgen müssen, dass er die Berichterstatterfunktion verliert.« Doch das geschah nicht.

In ähnlicher Weise schien ein CDU-Kollege von Kahrs im Haushaltsausschuss auf die Gutgläubigkeit des Publikums zu hoffen. Weil er sich selbst in der Regionalpresse nicht hinreichend gewürdigt fand, gründete der hessische CDU-Abgeordnete Klaus-Peter Willsch im April 2002 seine eigene Gazette, den *Rheingau-Taunus Monatsanzeiger*. Das Blättchen lobte Willsch fortan jeden Monat in gebührender Ausführlichkeit, beschäftigte seine Gattin und berichtete über allerlei Wissenswertes aus dem Wahlkreis – etwa die Gockel-Fassenacht in Taunusstein oder die Bürgermeisterwahlen in Niederhausen. Für einen überregionalen Leserkreis schien die Zeitung mit ihrer Auflage von 90 000 allerdings nicht bestimmt zu sein.

Im Herbst 2002 rückte Willsch in den Haushaltsausschuss ein und avancierte zum Experten seiner Partei für Forschungsausgaben. Nun entdeckte der Luft- und Rüstungskonzern EADS sein Interesse an dem Absatzmarkt im Rheingau. Bis der Fall Mitte 2007 publik wurde, schaltete das Unternehmen mindestens dreizehn Vierfarbanzeigen in dem Blatt, das zuvor höchstens Werbung einer lokalen Elektromarktkette oder der Frankfurter Flughafengesellschaft Fraport angezogen hatte.

Ende 2005 stieg Franz-Josef Jung, ein ebenfalls aus dem Rheingau stammender Parteifreund von Willsch, zum Verteidigungsminister auf. Nun ließ auch der Raketenhersteller MBDA zwei halbseitige Anzeigen im *Monatsanzeiger* drucken – und der Eurofighter-Triebwerkehersteller Eurojet gab eine in Auftrag.

All dies geschah, obwohl die lokale Kernleserschaft des Rheingau-Magazins zweifellos selten Marschflugkörper, Raketen oder Kampfhubschrauber auf dem Einkaufszettel hatte. Ganz anders als Willsch und Jung, die in Bundestag und Verteidigungsministerium regelmäßig über Millionenaufträge an die Rüstungsindustrie entschieden. Allein EADS profitierte im Schnitt jährlich von fast 300 Beschaffungsentscheidungen des Verteidigungsministeriums. Von 1999 bis Mitte 2007 betrug deren Gesamtvolumen 10,5 Milliarden Euro.

Trotzdem sieht das Verteidigungsministerium »keinen Zusammenhang« zwischen den Rheingauer Anzeigen und dem Berliner Ministeramt des Rheingauers Jung. Auch Willsch selbst will keine »Motivforschung« betreiben, um das plötzliche Interesse von EADS und Co. an potenziellen Rheingauer Raketenkäufern zu erklären. Hing es damit zusammen, dass sich Willsch als Forschungsexperte für eine

Aufstockung des deutschen Raumfahrtprogramms einsetzte – wovon EADS als Hersteller der Ariane-Rakete profitieren könnte? Nein, die Anzeigenkunden könnten von ihm kein »politisches Wohlverhalten erlangen«, versicherte er.

Glaubt man EADS, dann ging es dem Konzern einfach darum, »vor allem CDU-nahe Leserkreise werblich zu erreichen«. Man schalte ja auch Anzeigen im SPD-Blatt *Vorwärts*. Es gehe, so die Firma, um die »Imagepflege im politisch-parlamentarischen Raum«.

Bei diesen Pflegeaktivitäten fällt die deutsch-französische Rüstungsfirma in Berlin auf wie kaum eine andere. Ausgewählte Parlamentarier dürfen sich schon mal über die Zusendung einer Fünfliterflasche edlen Weins freuen. Und einmal im Jahr lädt das Berliner Lobbybüro des Rüstungskonzerns Volksvertreter und ihre Mitarbeiter zur »traditionellen Bootsfahrt« auf der Spree.

Was das Lobbying angeht, »sticht EADS absolut hervor«, sagt die Haushaltsexpertin Gesine Lötzsch von der Linkspartei. 2007 wurde es sogar den Obleuten des Haushaltsausschusses zu bunt. Ein bereits für den 8. März anvisiertes EADS-finanziertes Abendessen für die Ausschussmitglieder lehnten die Parlamentarier dann doch lieber dankend ab. Es standen »zu viele brisante Entscheidungen« an, die EADS betrafen, erinnert sich ein Abgeordneter.

Die Zahlungen von »Kunden«, die Willsch von November 2005 bis Mitte 2007 für seine Rheingau-Gazette bekam, waren nicht unbedeutend: insgesamt mindestens 87 000 Euro, aber vielleicht sogar deutlich über 200 000. Innerhalb dieser Spanne bewegen sie sich laut Bundestags-Website. Die Namen dieser Kunden nennt der Bundestag nicht, denn Willsch muss sie laut geltender Regel nicht offenlegen.

Verdeckte Zahlungen, die den Verdacht der Interessenkollision nahelegen, kommen nicht nur aus der Verteidigungsbranche. So ließ sich der heutige Tourismusbeauftragte der Bundesregierung Ernst Hinsken (CSU) seine Wahlkreisarbeit mit Spenden aus der Tourismusindustrie finanzieren – während er selbst Chef des Tourismusausschusses war. In einem Bettelbrief vom 20. Februar 2004 ging Hinsken die Lufthansa um Sponsorengelder für Berlinreisen der Freiwilligen Feuerwehr und des CSU-Ortsverbandes im bayerischen Kollnburg an. Die Lufthansa bestätigte, etwa 350 Euro an das Restaurant gezahlt zu haben, das die Besucher verköstigte.

Hinsken räumte im Januar 2006 ein, dass er »mehrere Firmen« schon seit Jahren für ähnliche Zwecke regelmäßig »anbettele«. Das sei aber »im Dienste des Bürgers«. Kritik daran fand der Abgeordnete »ganz, ganz weit hergeholt«. Nach seiner Kenntnis »machen das andere Kollegen auch«.

Auch Hinskens Sammeleifer wurde nur bekannt, weil jemand einer Zeitung einen Tipp gegeben hatte. Auch in seinem Fall lagen die Summen weit unter der 10 000-Euro-Schwelle. Trotzdem sind auch solche scheinbaren Kleinbeträge für die Abgeordneten wichtig. Sonst hätte Hinsken kaum um sie gebettelt.

Auf eine verquere Art hat der SPD-Abgeordnete Thießen trotzdem recht, wenn er im Bundestag keine Korruption feststellen kann. Die gibt es tatsächlich nicht, jedenfalls nach den Buchstaben des Gesetzes. Die Bestechung von Bundestags-, Landtags- oder Kommunalabgeordneten ist in Deutschland bis heute nicht umfassend strafbar. Im Strafgesetzbuch findet sich allein das Verbot des Stimmenkaufs, und auch das erst seit 1994.

Wer also einem Abgeordneten vor einem Votum Geld für ein bestimmtes Stimmverhalten gibt oder verspricht, macht sich strafbar, genauso natürlich der Parlamentarier selbst. Doch schon die Dankeschönzahlung nach der Abstimmung ist wieder legal. Genauso legal wie der Scheck, den ein Abgeordneter dafür bekommt, dass er sich im Gesundheitsausschuss für eine Passage stark macht, die der Pharmaindustrie dient. Oder das Handgeld, das der Parlamentarier dafür einstreicht, dass er in der eigenen Fraktion oder mit einer Rede im Plenarsaal für einen bestimmten Panzerhersteller wirbt. All das ist in Deutschland nicht strafbar.

Daher überrascht der Umstand nicht, dass es Korruptionsermittlungen gegen Bundestagsabgeordnete bis heute nicht gegeben hat. Wer von diesem Faktum auf das Fehlen einer Bakschischpraxis schließt, muss trotzdem als mutig gelten. Viele Abgeordnete – zumal in SPD, CDU/CSU und FDP – sind sich ihrer Unschuld offenbar selbst nicht ganz so sicher. Warum sonst sträuben sie sich seit Jahren, die Abgeordnetenbestechung ganz generell zu verbieten. Solange jedoch der Bundestag das Gesetz nicht ändert, ändert sich nichts. Die Parlamentarier entscheiden in eigener Sache.

In anderen Demokratien sind die Regeln schärfer. Wer sich in den

USA als Abgeordneter von Senat oder Repräsentantenhaus bestechen lässt, kann im Gefängnis landen. Mehreren US-Parlamentariern ist das schon passiert. Der republikanische Abgeordnete Duke Cunningham etwa wurde 2005 zu acht Jahren und vier Monaten Freiheitsentzug verurteilt, weil er Gelder von zwei Rüstungsfirmen angenommen hatte. Die Website Pro Publica listete im Juni 2008 die Namen von insgesamt 21 Kongressmitgliedern allein aus der vorangegangenen Wahlperiode auf, gegen die wegen Korruptionsverdacht ermittelt wurde. In Belgien, den Niederlanden und der Schweiz ist die Bestechung von Abgeordneten bereits seit Jahren ebenso strafbar wie die von Beamten. Genauso ist die Rechtslage in Frankreich und Italien. Im Jahr 2005 schloss sogar das indische Parlament – genannt Lok Sabha – sieben Mitglieder aus, weil sie bereit gewesen waren, gegen Geld bestimmte parlamentarische Anfragen zu stellen. Bundestagsabgeordnete, die sich für solche Dienste bezahlen lassen und erwischt werden, haben höchstens ein Ordnungsgeld zu fürchten.

Der Bundestag hat sich mit seiner laxen Praxis international weitgehend isoliert. Seit 2003 gilt sogar eine Konvention der Vereinten Nationen, die eine Bestrafung parlamentarischer Korruption verlangt. Selbst Länder wie Kenia oder Mexiko haben das Abkommen längst ratifiziert. Frankreich tat es im November 2005.

Anders die Bundesrepublik. Deutschland kann den Vertrag nicht ratifizieren, weil einige Abgeordnete Angst vor dem Staatsanwalt haben. Was sei, wenn man Abgeordnetenbestechung umfassend unter Strafe stellte? Müsse man dann, so sorgt sich ein führender Sozialdemokrat, schon deshalb ein Ermittlungsverfahren fürchten, weil man einer Einladung des Bundesverbands der Deutschen Industrie gefolgt sei?

Eine Strafverschärfung könnte dazu führen, »das Jagdfieber der Staatsanwälte zu befeuern«, fürchtet der rechtspolitische Sprecher der Unionsfraktion im Deutschen Bundestag, Jürgen Gehb. Gäbe es ein weitergehendes Verbot der Abgeordnetenbestechung, könnte ein Ermittler auch den Besuch einer Vattenfall-Beköstigung in der Austernbar als Straftat verfolgen, meint der Christdemokrat. »Gut, dass es noch kein Gesetz gibt, das Abgeordnetenbestechung unter Strafe stellt, sonst käme nach solch einer Veranstaltung gleich der Staatsanwalt«, sagt Gehb. Das dürfe nicht sein, findet er. »Man darf nicht jeden

Abgeordneten, der abends zu solchen oder ähnlichen Veranstaltungen geht, sofort dem Verdacht der Korrumpierbarkeit aussetzen.« Die Vattenfall-Veranstaltung im März 2008, sagt Gehb, habe er jedenfalls »völlig ohne jedes schlechte Gewissen« besucht.

Es ist einer der wenigen Momente, in denen sich einer der verantwortlichen Abgeordneten der großen Parteien überhaupt öffentlich zu dem Thema äußert. Fragt man etwa bei den parlamentarischen Geschäftsführern von CDU/CSU und SPD nach, bekommt man leicht eine Abfuhr.

Im November 2008 entschuldigte sich der SPD-Rechtspolitiker Joachim Stünker mit Verweis auf die Koalitionspartner von CDU und CSU für die Gesetzeslücke in Sachen Abgeordnetenbestechung. Die hätten einen Regelungsvorschlag der SPD-Fraktion abgelehnt. Freilich hatte es schon die rot-grüne Koalition nicht geschafft, die Lücke zu schließen. Stünker schob dies öffentlich auf Zwistigkeiten zwischen dem Grünen-Abgeordneten Hans-Christian Ströbele, der auf eine strenge Formulierung gepocht habe, und dessen Parteifreund Volker Beck, dem das »zu weit« gegangen sei.

Der Grünen-Rechtspolitiker Jerzy Montag, der sich für die Strafbarkeit der Abgeordnetenbestechung einsetzt, hörte von seinen Abgeordnetenkollegen bei Union und SPD immer wieder von merkwürdigen Ängsten. Man fürchte Justizwillkür, vertrauten ihm die Koalitionsvertreter an. »Das sind lauter Argumente«, sagt der Grüne, die ihm »wohlvertraut« seien. Doch die unberechtigte Verfolgung durch die Justiz – das seien »Missstände, die jeden treffen können«. Warum also nicht auch Abgeordnete?

»Es geht darum, dieses Parlament von einem Makel zu befreien«, sagte Montags Fraktionskollege Hans-Christian Ströbele am 25. September 2008 im Bundestag. An diesem Tag verhandelte das Plenum über einen Grünen-Antrag, der die Umsetzung des UN-Korruptionsabkommens möglich machen sollte. Doch der CDU-Abgeordnete Siegfried Kauder widersprach: Mit dem Grünen-Entwurf »hätten 612 Abgeordnete des Deutschen Bundestages die beste Chance, Versuchskaninchen in einem Ermittlungsverfahren zu werden«.

Einige Parlamentarier meinen gar, ein vollständiges Verbot der Bestechung stehe im Konflikt mit der Freiheit des Abgeordneten. Zu dieser gehöre, dass man als Volksvertreter »völlig einseitig Interessen vertreten darf, beispielsweise die seines Wahlkreises«, sagte der FDP-Abgeordnete Jörg van Essen.

Laut Grundgesetz ist freilich jeder Abgeordnete »Vertreter des ganzen Volkes«, auch Freidemokrat van Essen. Und warum soll die Vertretung von Partikularinteressen künftig daran scheitern, dass diese Aktivität von den Interessierten nicht mehr bezahlt werden darf?

Wieder lohnt es sich, einen Blick nach Großbritannien zu werfen. Nach Skandalen um Abgeordnete, die sich dafür hatten entlohnen lassen, dass sie bestimmte parlamentarische Anfragen stellten, setzte der britische Premierminister ein »Committee on Standards in Public Life« ein. Zu den sieben Prinzipien, die das Komitee Amtsträgern und Abgeordneten empfahl, gehörte der Grundsatz der Selbstlosigkeit. Abgeordnete sollten sich bei Entscheidungen ausschließlich am öffentlichen Interesse orientieren – einerseits an dem des Landes als Ganzes, zweitens an dem des Wahlkreises. Sie sollten sich nicht von den Interessen Dritter abhängig machen und selbst alle möglichen Interessenkonflikte offenlegen. Britischen Abgeordneten ist es ausdrücklich untersagt, für ihr Verhalten in Westminster irgendeine Bezahlung oder Belohnung entgegenzunehmen.

Auch das deutsche Parteiengesetz verbietet es Abgeordneten bereits heute, »Spenden anzunehmen«, die »erkennbar in Erwartung oder als Gegenleistung eines bestimmten wirtschaftlichen oder politischen Vorteils gewährt werden«. Das Abgeordnetengesetz und die Verhaltensregeln verwehren es den Bundestagsabgeordneten ebenfalls, »Zuwendungen anzunehmen«, durch die sie dazu animiert werden sollen, »die Interessen des Zahlenden« zu vertreten.

Wenn Bundestagsabgeordnete solch ein Verbot beschließen, aber sich gegen strafrechtliche Sanktionen sträuben, liegt der Verdacht nahe, dass das Abgeordnetengesetz so ernst gar nicht gemeint ist. Brechen Parlamentarier das Abgeordneten- oder Parteiengesetz, haben sie ja keine Ermittlungen von Staatsanwaltschaft und Polizei zu befürchten.

Weil deutsche Abgeordnete zögern, ihr Privileg der straffreien Bestechlichkeit aufzugeben, hat sich eine absurde Kluft aufgetan. Inzwischen ist es auch in Deutschland verboten, ausländische Abgeordnete zu bestechen – einschließlich deutscher Vertreter im Europaparlament in Brüssel und Straßburg. Doch wechselt der deutsche

EU-Parlamentarier in den Bundestag, darf er plötzlich wieder straffrei die Hand aufhalten.

»Dass die Bestrafung der Bestechung eines ausländischen Abgeordneten nach deutschem Strafrecht unter wesentlich weitergehenden tatbestandlichen Voraussetzungen möglich ist als die Bestrafung eines inländischen Abgeordneten«, sei nicht tragbar, bemängelte schon im Mai 2006 der Fünfte Strafsenat des Bundesgerichtshofes unter dem Vorsitz der heutigen Generalbundesanwältin Monika Harms. »In allen anderen Bereichen des öffentlichen und privaten Lebens hat das gewandelte öffentliche Verständnis von Korruption zu einer erheblichen Ausweitung der Strafbarkeit von korruptivem Verhalten geführt«, verkündeten die Richter damals. Aber, so der Senat weiter, »diese Entwicklung ist bislang an dem Tatbestand der Abgeordnetenbestechung vorbeigegangen«. Dieser werde in seiner jetzigen Form – dem bloßen Verbot des Stimmenkaufs – bis heute »vielfach als praktisch bedeutungslose ›symbolische Gesetzgebung‹ angesehen«. Es handle sich um einen Paragraphen, der der Öffentlichkeit nur »vortäuscht«, dass Abgeordnete anderen Bürgern »wenigstens annähernd gleichgestellt wären«.

»Der Senat sieht hier gesetzgeberischen Handlungsbedarf«, heißt es in dem Urteil. Der Bundestag hat es bis heute überhört.

Wenn das Parlament selbst gelähmt ist, braucht es den Anstoß von außen. Doch solange die öffentliche Empörung ausbleibt, können sich die Volksvertreter ihre Saumseligkeit offensichtlich leisten. Nur selten steigt der Druck im Berliner Kessel auf solche Höhen, dass einer Mehrheit der Abgeordneten die Dringlichkeit des Reformbedarfs bewusst wird. Wie wichtig die Rolle der kritischen Öffentlichkeit ist, zeigt sich nach dem Skandal um die Nebentätigkeiten mehrerer Abgeordneter Anfang 2005.

Wieder waren es Recherchen von Journalisten, die bis dato unbekannte Geldströme bekannt werden ließen. Etwa die Zahlungen für den damaligen nordrhein-westfälischen Landtagsabgeordneten und CDU-Generalsekretär Laurenz Meyer, die ihm RWE zukommen ließ, obwohl er gar nicht mehr als kaufmännischer Leiter bei der in der Zwischenzeit von RWE übernommenen VEW arbeitete. Oder die 60 000 Euro, die die Siemens AG der FDP-Abgeordneten Ulrike Flach überwies. Angeblich war das die Honorierung für technische

Übersetzungen, die die Parlamentarierin für den Elektrokonzern anfertigte. Natürlich erledigte sie diese neben ihrer aufreibenden Arbeit im Forschungsausschuss – in welchem zugleich über Förderprogramme entschieden wurde, an denen sich der Elektrokonzern beteiligte.

Stattliche 400 000 Euro kassierte schließlich die von dem damaligen Grünen-Außenpolitiker Ludger Volmer mitkontrollierte Beratungsfirma Synthesis für Lobbyarbeit im Auftrag der Bundesdruckerei – ohne dass Volmer und seine Partner dem Unternehmen irgendeinen Auftrag verschafft hätten.

Solche Zahlungen lassen Bürger an der Integrität ihrer Repräsentanten zweifeln, egal ob es sich um strafbare Korruption handelt oder um die nach den Buchstaben des Gesetzes völlig legale Entlohnung echter Leistungen. Sind die Zuwendungen – so wie heute in Deutschland – praktisch unbegrenzt zulässig, ist der Vertrauensschaden unter Umständen sogar noch größer.

Diese Erkenntnis, immerhin, setzte sich Anfang 2005 nach den Affären um Meyer, Flach und Volmer auch in Berlin durch. Unter dem Druck der Öffentlichkeit etablierte die rot-grüne Mehrheit im Bundestag eine für deutsche Verhältnisse revolutionäre Neuerung. Abgeordnete sollten zwar weiter unbegrenzt nebenher verdienen dürfen. Aber es sollte ihnen nun verwehrt werden, die Höhe dieser Nebeneinkünfte vollständig geheim zu halten.

Den dahinterstehenden Grundgedanken bestätigten im Juli 2007 die vier Richter des Bundesverfassungsgerichts, deren Votum sich in der Frage der Nebentätigkeiten durchsetzte. Der Bundestag müsse in der Lage sein, die Gesellschaft als Gesamtheit zu vertreten, unabhängig von zahlenden Einflussagenten. Neun Abgeordnete, darunter der CDU-Mann Friedrich Merz und der SPD-Politiker Peter Danckert, hatten gegen die neu auferlegte Pflicht geklagt, Informationen über die Höhe ihrer Nebeneinkünfte publik machen zu lassen. Ihre Begründung: Die Veröffentlichungspflicht behindere sie bei der freien – das Mandat begleitenden – Berufstätigkeit.

Vier Richter, angeführt von dem von der CDU nominierten Siegfried Broß, hielten dagegen: »Die Annahme, ein freiberuflich oder unternehmerisch tätiger Abgeordneter entspreche in besonderer, geradezu prädestinierter Weise dem verfassungsrechtlichen Leitbild des unabhängigen Abgeordneten, ist ohne tragfähige Grundlage«, schrieben sie und erinnerten die Parlamentarier daran, was ihre Hauptaufgabe sei: »Die Rechte des Abgeordneten richten sich nach den Erfordernissen demokratischer Repräsentation und stehen im Dienst der Erfüllung des Gemeinwohlauftrages des Bundestages, nicht umgekehrt.« Abgeordnete sollten ihre Wähler vertreten, nicht ihre Finanziers. Daher, so die vier Richter, gelte: »Der Wähler muss wissen, wen er wählt.«

Die Neuregelung, die Merz, Danckert und ihre Kollegen in Karlsruhe stoppen wollten, war eigentlich wenig mehr als ein halbherziger Kompromiss. Einnahmen aus Nebentätigkeiten müssen die Abgeordneten zwar nun offenlegen. Aber sie brauchen ihre Einkünfte nicht exakt anzugeben, sondern nur einer von drei Stufen zuzuordnen. Beträge von 1000 bis 3500 Euro firmieren als Stufe 1. Summen bis 7000 Euro gehören zu Stufe 2. Unter Stufe 3 fällt alles, was pro Jahr über 7000 Euro liegt – selbst dann, wenn es um 100 000 Euro oder mehr geht.

Unter der Führung von Bundestagspräsident Norbert Lammert (CDU) hat der Bundestag überdies ein klaffendes Schlupfloch geschaffen. Bis heute können sich die Parlamentarier an Rechtsanwaltskanzleien oder Beratungsfirmen beteiligen und auf diese Weise die Publikationspflicht umgehen. Die Mandate, die diese Firmen bekommen, brauchen nämlich nicht öffentlich angezeigt zu werden. Damit bleibt Lobbyisten und Interessenten aller Couleur ein eleganter Weg erhalten, den Volksvertretern ihres Vertrauens Honorarzahlungen zukommen zu lassen und nicht unangenehm aufzufallen.

Dabei hatte schon der Fall des Grünen-Abgeordneten Ludger Volmer gezeigt, wie wichtig eine weitergehende Anzeigepflicht gewesen wäre. Volmers Nebentätigkeit wäre überhaupt nicht aufgefallen, hätte nicht im Januar 2005 ein Insider aus dem Nähkästchen geplaudert. Der ehemalige Grünen-Parteichef hatte zwar wie vorgeschrieben öffentlich angezeigt, dass er für die Bad Honnefer Firma Synthesis Applied Networking Business Services GmbH als »Berater« arbeite. Aber über den Kunden und die gezahlten Summen war nichts bekannt. Diese Lücke schloss erst der Tippgeber, der sich an den *stern* wandte.

Die von dem Grünen-Politiker und Volmer-Freund Burkhard Hoffmeister geführte Synthesis GmbH habe bis Ende 2004 von der – im Jahr 2000 privatisierten – Bundesdruckerei um die 400 000 Euro erhalten, verriet er. Recherchen bestätigten seine Angaben. In der Tat hatte Synthesis eine derartige Summe für Lobbying in Ländern wie Südafrika oder Vietnam bekommen – ohne der Bundesdruckerei je einen Auftrag verschafft zu haben. Dies, obwohl die Firma, bei der Volmer als »Berater« tätig war, freizügig mit den guten Beziehungen des ehemaligen Staatsministers im Auswärtigen Amt hausieren gegangen war. Es gehe darum, der Druckerei im Ausland die »Türen zu öffnen«, räumte er selbst freimütig ein.

Trotzdem beharrte der ehemalige Staatsminister darauf, zwischen Mandat und Mammon scharf getrennt zu haben. Auf vom Bundestag bezahlten Reisen sei er nie geschäftlich aktiv geworden. Seine eigenen Pressemitteilungen ließen allerdings Raum für Missverständnisse. So reiste er im November 2003 nach Vietnam – laut damaliger Selbstdarstellung wollte er »Mittelständlern den Weg zu Auslandsinvestitionen ebnen«. Später räumte er ein, es sei ein reiner Businesstrip gewesen. Einer der mitreisenden Mittelständler war nämlich Burkhard Hoffmeister, mit dem der Exstaatsminister gerade die gemeinsame Firma gegründet hatte. Im Auftrag der Bundesdruckerei versuchten beide, in Vietnam Aufträge an Land zu ziehen.

Die offiziellen Verhaltensregeln für Bundestagsabgeordnete verlangen eigentlich, dass »Hinweise auf die Mitgliedschaft im Bundestag in beruflichen oder geschäftlichen Angelegenheiten« unzulässig sind. Volmer fand diese Einschränkung weltfremd: »Als Geschäftsmann kann ich nicht verschweigen, dass ich Abgeordneter bin.« Die Bundesdruckerei habe ihn doch »genau deshalb angeheuert«.

Es dauerte drei Wochen, bis Volmer als außenpolitischer Sprecher zurücktrat und seinen Beraterjob ruhen ließ. So lange verteidigte die Grünen-Parteiführung seine Doppelrolle. »Es gibt keine Affäre um Ludger Volmer«, wehrte Parteichefin Claudia Roth jede Kritik ab. Dabei hatte der Grüne »so dreist« Mandat und Geschäft verquickt, wie nicht einmal der CDU-Mann Laurenz Meyer, befand die den Grünen nahestehende *tageszeitung*.

Auch unter den heute geltenden Regeln würden Zahlungen wie die der Bundesdruckerei an Volmer nur bekannt, wenn irgendjemand einer Zeitungsredaktion einen Tipp gibt. Andere Kontrollmechanismen gibt es nicht. Dabei wären sie dringend erforderlich.

Die Regelung enthält weitere Lücken. So ist der SPD-Abgeordnete

Peter Danckert Geschäftsführer und einer von zwei Eigentümern des Fuhrunternehmens Otto Pohl GmbH im brandenburgischen Groß-beeren. Auf der Website des Bundestages ist weder die Firma noch Danckerts Rolle als Geschäftsführer angegeben. Die Bundestagsverwaltung begründet das damit, dass Danckert angezeigt habe, er beziehe als Geschäftsführer kein Gehalt und die Firma habe nicht die Absicht, Gewinne zu erzielen. In einem solchen Fall würden die Angaben nicht veröffentlicht. Und nein, der Bundestag könne nicht nachprüfen, ob Abgeordnete korrekte Angaben machten. Danckert selbst antwortet nicht auf Fragen nach der Firma.

Sein Parteigenosse Reinhard Schultz ist Mitglied im Aufsichtsrat von Vattenfall Europe Mining, einer Tochtergesellschaft des schwedischen Stromversorgers. Dort sitzt Schultz Seite an Seite mit seinem Parteifreund Rolf Linkohr, einem früheren Europaabgeordneten, der sich auch öffentlich für die Nutzung der Atomenergie einsetzt. Es sei »höchst problematisch«, wenn Politiker Funktionen bei Energiekonzernen annähmen, sagt Claudia Kemfert, die Berliner Energieexpertin des Deutschen Instituts für Wirtschaftsforschung (DIW). Schließlich seien es die Abgeordneten, die über den Erfolg der Unternehmen entscheiden – zum Beispiel mit der »Antiwettbewerbspolitik«, die die rot-grüne Koalition im Interesse der Energiekonzerne praktiziert habe. Schultz äußert sich dazu nicht. Er antwortet auch nicht auf die Frage, warum sich zur Höhe seiner Vattenfall-Tantiemen nichts auf der Website des Bundestages findet. Laut Presseberichten zahlt ihm der Stromversorger jährlich 7500 Euro.

Die neu eingeführte Pflicht, Nebeneinkünfte zumindest in groben Zügen offenzulegen, wirkt offenbar nicht sehr abschreckend. Allein in den ersten neun Monaten des Jahres 2007 hatten 142 der 612 Bundestagsgeordneten für ihre Nebentätigkeiten zusammen mindestens 5,8 Millionen Euro eingenommen, errechnete die Unternehmensberatung Deducto GmbH im November 2007. Noch 2006 – im Jahr nach der Wahl – waren es nur 60 Parlamentarier gewesen, die zusammengenommen gut 1,4 Millionen erzielt hatten.

Die Statistik legt nahe, dass diese Nebentätigkeiten den Abgeordneten in den allermeisten Fällen wegen ihrer politischen Tätigkeit zufallen – und nicht etwa die Fortführung einer Berufstätigkeit sind, wie die Verteidiger dieses Doppelspiels gern behaupten. In Wahrheit, sagt ein erfahrener Abgeordneter hinter vorgehaltener Hand, ist das Mandat in der Regel das Sprungbrett in die Nebentätigkeit.

Dagegen dürfen zum Beispiel in den USA Senatoren nur dann in Firmengremien aktiv sein, wenn sie dort bereits zwei Jahre vor ihrer Wahl Mitglied waren. Aus naheliegenden Gründen ist es verboten, das Mandat als Eintrittsbillett in die Wirtschaft zu benutzen.

Geld oder Glaubwürdigkeit? Viele Abgeordnete scheinen darin keinen Interessenkonflikt zu sehen. Etwa der bereits erwähnte CDU-Parlamentarier Klaus-Peter Willsch. Er ist nicht nur Mitglied in den mächtigen Ausschüssen für Haushalt und Verteidigung, sondern kontrolliert auch gemeinsam mit einem hohen Beamten des Verteidigungsministeriums sowie weiteren Teilhabern eine eigene Lobbyfirma, die Congenia Senior Advisors GmbH mit Sitz in der Nähe des Konrad-Adenauer-Hauses in Berlin. Viel eingebracht habe ihm das Unternehmen bisher nicht, gab Willsch im Sommer 2007 zu verstehen. Um sich als Investment zu lohnen, müsse die Sache etwas »besser laufen«.

Der ehemalige CDU-Fraktionschef Friedrich Merz beriet als Anwalt Anfang 2006 die heutige Evonik AG bei ihrem inzwischen vollzogenen Börsengang. Er kündigte an, sich aus Parlamentsentscheidungen zu dieser Frage herauszuhalten, begleitete aber Firmenchef Werner Müller bei einem Besuch der Landesgruppe der nordrhein-westfälischen CDU-Abgeordneten. Der gehört Merz auch als Parlamentarier an.

Der Berliner Verfassungsrechtler Hans Meyer findet so etwas ungehörig: »Wer von Berufs wegen verpflichtet ist und zudem noch dafür bezahlt wird, Einzelinteressen gerade auch gegenüber dem Parlament zu vertreten, sollte nicht zugleich Abgeordneter sein können«, sagte der ehemalige Präsident der Berliner Humboldt-Universität im August 2008 auf einer Anhörung der Grünen. »Der Lobbyist sollte vor dem Parlament, nicht aber im Parlament auftreten.«

Viele deutsche Abgeordnete werden nicht müde, über ihren langen Arbeitstag als Volksvertreter zu klagen. Wie will man da noch all die Nebenjobs absolvieren? Der Grünen-Parlamentarier und Rechtsanwalt Hans-Christian Ströbele fand schon im Juni 2006 unerklärlich, wie der CDU-Kollege Merz seine zahlreichen Beratungstätigkeiten mit dem Parlamentarierdasein vereinbaren konnte: »Ich habe zwölf bis vierzehn Stunden am Tag hier im Bundestag zu tun, und seit sieben

Jahren nehme ich keine neuen Mandate mehr an, weil ich sage, ich kann überhaupt nicht garantieren, dass ich sachgerecht diese Aufgaben als Anwalt dann auch erledigen kann, und wie Kollegen es schaffen, dass sie nebenher noch in sieben, acht, neun, zehn Aufsichtsräten und Beiräten sitzen und da wichtige Beratertätigkeit ausüben, die hoch honoriert wird, ist für mich völlig unverständlich und nicht nachvollziehbar.«

»Ein Parlamentarier, der seine Arbeit ernst nimmt, hat überhaupt keine Zeit«, glaubt auch der SPD-Abgeordnete Lothar Binding. Und wie wolle ein Parlamentarier noch unbefangen abstimmen können, wenn er in sechs bis acht Aufsichtsräten sitze? »Wie frei ist er tatsächlich?«, fragt Binding.

Kapitel 3 Auf der Schokoladenseite

*Wie deutsche Minister ohne Umschweife zu Firmen
wechseln dürfen, die sie vorher begünstigt haben.
Wie die Lobby immer mächtiger wird. Warum der
Berliner Lobbydschungel sogar undurchdringlicher ist
als in der US-Hauptstadt Washington.*

Der Mann ist jenseits der sechzig und eigentlich im Ruhestand. Aber
er weiß nicht, wohin mit seiner motorischen Energie. Seine Pranken
zerknautschen die Visitenkarte des Gesprächspartners. Dann saust seine rechte Handkante durch die Luft. »Da geht mir das Messer in der
Tasche auf!«, ruft er. Wenn er nur daran denkt, wie die Landesbanken
ihre Milliarden mit faulen Hypothekenkrediten in Amerika versenken!
Und gleichzeitig lehnen sie deutschen Mittelständlern die Kleinkredi-
te ab – ja, das können sie!

Glücklicherweise kommt der Zuhörer am Tisch nicht von einer
Landesbank. Glücklicherweise hat dieser Pensionär einen Job, der ihn
irgendwie beschäftigt.

Er hat sogar mehrere Jobs: Anwalt in einer Kanzlei, Aufsichtsrat bei
einem T-Shirt-Hersteller, Beiratsmitglied beim Atomstromerzeuger
EnBW. Rezzo Schlauch war viele Jahre lang Landtags- und Bundestagsabgeordneter für die Grünen, bis 2005 sogar parlamentarischer Staatssekretär im Bundeswirtschaftsministerium. Heute ist er einer der ehemaligen rot-grünen Regierungsleute, die nach der verlorenen Wahl im
Herbst 2005 irgendwohin mussten mit dem Strom, unter dem sie immer noch stehen. »Fünf Jahre ins Kloster, Mauern hochziehen, Handy-
verbot« – das könne man doch keinem zumuten, sagt Schlauch.

Kaum jemals zuvor stiegen so viele Exregierende direkt um ins
Big Business wie in den vergangenen Jahren. Kanzler a. D. Gerhard
Schröder ging zur Gazprom-Tochter Nord Stream und zur Schweizer
Verlagsgruppe Ringier; der einstige Wirtschaftsminister Wolfgang
Clement zu RWE, Dussmann und Adecco; der Exstaatssekretär für Fi-
nanzen, Caio Koch-Weser, zur Deutschen Bank; der Exstaatssekretär

im Ernährungsministerium, Matthias Berninger, zum Schokoriegelproduzenten Mars. Und so weiter. Es war ein regelrechter Kulturbruch.

Früher galten solche Wechsel als »anrüchig«, erinnert sich die Bundesverfassungsrichterin Christine Hohmann-Dennhardt, heute hätten sie sich »fast schon eingebürgert«. Wolf-Dieter Zumpfort, der selbst Berliner Firmenrepräsentant für den Touristikriesen TUI ist, sieht das positiv: Inzwischen würden »rot-grüne Lobbyisten« als »normal empfunden«.

Die rot-grünen Lobbyisten sehen das anscheinend ein bisschen anders. Außer Rezzo Schlauch und seinem Parteifreund Berninger mag sich kaum einer Fragen von Journalisten stellen. Der Altkanzler sieht, so richtet es sein Büro aus, schlicht »kein berechtigtes öffentliches Interesse« an seinen neuen Tätigkeiten. »Lobbyismus ist ja für den Normalbürger immer noch ein ziemlich problematisches Wort«, sagte Clement, als er einmal öffentlich gefragt wurde.

Das Schweigen ist ein bisschen erstaunlich, denn eigentlich machen sie doch alle nichts Unanständiges, sondern setzen sich weiter für die gute Sache ein. Rezzo Schlauch kämpft gegen die »Konfrontationsstellung« zwischen Politik und Wirtschaft. Matthias Berninger ersetzt bei Milky Way das Vanillin durch echte Vanille.

Von 44 ausgeschiedenen rot-grünen Regierungsmitgliedern hätten nun »zwölf klar in Lobbytätigkeiten oder Tätigkeiten mit starkem Lobbybezug gewechselt«, heißt es im November 2007 in einer Studie von Lobbycontrol, einer lobbykritischen Organisation. Da nur finanzstarke Firmen attraktive Jobs für ehemalige Spitzenpolitiker anbieten könnten, sichere das diesen Unternehmen potenziell großen Einfluss.

Und nur wenn ein Politiker schon im Amt eine »Interessenübereinstimmung« mit potenziellen neuen Arbeitgebern zeige, könne er auf einen Unternehmensposten hoffen, glaubt die Verfassungsrichterin Hohmann-Dennhardt. Sie sieht die »Gefahr«, dass sich Politiker an den Interessen großer Unternehmen ausrichten – obwohl sie doch dem Allgemeinwohl verpflichtet sein sollten.

Da die Betroffenen sich so ungern öffentlich äußern, kann man nur vermuten, dass sie Hohmann-Dennhardts Vorwürfe wohl bestreiten würden. Da ist zum Beispiel Otto Schily. Der machte sich als Innenminister für biometrische Pässe mit Fingerabdrücken und Iriserkennung stark. Als der Datenschutzbeauftragte Peter Schaar an dieser Politik Kritik übte, bezichtigte ihn der Innenminister des »Amtsmissbrauchs«. Der lag aus Schilys Sicht nicht vor, als er selbst nach dem Abschied vom Ministeramt bei zwei biometrischen Firmen einstieg.

Oder Gerhard Schröder, der kurz vor Amtsantritt den Bau der umstrittenen Gaspipeline durch die Ostsee unter Dach und Fach brachte. Und nun 250000 Euro im Jahr dafür bekommt, genau diese Pipeline für Gazprom, E.ON und BASF zu bauen.

Und war es Zufall, dass Bahnchef Hartmut Mehdorn den seinerzeitigen Verkehrsminister Reinhard Klimmt (SPD) als Berater anheuerte, der sich stets für die Bahnprivatisierung à la Mehdorn starkgemacht hatte? Und dass es keinen Bahnjob für den Klimmt-Nachfolger Kurt Bodewig (SPD) gab, der oft mit Mehdorn aneinandergeraten war? Sodass sich Bodewig heute mit einem Posten bei dem kleinen privaten Bahnkonkurrenten Abellio begnügen muss sowie mit bezahlten Nebenjobs bei drei weiteren Unternehmen, über die er aber ebenfalls nicht redet.

Auffällig ist auch, wie viele ehemalige Regierende bei den großen Energiekonzernen unterkamen: Exwirtschaftsminister Werner Müller ging zur E.ON-Tochter Evonik, und auch sein ehemaliger Staatssekretär Alfred Tacke ist dort seit 2004 als Manager tätig, derselbe Tacke, der zuvor gegen den Willen des Kartellamtes die Fusion zwischen E.ON und Ruhrgas genehmigte und dabei laut Gerichtsbeschluss »schwerwiegende Verfahrensfehler« verantwortet hatte. Schaden nahmen auch die Gasverbraucher, zumindest wenn man dem damaligen Kartellamtchef Ulf Böge glaubt, der sagte, Tacke habe E.ON Ruhrgas einen größeren Spielraum für Preiserhöhungen verschafft, ohne dass der Nutzen der Großfusion ersichtlich war.

Tackes damaliger Chef Clement sah trotzdem kein Problem in dem Jobwechsel. Es habe »nicht den geringsten Anhaltspunkt« für einen »Zusammenhang« mit Tackes Pro-E.ON-Entscheidung gegeben, sagte Clement. Genauso zusammenhanglos fügt sich wahrscheinlich Clements Aufsichtsratsposten bei RWE Power an die Vorgeschichte an, in der er als Minister immer ein offenes Ohr für die Nöte der Energieversorger hatte und ihnen günstige Emissionszertifikate und eine vergleichsweise eher zahnlose Preisaufsicht bescherte.

Auch Clement, Tacke und Müller sprechen nicht öffentlich über ihre

Wechsel. Immerhin redet Clements ehemaliger grüner Staatssekretär Schlauch. »Ich bin im unteren sechsstelligen Bereich«, sagt er im Februar 2008 über seine Jahreseinkünfte als Anwalt, Berater und Lobbyist. 5000 Euro im Jahr bekommt er als Mitglied des Beirats von EnBW, in dem auch der SPD-Abgeordnete Thomas Oppermann sowie die frühere Bundestagspräsidentin Rita Süssmuth (CDU) und Exfinanzminister Theo Waigel (CSU) sitzen. Ab und zu begleitet Schlauch einen Mittelständler, der eine Baugenehmigung braucht, zum Landrat. Alle zwei Monate geht er zur Aufsichtsratssitzung der Leipziger Spreadshirt AG. Die liefert auf Bestellung bedruckte T-Shirts. Vor seiner Abgeordnetenzeit war Schlauch Strafverteidiger, aber ein Zurück in diesen alten Beruf gibt es für ihn nicht: »Ich käme mir komisch vor und die Richter wohl auch.«

Wie ein Grüner zum Mars-Menschen wurde

Rezzo Schlauchs grüner Parteifreund Matthias Berninger kam sich schon Mitte 2005 in seiner Partei irgendwie fehl am Platz vor. Da bewarb er sich bei den Hessen-Grünen um die Wiederaufstellung als Bundestagsabgeordneter. Die Erfolge der rot-grünen Wirtschaftspolitik durfte er auf dem Parteitag gar nicht so deutlich ansprechen, wie er das für richtig gehalten hätte – weil die Partei wirtschaftspolitisch nach links gerückt war. »Ich war mir selbst gegenüber nicht ganz ehrlich«, sagte Berninger im Frühjahr 2008. »Ich fühle mich jetzt mit mir mehr im Reinen.«

Dabei ist seine Wandlung mit die erstaunlichste, gemessen am ganzen alten rot-grünen Politpersonal. Als junger Grüner trank er aus Prinzip keine Getränke aus Dosen. Als parlamentarischer Staatssekretär im Landwirtschaftsministerium kämpfte er gegen die grassierende Fettleibigkeit von Kindern. Nun ist er auf der Schokoladenseite der Wirtschaft angelangt und kümmert sich in der Brüsseler Europazentrale des Süßwarenherstellers Mars darum, dass die Reklame für Twix oder Snickers weniger kindgerecht ausfällt – und sich das Image des Süßwarenherstellers entsprechend verbessert.

Nach nur einem Jahr bei dem US-Konzern beförderte dieser den erst 38 Jahre alten Exstaatssekretär im Frühjahr 2008 bereits eine weitere Stufe nach oben, zum »Global Head of Public Policy«. Den Grünen habe man engagiert, weil er sehr »lernfähig« und »prozessorientiert« sei, sagt ein Kollege. »Er wird bei uns Karriere machen.«

Noch schärfer in die Kurve legte sich Berningers Parteifreundin Margareta Wolf. Als parlamentarische Staatssekretärin im Umweltministerium stand sie für den Atomausstieg. Nun betreut sie den Informationskreis Kernenergie – für ihren neuen Arbeitgeber. Das ist die Düsseldorfer Beratungsfirma Deekeling Arndt Advisors, bei der auch Exminister Clement als »Senior Advisor« agiert. Als Wolf in der Partei für den Seitenwechsel gescholten wurde, verließ sie die Grünen, weil die es, wie sie sagte, gewagt hätten, ihre neue berufliche Tätigkeit »moralisch zu bewerten« und abzuqualifizieren.

Leute wie Schily, Bodewig und Exfinanzminister Hans Eichel können da auf mehr Verständnis der Parteigenossen hoffen. Sie sind bis Anfang 2009 weiter ordentliche Abgeordnete. Trotzdem ist von ihnen nichts Näheres über ihre neuen Posten zu erfahren, etwa über Eichels Aufsichtsratsjob bei der MP Marketing Partner AG. Das ist eine laut Selbstdarstellung »auf Absatzsteigerung spezialisierte Unternehmensberatung«, die für VW, BASF und Deutsche Telekom arbeitet.

Die Firma Safe ID Solutions wirbt sogar damit, dass ihr Aufsichtsratsmitglied Schily als Bundestagsabgeordneter »die Regierungspolitik« begleitet, »speziell im Vorfeld wichtiger außen- und sicherheitspolitischer Entscheidungen«. Trotzdem mag auch Schily nichts darüber verraten, ob und wie Safe ID von seinen Insiderkenntnissen profitiert.

Der ehemalige Innenminister arbeitet eben gern im Stillen. Die von ihm gegründete Otto Schily Rechtsanwaltsgesellschaft hat ihren Sitz in seiner Wohnung am Landwehrkanal. Aber ein Firmenschild gibt es dort nicht. Weil er offenbar ein sechsstelliges Honorar der Siemens AG verschwieg, drohte ihm ein Ordnungsgeld vom Bundestagspräsidenten.

Das Schweigen der Berater missfällt Heidi Klein von Lobbycontrol. Auch im Falle von Expolitikern gebe es ein »berechtigtes öffentliches Interesse an Transparenz«, findet sie.

Ehemalige Bundestagsabgeordnete und damit auch die meisten der ausgeschiedenen Minister profitieren ja weiterhin von einer ganzen Reihe von Privilegien und sind allein deshalb für Lobbyisten attraktiv. Sie dürfen an Sitzungen ihrer Fraktion im Bundestag teilnehmen und haben Zugang nicht nur zu den Parlamentsgebäuden, sondern auch zu den noch exklusiveren Räumen der Parlamentarischen Gesellschaft, gegenüber vom Haupteingang des Reichstages.

Auch Gerhard Schröder finanziert der Steuerzahler weiter ein Büro im Bundestag. Ab und zu taucht er nun in den Zeitungen auf, wenn er zum Beispiel den Bankier David de Rothschild auf einer Reise nach Dubai begleitet. Oder wenn er den Schweizer Verleger Michael Ringier zum Gespräch mit dem Propagandachef der Kommunistischen Partei Chinas begleitet. Immerhin war Schröder den Chinesen in seiner Zeit als Kanzler nie unangenehm durch ein Treffen mit dem Dalai Lama aufgefallen.

Scharfe Regeln in Kanada und Großbritannien

Da der Exkanzler so viel in der Welt unterwegs ist, wird er wissen, dass es Ministern in vielen Ländern verboten ist, direkt nach Amtsende zu Firmen zu wechseln, mit denen sie vorher zu tun hatten – wie ja auch viele Unternehmen ihren Exmanagern aus guten Gründen untersagen, allzu hurtig zur direkten Konkurrenz zu wechseln. In Kanada dürfen ehemalige Regierungsmitglieder fünf Jahre lang kein Lobbying gegenüber ihrem ehemaligen Arbeitgeber betreiben. In den Vereinigten Staaten gilt nicht nur für hohe Regierungsbeamte eine zweijährige Abkühlungsphase, in der sie den eigenen Exarbeitgeber nicht als Lobbyist kontaktieren dürfen. Das Gleiche gilt seit 2007 auch für ausgeschiedene Mitglieder des US-Senats. Für diese Verschärfungen setzte sich übrigens neben anderen der damalige US-Senator Barack Obama ein.

In Großbritannien müssen Minister nach dem Ausscheiden zwei Jahre lang jede bezahlte Tätigkeit von einem Ethikausschuss genehmigen lassen. Das Komitee gab Expremier Tony Blair im Dezember 2007 zwar grünes Licht für seine neue Aufgabe als Berater bei der Bank JP Morgan Chase & Co, aber nur unter der Bedingung, dass er im ersten Jahr nach dem Rücktritt nicht persönlich britische Minister oder Beamte zwecks Lobbying ansprechen durfte.

In vielen Ländern sind die Regeln umso schärfer, je hochrangiger der Amtsträger war. In Deutschland ist es umgekehrt. Hier gilt das Prinzip: Je unwichtiger die Funktion, desto genauer die Kontrolle. Zwar nicht Minister, wohl aber Beamte müssen über einen Zeitraum von fünf Jahren nach dem Abschied für ihre neuen Jobs ein Plazet vom Ministerium einholen. Fast immer erhalten sie grünes Licht, selbst ein Mann wie Caio Koch-Weser, in dessen Amtszeit als Finanzstaatssekretär die Deutsche Bank Millionenaufträge bekam und der bald darauf von derselben Bank angeheuert wurde. Natürlich wegen seiner Qualifikation.

Besonders lobbytauglich scheinen ehemalige hochrangige Diplomaten des Auswärtigen Amtes zu sein. Kein Wunder, sie haben oft Kontakte weltweit, die sich nun im Dienste des neuen Arbeitgebers nutzen lassen. Im September 2007 übernahm so Frank-Walter Steinmeiers Pressesprecher Martin Jäger beim Daimler-Konzern den Posten des Cheflobbyisten. Wolfgang Ischinger, einst Staatssekretär und Botschafter in London, ist seit Mai 2007 Generalbevollmächtigter bei der Allianz. Jürgen Chrobog, früher Staatssekretär unter Außenminister Fischer, sitzt im Aufsichtsrat des Anlagenbauers MAN Ferrostaal. Und der ehemalige deutsche EU-Botschafter Wilhelm Schönfelder ist in Brüssel geblieben, vertritt dort aber inzwischen die Interessen der Siemens AG.

Auch die großen Energieversorger sind nicht nur daran interessiert, Exminister einzustellen. Sie kaufen auch gern deren Mitarbeiter ein. In der Berliner Vattenfall-Zentrale führt der langjährige Sprecher des SPD-Politikers Reinhard Klimmt die Abteilung »Politik und Gesellschaft«. Im Februar 2007 übernahm der ehemalige Energieexperte der SPD-Bundestagsfraktion die Leitung der Klimaschutzabteilung von Vattenfall Deutschland. Vattenfalls Cheflobbyist wiederum ist ein Christdemokrat, der frühere parlamentarische Staatssekretär im Umweltministerium, Ulrich Klinkert.

Die Bundesministerien genehmigen die lukrativen Abgänge ihrer Beamten zu oft, findet der SPD-Politiker Hermann Scheer: »Da gibt es kein Problembewusstsein.« Manche in den Ministerien sind vielleicht sogar froh, wenn der Kollege geht. Oder die Genehmigenden hoffen selbst auf eine laxe Haltung der Behördenoberen, wenn sie in einigen Jahren ebenfalls die Seiten wechseln wollen.

Nur im Verteidigungsministerium ist die Praxis etwas schärfer. Beamten, die mit Rüstungsvorhaben zu tun hatten, wird normalerweise wirklich erst nach fünf Jahren erlaubt, einen Job in der Rüstungsindustrie anzunehmen.

Kanzlerin Merkel antwortet nicht

Eigentlich müsste es eine solche Abkühlungsperiode auch für ehemalige Mitglieder des Bundeskabinetts geben, sagt der SPD-Bundestagsabgeordnete Christian Lange. Er schrieb schon im April 2006 an Bundeskanzlerin Angela Merkel und forderte sie auf, eine »Initiative« zu ergreifen: »Angesichts der immer wiederkehrenden Diskussionen über mögliche politische Korruption von ehemaligen Regierungsmitgliedern« sei es nun »dringend notwendig, dass die Bundesregierung tätig wird und einen Verhaltenskodex aufstellt«, der »zweifelhafte Wechsel in die Wirtschaft untersagt«, forderte der baden-württembergische Sozialdemokrat.

Eine Antwort von Merkel hat Lange nicht bekommen. Justizministerin Brigitte Zypries (SPD) empfahl zwar einmal kurzzeitig die Einführung eines Ehrenkodex. Sie selbst unternahm dann aber nichts in dieser Sache und wartet nach Angaben von Mitarbeitern stattdessen auf einen Vorstoß des Parlaments. Dort kommen solche Forderungen stets nur von Hinterbänklern, nicht von den wirklich Mächtigen, die sich selbst ernsthafte Hoffnungen auf eine lukrative Zweitverwertung ihres Namens und ihrer Beziehungen machen können und darum am meisten zu verlieren hätten, wenn das nicht mehr so einfach erlaubt wäre.

Obwohl selbst der zeitweilige SPD-Chef Kurt Beck schon einmal den »Geruch der Korruption« witterte. Das passierte, nachdem 2002 herauskam, dass der Medienunternehmer Leo Kirch sechs Mitglieder der Regierung Kohl nach ihrem Ausscheiden mit hoch dotierten Beraterverträgen versorgt hatte. Je 600 000 Mark pro Jahr bekamen allein Exkanzler Helmut Kohl (CDU) und sein ehemaliger Finanzminister Theo Waigel (CSU). Die Zahlungen standen natürlich in keinem Zusammenhang mit ihrem regierungsamtlichen Eintreten für die Kirch-Gruppe.

Konsequenzen daraus hat die SPD als Regierungspartei nie gezogen – weder 2003, als die UN-Konvention gegen Korruption Restriktionen für Amtsträger forderte, die direkt zu den Firmen wechseln, mit deren Arbeit sie vorher als Minister oder Beamte zu tun hatten, noch gegen Ende der rot-grünen Ära, nachdem im Juli 2005 der Europarat Deutschland wegen der laxen hiesigen Regeln kritisierte und empfahl,

»klare Regeln und Leitlinien« für ausscheidende Amtsträger einzuführen, »um Interessenkonflikte zu vermeiden«.

Im Gegenteil, noch im September 2004 beschied das Kabinett dem FDP-Abgeordneten Jürgen Koppelin, es sei ja gerade das »Ziel der Bundesregierung, den Wechsel zwischen Wirtschaft und öffentlichem Dienst stärker zu fördern«. Neue Regelungen seien da »weder sinnvoll noch erforderlich«.

Die meisten Bürger werden das anders sehen. Wie soll man nicht misstrauisch werden, wenn ehemalige Minister ihre im Amt erworbenen Kenntnisse und Kontakte versilbern? Wie soll man ihnen glauben, wenn sie erst als vermeintlich selbstlose Neuerer die Bürger zu Opfern und Reformbereitschaft aufrufen, sich dann aber so bald wie möglich von denen honorieren lassen, die in der globalen Wirtschaft besonders stark profitieren?

Auch wer die wirtschaftsliberalen Reformen der rot-grünen Zeit wichtig und richtig fand, kann nicht glücklich sein, wenn die Protagonisten dieser Politik den Kommerz über die eigene Glaubwürdigkeit stellen. Sieht es doch jetzt so aus, als seien sie käuflich gewesen – und hätten nicht aus Überzeugung das Richtige getan.

Wie die Lobby in Berlin immer mehr Einfluss gewinnt

»Ehemalige Minister haben auch früher Ratschläge gegeben«, sagt ein altgedienter Berliner Lobbyist. »Aber sie haben dafür kein Geld genommen.« Doch natürlich sind die Berliner Lobbyisten hochzufrieden, dass ihr Geschäft – sie sprechen lieber von »Public Affairs« als von Lobbying – das Paria-Image verliert. Heute bestehe »ein reger Personalaustausch zwischen Politik und Wirtschaft«, freute sich der TUI-Repräsentant Zumpfort schon im April 2007. Ein Unternehmensberater als Kanzlerfreund und rot-grüne Lobbyisten, das seien nun alles keine Anlässe zu Aufregung mehr: »In der Berliner Politik arrangieren sich Public Affairs und Politik.«

Niemand kann bestreiten, dass der Einfluss der Lobby seit dem Regierungsumzug nach Berlin im Jahr 1999 zugenommen hat. Die Flaniermeile Unter den Linden werde von einigen schon »Unter den Lobbyisten« genannt, schrieb die *Frankfurter Allgemeine Zeitung* im Februar 2008. Allein der Bundestag hat um die 2000 Hausausweise an

Verbandsvertreter und andere Wirtschaftsfunktionäre vergeben. Manche schätzen die Zahl der Berliner Lobbyisten sogar auf 3000 bis 5000. Heute schon handle es sich um »eine unüberschaubare Zahl«, sagte die Pharmalobbyistin Cornelia Yzer im September 2008 auf einer Veranstaltung. Und »es werden auch in Zukunft noch mehr werden«, prophezeit die Geschäftsführerin des Verbandes forschender Arzneimittelhersteller (VFA).

Ebenfalls im September 2008 veröffentlichte die PR-Firma Publicis die Ergebnisse einer Umfrage unter den Lobbyverantwortlichen großer deutscher Unternehmen. Deren Ausgaben für »Public Affairs« – also für die Beeinflussung der Politik – seien auch im laufenden Jahr »weiter gestiegen, sowohl was die finanzielle als auch die personelle Ausstattung angeht«. Mehr als ein Drittel der befragten Unternehmen habe zusätzliche Ressourcen dafür aufgewendet, mehr als ein Viertel sogar »zusätzliche Mitarbeiter eingestellt«. Selbst die heraufziehende Rezession hatte daran offenkundig noch nichts geändert.

Gewiss, schon in Bonn tummelten sich Schattengestalten wie der bayerische Rüstungslobbyist Karl-Heinz Schreiber, dessen Scheck über 100 000 Mark die Karriere des damaligen CDU-Chefs Wolfgang Schäuble einstweilen beendete. Oder der geheimnisvolle Saarländer Dieter Holzer, der vom französischen Elf-Konzern 39 Millionen Euro bekam für nie wirklich aufgeklärte Lobbyaktivitäten im Umfeld der Kohl-Regierung.

Doch im Alltag war Bonn vor allem die Hauptstadt der alten deutschen Verbänderepublik. Die gilt mittlerweile als zumindest halbtot. Heute, in Berlin, haben sich zahlreiche Großkonzerne, aber auch kleinere Firmen eigene Repräsentationen zugelegt, um ihre Interessen direkt und ungefiltert von der Verbandsbürokratie zu vertreten. Geschätzte 100 bis 150 Firmen haben individuelle Vertretungen in Berlin, in Bonn waren es vielleicht ein Dutzend. Häufig leiten ehemalige hohe Ministerialbeamte diese Vertretungen, immer öfter auch einstige Hauptstadtkorrespondenten von Blättern wie *Spiegel*, *Focus*, *Handelsblatt* oder vom Fernsehsender RTL. Also Leute, die ein dickes Adressbuch und viele Kontakte mitbringen.

Einmal im Monat, entweder montags oder dienstags, treffen sich rund dreißig wichtigsten Unternehmensvertreter im Hintergrundkreis »Collegium« mit einem Gast aus der Politik. Sie versammeln sich dann gern in der Parlamentarischen Gesellschaft, denn Collegium-Mitorganisator Wolf-Dieter Zumpfort hat dort als ehemaliger FDP-Bundestagsabgeordneter Zutritt, für sich und für seine Gäste.

Mehr Einfluss für die Vorstandschefs der großen Konzerne – das passte zum Regierungsstil des Kanzlers, während dessen Amtszeit der Bonner Tross in Berlin Einzug hielt. Gerhard Schröder war bekannt für den direkten Draht, den er zu Firmenchefs wie Ferdinand Piëch von Volkswagen oder Jürgen Strube von BASF pflegte. Die habituell misstrauische Angela Merkel hält sich dagegen wieder ein bisschen mehr auf Distanz.

Ebenfalls neu ist der Aufstieg der sogenannten Public-Affairs-Agenturen. Das sind die professionellen, spezialisierten Lobbyfirmen, die jeder anheuern kann, um sich im Berliner Politdschungel Gehör zu verschaffen. Jeder mit genug Geld, versteht sich. 10 000 bis 15 000 Euro seien als Honorar »nicht ungewöhnlich«, wenn man auf diesem Weg einen Termin mit einem Minister oder einer Ministerin buchen wolle. Das sagt der Chef einer Agentur, die zu den Größeren der Branche zählt. Natürlich sagt er das nur hinter vorgehaltener Hand.

Manche Lobbyisten treten inzwischen mit einem beachtlichen Selbstbewusstsein auf. »Ich bin Lobbyist, weil ich lieber Regisseur bin als Schauspieler«, verkündet im April 2008 der aus Österreich stammende Karl Jurka, der in Berlin eine Lobbyfirma mit rund einem Dutzend Mitarbeitern betreibt. »Ich schreibe gerne Gesetze«, fügt er selbstbewusst hinzu, das sei doch keine Schande. »Ich habe mitgeschrieben an der Regelung für die Hedgefonds.«

Normalerweise arbeiten Strippenzieher wie Jurka lieber im Verborgenen. Da ist es kontraproduktiv, wenn man so viele negative Schlagzeilen hervorruft wie die Lobbyfirma WMP Eurocom des ehemaligen *Bild*-Chefredakteurs Hans-Herrmann Tiedje. Mal gewann sie ohne Ausschreibung lukrative Aufträge der Bundesagentur für Arbeit. Mal schien der inzwischen verstorbene ehemalige Wirtschaftsminister Günther Rexrodt (FDP) allzu unverhohlen seine Arbeit bei WMP und sein Bundestagsmandat zu vermengen. Im Aufsichtsrat saßen zeitweise die SPD-Abgeordneten Peter Danckert und Rainer Wend. Der ehemalige Außenminister Hans-Dietrich Genscher (FDP) firmierte unter den Anteilseignern.

Allerdings ist bei WMP nicht vollständig klar, wem die Firma gehört.

Die Anteile des zweitgrößten Aktionärs neben Tiedje hält ein Treuhänder im Namen des wahren Anteilseigners, dessen Name aber »sämtlichen Aktionären bekannt« sei.

Die geheimnisvolle Figur im Hintergrund – ist es jemand aus der Politik? Nein, es sei weder ein ehemaliger noch ein amtierender Politiker, versichert Tiedje. Seit einigen Jahren habe man nicht einmal mehr irgendwelche Abgeordnete im Aufsichtsrat. Nach dem Ärger um die – nach Tiedjes Ansicht legitimen – Verträge mit der Bundesagentur habe man da »eine bewusste Entscheidung« getroffen und einen Trennungsstrich gezogen. Warum? »Es kann doch nicht mein Interesse sein, dass sich die Öffentlichkeit über uns aufregt«, sagt der Lobbyist.

Glaubt man dem ehemaligen *Bild*-Chef, dann ist WMP keineswegs eine Lobbyfirma, sondern ein Beratungsunternehmen. Wie man sie auch immer nennt: Agenturen wie WMP kommen wie gerufen für ausländische Firmen oder auch Staaten, die nicht automatisch mit einem solch direkten Draht zur deutschen Politik rechnen können wie etwa der Aufsichtsratschef von Volkswagen. WMP vertrat zum Beispiel die Türkei in Berlin, allein im Jahr 2001 mit einem Budget von 1,8 Millionen Mark. Der zeitweilige WMP-Miteigentümer Hans-Erich Bilges half dem schwedischen Staatskonzern Vattenfall, den Berliner Stromerzeuger Bewag zu übernehmen und Vattenfall – so ein WMP-Papier – »beim Aufbau einer vierten Kraft im deutschen Strommarkt« zu beraten.

Der 64-jährige frühere Journalist Bilges gilt als gut vernetzt in Berlin, die Kontakte reichen bis hin zu Kanzlerin Angela Merkel. Vattenfall zahlt ihm um die 250000 Euro pro Jahr, früher über WMP Eurocom, heute über Bilges' eigenes Unternehmen CPM Consulting.

Bilges half, als es im Sommer 2000 bei dem Versuch der Schweden klemmte, den Berliner Energieversorger Bewag zu kaufen. Eigentlich waren die Berliner Senatoren für Wirtschaft und Finanzen gegen Vattenfall, aber Bilges organisierte für den Stockholmer Konzernchef Lars Göran Josefsson einen Termin beim Regierenden Bürgermeister Eberhard Diepgen (CDU). Der stoppte seine nörgelnden Senatoren, und Vattenfall kam zum Zug. »Sie haben wahnsinnig massiert«, erinnert sich einer, der damals dabei war.

Kurz darauf wurde Diepgen abgewählt, und sein damaliger Sprecher

Michael-Andreas Butz bekam nun immer mal wieder Berateraufträge von WMP Eurocom und später von Bilges' neuer Firma. Er liefere »gelegentlich Analysen und Kommunikationskonzepte«, sagte Bilges. Beim Senat habe er »mit Vattenfall überhaupt nichts zu tun« gehabt, sagte Butz. Das sei alles von den Senatoren für Wirtschaft und Finanzen geregelt worden. Doch gerade die hatten Widerstand gegen den Einstieg von Vattenfall geleistet – bis WMP erfolgreich für den schwedischen Konzern intervenierte.

Bestechende Lobby

»Die Lobbyisten, die dezidiert bestechen, sind sehr wenige«, versichert ein führender deutscher Public-Affairs-Mann. Das soll beruhigend klingen. Tatsächlich aber scheint es so, als sei der Grat zwischen Lobbying und Korruption sehr schmal.

Man erinnere sich an den Skandal um den Lobbyisten Moritz Hunzinger, den der *stern* im Jahr 2002 aufdeckte. CDU-Mitglied Hunzinger hatte jahrelang intensive Landschaftspflege betrieben, Abgeordnete mit hohen Vortragshonoraren bedacht und nach eigenen Angaben sogar Bundesminister beraten – und zwar unentgeltlich. Es gehöre nun mal zum »Verständnis« seiner Firma, »Vertretern des öffentlichen Lebens aus vielen Bereichen die Erkenntnisse unseres Berufsstandes zu übermitteln«, sagte Hunzinger. Das war nicht zum Nachteil des Lobbyisten. Denn im Gegenzug vermittelte er Firmenvertretern Termine mit Ministern. Natürlich zahlten die Unternehmen Hunzinger dafür ein anständiges Honorar.

Er selbst hat dies einmal mit frappierender Offenheit formuliert: »In der Welt der Netzwerke gibt es auf Dauer keine Leistung ohne Gegenleistung.« Dem damaligen Verteidigungsminister Rudolf Scharping (SPD) verschaffte der Lobbyist nicht nur eine neue Garderobe. Er bat zugleich darum, ihm für 15 Minuten einen Rüstungslobbyisten der Essener MAN Ferrostaal AG an den Tisch im Frankfurter Restaurant »Gallo Nero« zuführen zu dürfen.

Hunzinger hatte Scharping schon vor dessen Ministerzeit dreimal zu Vorträgen eingeladen und ihm dafür insgesamt 60 000 Mark gezahlt – völlig legal, weil derartige Zahlungen an Bundestagsabgeordnete praktisch unbeschränkt möglich sind. Genauso wie Hunzinger dem Grünen-Abgeordneten Cem Özdemir einen zinsermäßigten Kredit verschaffen durfte, ohne Unrechtes zu tun. Als die Sache aufflog, erlitt Özdemirs Karriere immerhin eine Delle. Er verließ den Bundestag und musste sich als EU-Parlamentarier resozialisieren, bevor er 2008 dann doch in die Bundespolitik zurückkehrte – als Grünen-Vorsitzender.

Die Hunzinger-Methode lebt

Moritz Hunzinger hat sich aus dem Lobbygeschäft zurückgezogen, aber seine Methode lebt. Noch im November 2007 bekannte der damalige Burson-Marsteller-Mann Nikolaus Huss ketzerisch: »Der Hunzinger hat dasselbe gemacht, was wir alle machen.« Natürlich sei der Scharping-Förderer »grenzwertig« vorgegangen, fügte der Lobbyist rasch hinzu: »Ich muss Minister nicht in allen Fragen beraten und dann die Anzüge kaufen.«

Die Wahrheit über die Berliner Lobbypraktiken scheint offenbar immer nur in kurzen Momenten auf. In einer Aufwallung von Offenheit erzählte der heutige CSU-Chef Horst Seehofer einst dem ZDF, ihm habe, als er noch das Gesundheitsministerium führte, sogar mal jemand »einen Scheck zugeleitet«. Gegeben wurde der wohl, so der Politiker, »in der dumpfen Erwartung, man würde den Scheck auch annehmen«.

Was der CSU-Politiker nicht tat. Doch als man ihn später als Landwirtschaftsminister um Erläuterungen zu diesem offenkundig kriminellen Beeinflussungsversuch bat, breitete sich in seinem Haus Stille aus. Hatte Seehofer die Person angezeigt? Um wen handelte es sich? Und falls der Name nicht zu nennen sei – warum verdiente der Scheckabsender solchen Schutz? Auf diese Fragen reagierten Seehofers Mitarbeiter mit betretenem Schweigen.

Es muss ja nicht immer ein Anzug oder ein Scheck sein. Schließlich gibt es ja auch völlig legale Mittel, Politikern Gutes zu tun. Es ist der 3. Oktober 2008. Ort des Geschehens: die Komische Oper in Berlin. »Das Unternehmen Vattenfall fühlt sich der Gesellschaft verpflichtet«, ruft Tuomo Hatakka, der Deutschland-Chef des Stromversorgers, von der Bühne. Im Hintergrund säuseln Geigen. Eben hat der Manager Ex-kanzler Gerhard Schröder und dessen Frau Doris die Hände geschüttelt. SPD-Außenminister Frank-Walter Steinmeier ist auch schon da. Wie jedes Jahr am Tag der Einheit verleiht ein Berliner Honoratioren-verein den »Quadriga«-Preis, und Vattenfall ist der Hauptsponsor. Schröder plaudert mit Iris Berben, Steinmeier hält die Laudatio auf einen der vier Preisträger. Im Jahr zuvor war Schröder selbst mit einer der vier auf 25 000 Euro dotierten Auszeichnungen bedacht worden, und die Lobrede hatte Kurt Beck gehalten, damals noch SPD-Chef. Bei Vattenfall hat man Grund, Schröder dankbar zu sein. Er und sein Wirtschaftsminister Werner Müller hätten sich seinerzeit für den Ein-stieg der Schweden in Deutschland starkgemacht, »und zwar um den Wettbewerb zu fördern«, erinnert sich Vattenfall-Berater Bilges.

Warum Lobbying in Berlin so intransparent ist

Gewiss, keiner will das Lobbying verbieten. Politik, die nicht vorab alle möglichen Interessengruppen anhört, wird blind und weltfremd. Trotzdem ist es ein – in Berlin gern gepflegter – Irrglaube, dass im freien Spiel der Lobbykräfte am Ende schon der beste Kompromiss stehen wird. Gibt es doch bestimmte Interessen, die sich schlecht oder gar nicht organisieren lassen. Wer engagiert sich etwa ernsthaft für den Anspruch künftiger Generationen, eine intakte Umwelt zu erben und keinen sich türmenden Schuldenberg?

Gewiss, für den Umweltschutz setzen sich inzwischen schlagkräftige Organisationen wie Greenpeace ein. Doch wenn ein Unternehmen erfolgreiche Lobbyarbeit betreibe, argumentiert der britische Politik-wissenschaftler Colin Crouch, verschaffe es sich damit auch noch »steigende Gewinne«. Für Greenpeace oder den Kinderschutzbund gilt das nicht. Deren Lobbyarbeit kostet Geld, aber erhöht nicht die Rendite.

Ein kluger Lobbyist namens Dieter Schulze van der Loon hat das Problem Ende 2005 sehr offen beschrieben: »Einerseits bleibt festzu-halten, dass Lobbying den Einsatz großer Mengen an Ressourcen – vor allem Geld und Zeit – voraussetzt, wenn es erfolgreich sein will. Dies allein bedingt schon, dass nur entsprechend wohlhabende Unter-nehmen oder Organisationen Lobbying betreiben können, was zu ei-ner Selektion der Interessen führt. Wer sich Lobbying nicht leisten kann, hat meist auch keine Lobby.«

Zweitens, beklagt van der Loon, gebe es im hiesigen Lobbying ein weiteres Problem: Es fehle die Transparenz. In der Tat hat die deutsche Politik einen Trend fast vollkommen verschlafen, der schon kurz nach dem Zweiten Weltkrieg in Washington begann und inzwischen auch die EU-Hauptstadt Brüssel erreicht hat: der Trend zur Offenlegung von Lobbyaktivitäten.

In den USA müssen Firmen viertel- bis halbjährlich deklarieren und veröffentlichen lassen, was sie ausgegeben haben, um auf die Politik in Washington Einfluss zu nehmen. Meldepflichtig ist jeder, der in sechs Monaten mehr als 10 000 Dollar für Lobbyaktivitäten gezahlt hat. Verstöße bleiben nicht folgenlos. Wer den Lobbying Disclosure Act bricht, sich nicht registrieren lässt oder falsche Angaben macht, wird ein Fall für das FBI, riskiert bis zu einem Jahr Gefängnis oder 50 000 Dollar Strafe. Dafür kann nun jedermann auf der Website des US-Senats zum Beispiel den Firmennamen »Volkswagen« eingeben und erfahren, dass der deutsche Autohersteller im ersten Halbjahr 2007 etwa 120 000 Dollar an die Lobbyfirma Akin Gump Strauss Hauer & Feld überwiesen hat. Oder dass der deutsch-französische Rüstungsriese EADS allein im ersten Quartal 2008 insgesamt über eine Million Dollar an verschiedene Lobbyisten zahlte.

In seinem Film *Sicko* zeigte der amerikanische Filmemacher Michael Moore im Jahr 2007, welche Summen die US-Gesundheitsindustrie einsetzte, um in der Regierungszeit von Präsident Bill Clinton die von dessen Frau Hillary geplante allgemeine Krankenversicherung zu stoppen. Moore nennt bis auf die letzte Stelle die Beträge, die einzelne Kongressabgeordnete von der Lobby kassierten. Bei uns wären diese Zahlen nicht verfügbar.

Dank des Lobbyregisters sei in den USA »erstaunlich gut nachvollziehbar«, von wem die Weichenstellungen im Parlament beeinflusst würden, schlussfolgert der Greenpeace-Lobbyexperte Manfred Redelfs. Allein 2003 wurden in den Vereinigten Staaten zwei Milliarden Dollar für Politikbeeinflussung eingesetzt. »Wer in Deutschland wissen möchte, was die insgesamt 140 Ärzte-, Apotheker- und Pharmaverbände bei der Debatte um die Gesundheitsreform für Lobbying ausgegeben haben, tappt jedoch im Dunkeln«, klagt Redelfs.

Die Frage nach dem Lobbybudget einer Firma sei zentral, glaubt der kanadische Professor A. Paul Pross. Dem Politikwissenschaftler erscheint es als »vernünftige Annahme«, dass die für das Lobbying aufgewendeten Summen mit dem Betrag korrelieren, den Firmen durch die Einflussnahme zu sparen oder zusätzlich zu verdienen hoffen. Es sei jedenfalls nachvollziehbar, dass die Firmen versuchten, die Lobbygelder »auf Kosten der Steuerzahler und Verbraucher« wieder hereinzuholen. Allein deswegen sei Transparenz bei den Lobbykosten wünschenswert, schreibt Pross im Juni 2007 in einem Papier für die OECD in Paris, eine Organisation westlicher Industriestaaten, der auch die Bundesrepublik angehört.

Selbst im einstigen Ostblockland Ungarn müssen Lobbyisten heutzutage alle drei Monate einen Bericht über ihre Aktivitäten an das amtliche Lobbyregister schicken, inklusive der Liste der Behörden- oder Regierungsentscheidungen, auf die die Lobbyaktivitäten gerichtet waren. Ebenfalls zu melden sind die Namen von kontaktierten Regierungsbeamten und die Zahl dieser Kontakte. Gleichzeitig geben auch die Behörden die Information an das Register, welche Lobbyisten sich an sie gewendet haben. All diese Daten werden veröffentlicht. Polen und Litauen haben ähnliche Regelungen eingeführt. In Frankreich wollen jetzt sogar Abgeordnete der gaullistischen Regierungspartei UMP ein Lobbyregister durchsetzen.

Transparenz, irgendwie egal

Während so von Washington bis Budapest Politiker über bessere Wege der Lobbyregulierung diskutieren, haben viele in Berlin noch nicht einmal das Problem erkannt. Wer deutsche Firmenvertreter oder Politiker mit dem US-Modell der Lobbyregulierung konfrontiert, erntet oft Reaktionen zwischen Unkenntnis und Abwehr. »Ich muss gestehen, dass ich nicht im Film bin über Einzelheiten des US-Systems«, bekennt der CDU-Wirtschaftspolitiker Laurenz Meyer auf einer Veranstaltung zum Thema Lobbying im Reichstag im April 2008. Selbst sehr viel gemäßigtere Pläne für ein Brüsseler EU-Lobbyregister stießen in Deutschland bei vielen auf Abwehr, wenn nicht Ignoranz. Der aus Estland stammende EU-Kommissar Siim Kallas etablierte in der EU-Hauptstadt im Sommer 2008 ein Modell, das auf Freiwilligkeit setzt. Firmen und Verbände können sich registrieren lassen, sind aber nicht dazu verpflichtet.

Im Oktober 2007 war Kallas zu einer Diskussionsveranstaltung in Berlin eingeladen und äußerte sich verwundert: Es sei nun das erste Mal, dass man ihn in Deutschland gebeten habe, über das Thema Lobbyregulierung zu reden. In den anderen Mitgliedsstaaten sei die Anteilnahme sehr viel größer.

Einmal in Berlin, geriet Kallas sogleich unter schweren Beschuss – und zwar von Seiten des ehemaligen Berliner SPD-Chefs und Exsenators Peter Strieder. Er arbeitet heute für die wohl größte und erfolgreichste Lobbyfirma in Deutschland: die Agentur Pleon. Sie ist für viele große Unternehmen aus dem deutschen Aktienindex DAX tätig, sieht sich selbst als Marktführer in Europa und verfügt über rund 500 Mitarbeiter. Bei Pleon wirken der ehemalige SPD-Europaabgeordnete Detlev Samland, die frühere grüne Gesundheitsministerin Andrea Fischer und eben Peter Strieder.

Der müht sich im Oktober 2007 in rüdem Tonfall, Kallas' Vorschlag von mehr Lobbytransparenz als unsinnig und unnötig hinzustellen. »Ich muss in keinem Register stehen, um mit irgendjemand in Brüssel zu reden«, sagt Strieder. Er sei ja »gar nicht gegen Transparenz« – aber reiche es denn nicht, seinen Auftraggeber bei Gesprächen mit Politikern zu nennen? Rechtsanwälte müssten ihre Mandatsbeziehungen ja auch nicht offenlegen.

Nun wirken Rechtsanwälte normalerweise nicht an der Gesetzgebung für die ganze Republik mit. Tun sie es doch, agieren sie als Lobbyisten, nicht als Rechtsbeistand.

Inzwischen hat die Debatte auch in Berlin etwas an Fahrt aufgenommen – aber paradoxerweise findet sie unter einigen Lobbyisten mehr Zuspruch als im Bundestag. Im Dezember 2008 stellen Transparency International und der Lobbyistenverband Degepol eine gemeinsame Initiative für ein Berliner Lobbyistenregister vor, in dem zumindest in groben Zügen auch die Mittel beziffert werden sollen, die die Firmen für ihre Einwirkungsversuche investieren.

Auch die Lobbybranche habe ein Interesse daran, Transparenz zu schaffen und gegen »schwarze Schafe« vorzugehen, sagt der Degepol-Ethikbeauftragte Heiko Kretschmer von der Beratungsfirma Johanssen + Kretschmer. Andernfalls schaffe das »zu Recht Empörungspotenzial für die Öffentlichkeit«. Der frühere Juso-Bundesvorständler Kretschmer ist ausdrücklich für ein verpflichtendes Register. Dass die

Teilnahme an dem Lobbyregister in Brüssel freiwillig bleibe, sei ein »erheblicher Makel«. Der Degepol-Vorstandsmann plädiert dafür, dass sich auch Bundestagsabgeordnete registrieren lassen müssen, »die mit Beratungsmandaten Lobbyismus betreiben« – die sich also von Privatfirmen anheuern lassen.

Zwar führt der Bundestag bereits seit 1972 ein Lobbyregister. Doch in diesem sind nur die Namen und Anschriften von Verbänden aufgelistet, einschließlich der Namen der Verbandsgeschäftsführer und Vorstände, mehr nicht. Selbst diese dürren Angaben liefern die Verbände freiwillig.

Die deutsche Lobbyregulierung passte vielleicht zum alten Bonner Verbändestaat. Mit ihr den wild wuchernden Berliner Lobbydschungel kontrollieren zu wollen ist ebenso aussichtsreich wie der Versuch, ein Fußballstadion des Nachts mit einer Taschenlampe zu beleuchten. Informationen über Firmenrepräsentanten und Lobbyagenturen wie Pleon oder WMP fehlen im Lobbyregister des Bundestages ganz – genauso wie alle Angaben über Geldflüsse und konkrete Lobbyaktivitäten. Es ist ungefähr so, als würden die Parteien jährlich öffentlich bestätigen, dass sie Parteispenden annähmen, sich aber gleichzeitig über die Namen der Spender in Schweigen hüllen.

Während Firmen wie Pleon das freiwillige Brüsseler Lobbyregister des Kommissars Kallas boykottieren wollen, sind die großen deutschen Wirtschaftsverbände auf Kompromisskurs. Auch sie haben angesichts der wachsenden Macht der Lobbyagenturen ein Interesse an mehr Transparenz.

Man wolle »gerne Waffengleichheit«, sagt Stephan Tromp, ein ehemaliger CDU-Politiker, der heute den Hauptverband des Einzelhandels (HDE) vertritt. Bei Verbänden wisse man ja immer, wer dahinterstecke – bei den Agenturen nicht.

Kluge Lobbyisten haben erkannt, dass neue Probleme neue Antworten erfordern. Wenn sich die hiesige Lobbyszene amerikanisiert und globalisiert, kann die Gesetzgebung nicht weiter die gleiche bleiben wie zu Zeiten des alten rheinischen Kapitalismus.

»Was für ein Mandat hat ein privater Unternehmer, hinter verschlossenen Türen mit der öffentlichen Verwaltung zu sprechen?«, fragt Christian Humborg von Transparency International. Er stellt die Frage zu Recht, steht mit ihr aber immer noch ziemlich allein da.

Als Wolfgang Neskovic im Namen der Bundestagsfraktion der Linkspartei im Juni 2008 nach US-Vorbild ein obligatorisches Lobbyregister vorschlägt, hagelt es Kritik von praktisch allen Seiten. Die von Neskovic geforderte »sanktionsbewehrte Pflicht, sich in das Register einzutragen« empört sogar den Grünen-Fraktionsgeschäftsführer Volker Beck. »Woher nehmen Sie das Recht auf Sanktionen? Das sind doch Grundrechtseingriffe«, ruft Beck in der Plenardebatte. Nein, Freiwilligkeit wie in Brüssel sei der bessere Weg.

Einige Wochen später äußert sich der Grünen-Politiker etwas besonnener. Vielleicht sei ein obligatorisches Register doch die gebotene Option. Dagegen sorgt sich der CDU-Abgeordnete Ole Schröder, eine verpflichtende Registratur sei schon deshalb »nicht das richtige Mittel«, weil sie »zusätzlichen Bürokratieaufwand« mit sich bringe. »Jeder Abgeordnete ist selbstverständlich Interessenvertreter«, steuert der FDP-Parlamentarier Jörg van Essen bei und unterstellt dem Antrag der Linken »den schlechten Geruch des Klassenkampfes«. Der SPD-Mann Peter Friedrich kann immerhin einem freiwilligen Lobbyregister »einiges abgewinnen«.

In einem von ihm gezeichneten Antragsentwurf vom Sommer 2008 ist freilich nur vorgesehen, die Arbeit der Lobbyverbände transparenter zu machen. Diese sollten künftig »Herkunft und Höhe finanzieller und sonstiger Zuwendungen« angeben und nur dann zu Anhörungen der Bundesministerien geladen werden.

Die Lobbyarbeit großer Firmen und der Public-Affairs-Agenturen bliebe nach Friedrichs Modell freilich unkontrolliert. Im Bundestag warnt der SPD-Abgeordnete: »Wir dürfen an dieser Stelle Politik nicht von den Menschen dadurch entfremden, dass wir sie transparent machen wollen.«

Liebe Bürger, wüsstet ihr die Wahrheit, würde euch das den Glauben an eure Politiker nehmen! Ist das die Botschaft Berliner Politiker?

Welch ein Unterschied zum Präsidentschaftswahlkampf in den USA im Jahr 2008. Der Republikaner John McCain hatte gerade daran mitgewirkt, eine weitere Verschärfung der Lobbyregulierung durchzufechten – und musste nun erst recht öffentlich rechtfertigen, warum er für seine Kampagne Mitarbeiter beschäftigte, die sich von Privatfirmen dafür freistellen ließen. Übrigens tat er das vollkommen legal und ohne jeden Bruch offizieller Regeln. Trotzdem beschäftigte die Sache wochenlang die Medien und wurde auch in deutschen Zeitungen vermeldet.

Der Lobbyist in der Parteizentrale

Aber auch bei uns drohen die Grenzen zwischen Lobby und Politik zu verschwimmen. Nur geschieht das oft weitgehend unbemerkt. Im Bundestagswahlkampf 2005 lieh sich die CDU bei der Investmentbank Morgan Stanley einen führenden Manager aus – und zwar als Spendensammler.

Über einen Monat lang ließ der Banker Dirk Notheis seinen gut dotierten Vertrag als Vizepräsident bei Morgan Stanley Deutschland ruhen und bezog ein Büro im Berliner Konrad-Adenauer-Haus, der Parteizentrale der CDU. Der damalige CDU-Generalsekretär Volker Kauder hatte seinen baden-württembergischen Landsmann ins Haus geholt. Der Banker sollte Kauder, der für Kanzlerin Angela Merkel heute die CDU/CSU-Fraktion führt, in der heißen Phase des Bundestagswahlkampfes helfen.

Notheis, ein früherer Chef der baden-württembergischen Jungen Union, ließ seine Beziehungen zur Wirtschaft spielen und versuchte Firmen als Parteispender für die CDU zu gewinnen. Gehalt von der Partei verlangte er nicht. Er bezahlte offenbar sogar seine Sozialversicherungsbeiträge selbst. Morgan Stanley stoppte die Gehaltszahlungen an den Manager. Freilich blieb der Arbeitsvertrag in Kraft.

Nichts daran war nach deutschem Recht illegal. Wenn sich Parteimitglieder wie Notheis ehrenamtlich engagierten, sei das »nicht spendenrechtlich relevant«, heißt es in der CDU-Zentrale. Notheis selbst, der auch als baden-württembergischer CDU-Landesvorständler amtiert, wollte sich zu dem Thema nicht öffentlich äußern. Es handle sich um eine Privatsache.

In Berlin nahmen ihm das freilich nicht alle ab. Wenn ein leitender Mann einer führenden Bank der CDU solch einen Dienst leiste – habe das nicht ein Gschmäckle? Notheis' stiller Freundschaftsdienst für Volker Kauder provozierte allein deshalb Fragen, weil sich Morgan Stanley aktiv um Aufträge der Bundesregierung und von Bundesunternehmen bemühte. Zum Beispiel hoffte die Bank auf den lukrativen

Auftrag, die Deutsche Bahn an die Börse zu bringen. Im Jahr 2008 gehörte sie dann in der Tat zu den Banken, die für diese Aufgabe vorgesehen waren.

Über die Lobbyisten in den Ministerien

Dass sich Lobbyisten in Parteizentralen einnisten, stößt nur wenigen auf. Ebenfalls lange unbemerkt und unbeanstandet hat die rot-grüne Regierung die Schleusen aber noch ein ganzes Stück weiter geöffnet und Vertreter von Firmen und Verbänden sogar als Gastarbeiter in den Bundesministerien rekrutiert. SPD und Grüne ließen damit eine fundamentale Trennlinie aufweichen: die zwischen der Verwaltung einerseits, die das demokratisch definierte Allgemeininteresse im Auge zu behalten hat, und Unternehmen und Wirtschaftsbranchen andererseits. Die verfechten ihre gewiss legitimen Partikularinteressen, die aber per definitionem privat sind.

Im April 2008 bestätigte der Bundesrechnungshof in einem internen Bericht, was die Bundesregierung bis dahin nur widerwillig und bruchstückhaft eingeräumt hatte: Von 2004 bis 2006 waren zwischen 88 und 106 externe Beschäftigte in den obersten Bundesbehörden tätig, als Experten oder Referenten, aber in mindestens zwei Fällen sogar bis zu zwei Jahre als Leiter eines Referats, der tragenden Verwaltungseinheit der Bundesministerien.

Dass die Finanzmärkte sich nicht selbst regulieren können und darum staatlicher Aufsicht bedürfen, ist spätestens seit dem Herbst 2008 ein Allgemeinplatz. Doch noch bis Mai 2008 sah das Finanzministerium den Einsatz eines Mitarbeiters der DZ-Bank im Themengebiet »Grundsatzfragen des Finanzplatzes Deutschland« vor. Ein Beschäftigter der Deutschen Börse AG hatte sogar an fünf Gesetzen und Verordnungen zur Regulierung der Finanzmärkte mitgewirkt, etwa dem Anlegerschutzverbesserungsgesetz. Eine weitere Beschäftigte der Deutschen Börse durfte sich bei der Umsetzung der Bankenrichtlinie einbringen, mit der Finanzminister Steinbrück im November 2006 die Bankenaufsicht reformierte. Was genau die Börsianerin vorschlug, ist unbekannt. Als zwei Jahre später die Finanzkrise mit voller Wucht auch die deutschen Kreditinstitute trifft, gilt auch in Berlin als unstrittig, dass die deutsche Bankenaufsicht zu schwach war.

In einem anderen Ministerium halfen Unternehmensbeschäftigte der Regierung, die deutsche Position zu einem geplanten EU-Gesetz zu formulieren. In der Botschaft in Tokio vertrat sogar ein Lufthansa-Mann deutsche Interessen. Und so weiter.

Transparenz war ein Fremdwort. Oft, so der Rechnungshof, sprachen Beamte einfach »ihnen bekannte Expertinnen oder Experten in externen Stellen unmittelbar mit der Bitte um Unterstützung bei der Erfüllung bestimmter Aufgaben an«.

Nach einer Aufstellung von Lobbycontrol fehlte kaum ein großer DAX-Konzern auf der Liste der Firmen, die ihre Leute in den Ministerien unterbrachten: Daimler, Lufthansa, SAP, Siemens, BASF, Deutsche Bank, E.ON, Deutsche Börse, Bayer, Commerzbank, Deutsche Telekom waren vertreten, aber auch internationale Unternehmen wie IBM, ABB, Alstom, ING oder Morgan Stanley – bis hin zu Wingas, einer Tochterfirma von BASF und dem russischen Staatskonzern Gazprom. Auch Organisationen wie der Verband der chemischen Industrie (VCI) oder die IG Metall hatten ihre Leute in den Bundesministerien, ebenso Krankenkassen wie die AOK, die DAK oder die TKK.

»In mehr als 60 Prozent der Fälle«, so die vier Prüfer des Rechnungshofes, »trugen die obersten Bundesbehörden die Kosten des Einsatzes nicht oder nur im geringen Umfang.« Damit sei »ein Abhängigkeitsverhältnis« entstanden, resümierte der Hof. Und es entstand ein guter Grund, daran zu zweifeln, ob die Herren und Damen aus der Wirtschaft wirklich ihre ungeteilte Loyalität den Ministerien widmeten, in die ihre wahren Brötchengeber sie entsandt hatten.

Der Rechnungshof warnte vor »Interessenkollisionen« und einer Gefahr für die »Glaubwürdigkeit« des Staates. Künftig, so mahnten die Prüfer, müsse dafür gesorgt werden, dass das Handeln der Behörden »von subjektiven Einflüssen freigehalten und auch nur der Anschein möglicher Parteilichkeit vermieden wird«.

Dieser Anschein war da längst entstanden. Zwar verteidigte die Bundesregierung die Praxis zunächst als Teil eines von der rot-grünen Koalition aufgelegten Austauschprogramms zwischen Verwaltung und Wirtschaft. Tatsächlich waren aber Bundesbeamte, die den umgekehrten Weg nahmen und in Unternehmen hospitierten, so der Rechnungshof, »eher die Ausnahme«.

Die Leiharbeitskräfte wurden nicht einmal flächendeckend verpflichtet, sich bei Außenkontakten als solche zu erkennen zu geben. »Nur bei einzelnen Bundesministerien«, so der Rechnungshof, gab es »gezielte Bemühungen«, den Einsatz der Externen »nach innen und außen transparent zu gestalten«, etwa mit besonderen Visitenkarten, E-Mail-Adressen und Kennzeichnungen an den Türschildern.

Offenbar auf deutsche Anregung hin hatte sogar die EU-Kommission in Brüssel Firmenmitarbeiter als sogenannte nationale Experten beschäftigt. Dort versprach der zuständige Kommissar Siim Kallas nach einigem Hin und Her, die umstrittene Praxis ganz zu beenden.

Zu ähnlichen Konsequenzen war Berlin nicht bereit. Im Juni 2008 erließ das Bundeskabinett lediglich eine Verwaltungsvorschrift, um die allerschlimmsten Missbräuche zu verhindern – etwa indem Firmen und Verbände das Gehalt ihrer entsandten Bediensteten nur noch bis zu sechs Monate lang zahlen sollten. Doch auch künftig ist nach dem Willen der Regierung nicht ausdrücklich ausgeschlossen, dass die Phantombeamten leitende Funktionen übernehmen oder an Gesetzen mitschreiben. »Grundsätzlich« sollen solche Einsätze zwar künftig vermieden werden. Doch diese Formulierung lässt viel Spielraum.

Dabei hat es nachweislich bereits Fälle gegeben, in denen Externe das in sie gesetzte Vertrauen missbrauchten und interne Informationen und sogar Unterlagen mitgehen ließen – zugunsten ihres eigentlichen Arbeitgebers. Kein Wunder – wie wollte man dies wirksam ausschließen?

Offene Tür für die Lobby, Abfuhr für den Bürger

Der Rechnungshof musste die Regierung an Prinzipien erinnern, von denen man angenommen hatte, dass sie selbstverständlich seien. Die Unparteilichkeit des Staates sei in Gefahr, »wenn Interessenträger jenseits von allgemein zugänglichen und transparenten Verfahren der Interessenvertretung unmittelbaren und bevorzugten Zugang zu Entscheidungsverfahren und entscheidungsrelevanten Informationen haben«.

Reinhard Timmer, der zuständige Abteilungsleiter im Innenministerium, rechtfertigte den Einsatz der externen Mitarbeiter damit, »dass sich die Verwaltung stärker der Gesellschaft öffnet«. Aber wenn es um die Öffnung zur Gesellschaft geht – warum sperrte sich das Innenministerium zugleich jahrelang so hartnäckig gegen die Einführung eines Informationsfreiheitsgesetzes, von dem alle Bürger profitieren?

Unter Berufung auf das Amtsgeheimnis halten einzelne Ministerien sogar genau die Informationen unter Verschluss, die die privaten Lobbyisten in ihren Amtsstuben betreffen. So wollte das SPD-geführte Bundesgesundheitsministerium der Organisation Lobbycontrol keine Informationen über die Tätigkeit einer Mitarbeiterin des »Internationalen Netzwerks Gesundheitspolitik« der Bertelsmann-Stiftung geben, die an das Ministerium entliehen war. »Das Ministerium«, so Lobbycontrol im August 2007 in einem Protestschreiben an Kanzlerin Merkel, »verweigerte dazu jede Auskunft, da man sich zu internen Personalien nicht äußere.«

In der Demokratie agieren Ministerien eigentlich im Namen der Allgemeinheit – daher der Begriff öffentliche Behörde. Doch dieses Prinzip erodiert, wenn sich manche privaten Interessenten einen privilegierten Zugang verschaffen können – sei es als Sponsoren oder über das Personalbüro der Bundesministerien. »Da ziehen in die Bürokratie einzelne Interessen ein, die in der öffentlichen Verwaltung nichts zu suchen haben«, sagt die Verfassungsrichterin Hohmann-Dennhardt.

Politiker und Beamte gewähren Lobbyisten Zutritt und sperren die Öffentlichkeit aus. Das ist doppelt gefährlich. Früher bewahrte das deutsche Amtsgeheimnis vor allem die Beamten selbst vor der Neugier der Bürger. Heute schützt es auch ihre neuen Bettgenossen aus der globalen Welt der Wirtschaft.

Kapitel 4 Macht Unwissen klug?

Wie die deutsche Tradition des Amtsgeheimnisses
Bestechung und Betrug erleichtert. Wie Politiker
freihändig Millionen verteilen. Wie man den Bürger
für dumm verkauft.

Franz Schoser ist einer der erfahrensten Lobbyisten des Landes.
21 Jahre lang war er Hauptgeschäftsführer des Deutschen Industrie-
und Handelskammertages. Noch Ende 2008 amtiert er als Mitglied
des Rundfunkrates der Deutschen Welle, ist Schatzmeister der CDU-
nahen Konrad-Adenauer-Stiftung und berät Kanzlerin Merkel als Mitglied des sogenannten Normenkontrollrats, der den Bürokratieabbau
voranbringen soll. Der Mann ist ein Multifunktionär, er ist einflussreich,
er trägt das Bundesverdienstkreuz. Und er misstraut den Bürgern.

SPD und Grüne sind im Jahr 2005 gerade dabei, das von ihnen lange angekündigte Informationsfreiheitsgesetz auf den Weg zu bringen,
da macht Schoser klar, dass ihm die Richtung nicht passt. Solch ein
Gesetz sei »eher hinderlich« als nützlich, postuliert er in einem Buchbeitrag. »Die politischen Probleme und Prozesse sind so kompliziert,
dass es nur durch sorgfältiges und selektives Zusammenfügen von Sach-
argumenten zum Verständnis kommt«, warnt Schoser. Es sei doch
überaus fraglich, ob »der mündige Bürger alle Details wissen, verfolgen und verstehen kann«, etwa wenn Regierung und Parlament Gesetze vorbereiteten. Im Gegenteil, eine »Flut von Detailinformatio-
nen« könne die »Mündigkeit« durchaus »auch schwächen«.

Unwissen macht mündig? So überspitzt es der langgediente Ver-
bandsfunktionär formuliert, so drückt er doch eine unter den Angehörigen der Berliner Machteliten verbreitete Auffassung aus. Freilich
wird sie nur selten so unverblümt vorgetragen. Jahrelang hatten sich
die Berliner Behörden erfolgreich gegen den weltweiten Trend zu größerer Transparenz gestemmt. Als die Bundesrepublik schließlich im
Jahr 2006 das Bürgerrecht auf Einsicht in amtliche Akten einführte, tat
sie das als eines der letzten Länder der demokratischen Welt. In den
USA kam der »Freedom of Information Act« im Jahr 1966, also vierzig
Jahre früher. Die schwedische »Tryckfrihetsförordning« wurde gar be-

reits am 2. Dezember 1766 verabschiedet. Seitdem kann jeder Schwede Einsicht in Akten von Reichstag und Reichsrat verlangen.

240 Jahre später ist es auch in der Bundesrepublik so weit. Auch hier dürfen nun Bürger um Einsicht in Behördenakten bitten, ohne dies näher begründen zu müssen. Als ihnen diese Möglichkeit gewährt wurde, war der deutsche Rückstand längst zu einer Blamage geworden. Schon 1998 hatte die rot-grüne Koalition ein Informationsfreiheitsgesetz angekündigt. Doch die Ministerialbürokratie blockierte das Vorhaben weitere sieben Jahre lang. Die von SPD und Grünen geführten Ministerien ließen zwar Lobbyisten als Mitarbeiter in ihren Häusern ein und aus gehen, leisteten aber standhaft Widerstand gegen mehr Einsichtsrechte für Normalbürger. In dieser Frage herrschte Einigkeit unter den Bundesbehörden, vom traditionell konservativ geprägten Innenressort über das Finanzministerium bis hin zum vermeintlich weltoffenen Auswärtigen Amt.

Noch 2005 beschwor der Abgeordnete Norbert Geis (CSU) im Bundestag das Schreckgespenst einer »Behinderung der Verwaltung« und warnte, dass »kriminelle Organisationen«, ja »islamistische Kreise« Akteneinsicht verlangen könnten. Und der damalige sozialdemokratische Innenminister Otto Schily fand Geis' Argumente »sehr bedenkenswert«. Allgemeinansprüche, so der frühere Grünen-Politiker, »bergen Risiken«.

Keine Transparenz bitte!

Bürgerrechte, ein Risiko? Matthias Korte, ein Korruptionsexperte des Bundesjustizministeriums, führte noch im Jahr 2007 Nachhutgefechte gegen die inzwischen Realität gewordene Informationsfreiheit. Die guten Erfahrungen »vieler anderer Staaten und von internationalen Organisationen« mit mehr Offenheit ließen sich »nicht unmittelbar« auf Deutschland übertragen, meinte Korte. Warum nicht? Nun, deren Aktenführung weiche »häufig erheblich« von der deutschen ab.

Das deutsche Amtswesen, so der langjährige Berliner Konsens, ist für mehr Offenheit einfach nicht geschaffen. Anders als etwa in Großbritannien kam es hierzulande selten zu erregten öffentlichen Debatten, weil Politik und Behörden Informationen zurückgehalten oder sogar regelrecht manipuliert hatten. Das deutsche Amtsgeheimnis erschien selbst manchen hiesigen Journalisten als nicht zu hinterfragende Einrichtung – statt als Skandal.

In der Bundesrepublik gilt die Verwaltung vielen als Instanz, die rein sachlich entscheidet und darum vor allzu viel Neugier geschützt werden müsse. Die Fiktion eines »über den gesellschaftlichen Partikularinteressen stehend gedachten, über- oder unparteilichen und einem weithin isoliert definierten Gemeinwohl verpflichteten Staates« habe es erlaubt, Forderungen nach mehr Offenheit jahrzehntelang abzuwehren, schreibt der Staatsrechtler Bernhard W. Wegener im Jahr 2006 in seinem Buch *Der geheime Staat*. Dabei sei das althergebrachte Amtsgeheimnis nirgends wirklich eindeutig im Gesetz verankert: »Die Regelgeheimhaltung entbehrt als solche einer ausdrücklichen rechtlichen Grundlage«, stellte Wegener mit Erstaunen fest. Die in Deutschland praktizierten Vertraulichkeitsregeln würden deshalb oft einfach mit dem »Herkommen« begründet.

So hat man es immer gemacht, und da könnte ja jeder kommen – scheint das Motto zu lauten. »Wer sind Sie überhaupt?« – das ist eine Frage, die Bürger noch heute öfter hören, wenn sie ihr neues Informationsrecht wahrnehmen und einen Bundesbeamten um Auskunft bitten. Der Staat, so der verbreitete Glaube, müsse sich vor der Einmischung von Bürgern schützen, so deren Neugier nicht ausdrücklich autorisiert ist. Noch im Oktober 1991 führte der damalige CDU-Innenminister Wolfgang Schäuble genau dieses Argument gegen SPD-Forderungen nach einem generellen Akteneinsichtsrecht ins Feld: »Das Demokratieprinzip verbietet eine Mitentscheidungsbefugnis Einzelner, nicht durch das Gesamtvolk Legitimierter bei der Erfüllung staatlicher Aufgaben« – was aus diesem Grund ein »Partizipationsverbot« zur Folge haben könne.

Doch warum sollten Lobbyisten über ihre privilegierten Kanäle Einsicht und Einfluss nehmen können, wenn dies weniger privilegierten Bürgern verwehrt wird? Wer hat Beschäftigte von Unternehmen und Wirtschaftsverbänden legitimiert, in den Amtsstuben der Berliner Ministerien das Leben von Bürgern zu regulieren, die ihrerseits keine Chance haben, Näheres über diese Lobbyaktivitäten zu erfahren? Warum sollte es dem Energiekonzern Vattenfall erlaubt werden, das Sommerfest des Bundespräsidenten per Sponsoring zu finanzieren – ohne dass der Bürger davon Kenntnis erhält?

Und wer sagt eigentlich, dass hinter den Eingangstoren der Berliner Ministerien Filz und Klüngel effizient bekämpft werden – auch ohne dass die Öffentlichkeit darüber informiert wird?

Die Fragen zu stellen heißt sie zu beantworten. »Geheimniskrämerei ist der beste Nährboden für Interessendurchsetzung«, sagte die Verfassungsrichterin Christine Hohmann-Dennhardt im September 2008 auf einer Konferenz. Mehr Transparenz und bessere Bürgerrechte auf Information gelten weltweit als idealer Schutz vor Korruption und Vetternwirtschaft. Die gewiss nicht linksgerichtete Bertelsmann-Stiftung setzt ebenso auf die Informationsfreiheit wie das gleichermaßen der Radikalität unverdächtige Bundeskriminalamt. Das deutsche Informationsfreiheitsgesetz werde »aufgrund zunehmender Transparenz eine bessere Möglichkeit zur Bekämpfung der Korruption« bieten, hieß es im »Lagebericht Korruption« des BKA vom November 2005.

In den USA konnte die *New York Times* dank des dortigen »Freedom of Information Act« Schreiben auswerten, die der spätere Präsident George W. Bush zwischen 1988 und 1992 an seinen damals im Weißen Haus regierenden Vater geschickt hatte. Die Briefe zeigten, wie der Sohn sich um Gefälligkeiten für Freunde der Familie bemühte. Natürlich, ein freier Zugang zu solchen Dokumenten kann Korruption nicht automatisch verhindern. Dass er dubiose Geschäfte zumindest erschwert, ist jedoch offenkundig. Denn er erhöht das Entdeckungsrisiko für Politiker und Beamte.

Bürger als Kontrolleure der Macht

Nicht zufällig schneiden Länder mit transparenten Verwaltungen, zum Beispiel Finnland und Schweden, in den Korruptionsrankings am besten ab. Im finnischen »Gesetz über die Transparenz von Regierungsaktivitäten« steht explizit, worum es geht: »Privatbürgern und Firmen die Möglichkeit zu geben, die Ausübung öffentlicher Macht und die Nutzung öffentlicher Mittel zu kontrollieren«.

Jeder Einwohner des Landes kann ein schwedisches Ministerium betreten und um die Korrespondenz des Ministers bitten. Dokumente schicken die Stockholmer Behörden sogar auf einen bloßen Anruf oder eine E-Mail hin zu, und zwar innerhalb weniger Tage. Das gilt auch für nach deutschem Verständnis sensible Papiere wie die Antragsunterlagen für die Ostsee-Pipeline, die die Gazprom-Tochtergesellschaft Nord Stream Ende 2007 in Stockholm eingereicht hatte.

Auch in Frankreich sind die Bürger an Transparenzstandards gewöhnt, die es in Deutschland nicht gibt. Übernimmt ein neuer Präsident die Regierungsgeschäfte, veröffentlicht das Amtsblatt Details über die Höhe seines Privatvermögens. Im Mai 2007 betrug dessen Wert für den neu gewählten Nicolas Sarkozy 2,5 Millionen Euro, bestehend aus vier Lebensversicherungen und dem Drittelanteil an einer Anwaltskanzlei.

Die Franzosen erfuhren auch, dass Sarkozys Vermögen bereits zwischen 2005 und 2006 von 750 000 auf 1,2 Millionen Euro gestiegen war. Und sie konnten während des Wahlkampfs um das Präsidentenamt den Zeitungen entnehmen, dass die sozialistische Kandidatin Ségolène Royal zusammen mit ihrem damaligen Lebensgefährten François Hollande ein steuerpflichtiges Vermögen von 934 000 Euro besaß.

Die Offenlegung solcher Informationen kann den Bürgern helfen zu verfolgen, ob sich ein Politiker im Amt in ungewöhnlichem Maße bereichern konnte. Wer glaubt, dieses Risiko gebe es nur in Bananenrepubliken, der irrt sich. Auch wir Deutsche können bis heute nur spekulieren, wie es dem einstigen bayerischen Ministerpräsidenten Franz Josef Strauß gelang, während seiner Karriere als Politiker ein Millionenvermögen anzuhäufen.

Trotzdem gilt in Deutschland die Frage nach dem Einkommensstand von Politikern als ähnlich ungehörig wie ein heimlicher Blick in deren Schlafzimmer. Als das Magazin *Capital* im Frühjahr 2008 bei deutschen Managern und Politikern die Höhe der von ihnen für 2006 gezahlten Einkommenssteuer erfragte, antworteten nur einige wenige Wirtschaftsführer. So machte VW-Chef Martin Winterkorn publik, dass er zwei Millionen Euro abgeführt habe. Unter den Politikern gab nur der saarländische Ministerpräsident Peter Müller an, 2006 seien ihm 35 700 Euro vom Finanzamt abgezogen worden. Alle anderen Länderregierungschefs sowie die Mitglieder des Bundeskabinetts verweigerten laut *Capital* die Auskunft.

In Großbritannien sind die Minister der Krone gehalten, bei ihrer Ernennung eine »vollständige schriftliche Aufstellung« ihres persönlichen Vermögens einzureichen, insofern dieses zu Interessenkonflikten mit ihren Amtspflichten führen könnte. Dazu gehören auch die wirtschaftlichen Interessen des Ehepartners und der engeren Familie. Ein Teil dieser Angaben wird jedes Jahr aktualisiert und veröffentlicht.

Amerikaner und Briten folgen damit den Empfehlungen der OECD, einer Organisation westlicher Industrienationen, in der auch die Bundesrepublik Mitglied ist. Die in Paris ansässige Einrichtung hat bereits 2006 Leitlinien zur Vermeidung von Interessenkonflikten im öffentlichen Dienst vorgelegt, die in Deutschland bis heute weitgehend unbeachtet geblieben sind.

Hier ein Auszug: »Es sollten Verfahren entwickelt werden, die es öffentlich Bediensteten erlauben, bereits bei Amtsantritt Privatinteressen zu identifizieren und offenzulegen, die potenziell zu einem Konflikt mit ihren Amtspflichten führen können.« Und weiter: »Je höher der Dienstgrad des Amtsinhabers ist, desto mehr ist in der Regel eine uneingeschränkte Offenlegung angezeigt; je niedriger der Dienstgrad, desto wahrscheinlicher ist es hingegen, dass eine interne Mitteilung an den Vorgesetzten ausreicht.«

Deutschland sei eines der EU-Länder, die eine »relativ hohe« Zahl potenzieller Interessenkonflikte seiner Politiker »überhaupt nicht reguliert« hätten, heißt es im Oktober 2007 in einer Studie des European Institute of Public Administration. Der für die Korruptionsbekämpfung verantwortliche EU-Kommissar Siim Kallas hatte den Report bei dem im niederländischen Maastricht residierenden Institut bestellt. Dessen Autoren weisen darauf hin, dass es in der Bundesrepublik weder für Mitglieder der Bundesregierung noch für Beamte des Bundesverfassungsgerichts eine Regelung gebe, wie mögliche Interessenkonflikte bekannt zu geben seien. Im europäischen Vergleich gilt das als ungewöhnlich. In der öffentlichen Debatte in Deutschland ist es trotzdem praktisch kein Thema.

Man muss ja nicht so weit gehen wie in Finnland. Dort kann jeder Bürger im lokalen Finanzamt nachsehen, wie hoch das zu versteuernde Einkommen des Nachbarn ist. Einmal im Jahr besuchen Journalisten die Amtsstuben, um sich über die Finanzlage prominenter Finnen zu informieren. Anschließend veröffentlichen die Zeitungen Hitlisten der reichsten Bürger. Über Schäden für die als extrem wettbewerbsfähig geltende finnische Wirtschaft hat bisher niemand geklagt.

In den USA müssen nach dem »Ethics in Government Act« von

1978 nicht nur Präsident, Vizepräsident und Minister Teile ihres Vermögensstandes offenbaren, sondern auch bestimmte Bundesrichter, hochrangige Staatsbedienstete und Kandidaten für politische Ämter.

Der einzige deutsche Politiker, der wenigstens annähernd ähnliche Transparenzpflichten zu erfüllen hat, ist das jeweilige deutsche Mitglied der EU-Kommission. EU-Kommissare sind gehalten, nicht selbst genutzte Immobilien sowie allen Aktienbesitz anzugeben. So ist nun bekannt, dass der französische EU-Kommissar Jacques Barrot Aktienanteile an einer Holdinggesellschaft im Wert von 3,5 Millionen Euro besitzt. Sein deutscher Kollege Günter Verheugen (SPD) gab dagegen an, keinerlei Aktien zu besitzen.

Sorglosigkeit beim Soffin

Erstaunlich lax sind die Regeln ausgerechnet für das Führungspersonal der im Oktober 2008 geschaffenen Bankenrettungsbehörde Soffin. Nur für die etwa zwei Dutzend einfachen Mitarbeiter des Rettungsfonds gelten die relativ scharfen Dienstbestimmungen der Bundesbank gegen den Insiderhandel – also gegen den Missbrauch von internen Informationen für private Geschäfte an der Börse. Nach den Bundesbankregeln müssen Bedienstete mit Zugang zu marktrelevanten Insiderinformationen auf Verlangen »vollständige Auskunft über Konto- und Depotverbindungen« geben und sogar »unaufgefordert« jedes sogenannte Mitarbeitergeschäft unter Angabe aller Details und des Namens des Instituts »unverzüglich« den hausinternen Kontrollinstanzen anzeigen. Mittels »Stichproben« können die Kontrolleure des sogenannten Compliance-Bereichs die Mitarbeitergeschäfte überprüfen.

Doch diese Regeln werden, wie gesagt, nur auf die einfachen Mitarbeiter des Sonderfonds Soffin angewendet. Für dessen Vorstand – genannt Leitungsausschuss – gelten zwar die Gesetze gegen den Insiderhandel. Spezielle Prüfungen und Offenlegungspflichten gibt es nicht, auch nicht für die Handvoll hoher Regierungsbeamten, die im Lenkungsausschuss des Soffin die eigentlichen Entscheidungen über Wohl und Wehe großer Banken treffen – und das bei einem Fonds, dessen Umfang größer ist als der Bundeshaushalt und dessen Aktivitäten die Börsenmärkte massiv beeinflussen. Wer etwa unmittelbar vor der Rekapitalisierung der Commerzbank im Januar 2009 Allianz-Aktien gekauft hätte, wäre am Tag darauf ein gutes Stück reicher gewesen. Der Börsenkurs des Versicherungskonzerns zog infolge der Stützungsaktion sofort an – weil damit gesichert war, dass die Commerzbank die notleidende Dresdner Bank von der Allianz würde übernehmen können.

Für die Regierungsbeamten im Soffin-Lenkungsausschuss ist laut Finanzministerium immerhin »geregelt, dass ein Mitglied des Ausschusses an der Beratung und Beschlussfassung nicht mitwirken darf, wenn die Entscheidung ihm selbst, seinem Ehegatten, seinen Verwandten oder Verschwägerten« einen »Vor- oder Nachteil bringen kann«.

Für die Mitglieder des Leitungsausschusses enthalten die Anstellungsverträge Regelungen zur Vermeidung etwaiger Interessenkonflikte. Doch darüber hinaus sieht das Finanzministerium nach eigenen Angaben »keine Notwendigkeit, die Mitglieder des Lenkungs- und des Leitungsausschusses gesondert zur Offenlegung etwaiger eigener Aktienanteile an antragstellenden Instituten zu verpflichten«.

Gewiss, es gab zumindest bis März 2009 keinen Hinweis auf Unregelmäßigkeiten im Zusammenhang mit dem Soffin. Trotzdem kann die Selbstverständlichkeit überraschen, mit der in Berlin davon ausgegangen wird, dass deutsche Regierungsbedienstete sich stets korrekt verhalten werden.

In Deutschland regiert das Gesetz der Geheimhaltung sogar die Parteienfinanzierung. Erst ab einem Betrag von 10000 Euro pro Jahr müssen Spenden von Privatpersonen und Firmen bei uns offengelegt werden, und selbst das geschieht mit zwei Jahren Verspätung und versteckt in einer Drucksache des Bundestages. »Warum nicht die gesamte Liste ins Internet stellen?«, fragte schon im November 2006 der Speyerer Staatsrechtler Hans Herbert von Arnim zu Recht.

In den USA sind Spenden bereits ab einer Höhe von 200 Dollar publik zu machen. Dass dies das amerikanische Big Business nicht von Versuchen abhält, Präsidenten und Abgeordnete mit Großspenden gewogen zu stimmen, versteht sich von selbst. Aber sicher ist auch, dass mehr Transparenz solche Einflussnahmen zumindest erschwert. Die deutsche Regelung dagegen erleichtert verdeckte Manöver.

Der Fürst ist tot, der Absolutismus lebt

Transparenzverpflichtungen wie in Schweden oder den USA spiegeln ein Verständnis vom Staat als Organ der Bürger wider. In Deutschland dagegen agieren viele Behörden immer noch so, als stünden sie in der Tradition des Absolutismus. Als im 18. und 19. Jahrhundert in Europa die Vorläufer der heutigen Staatsapparate entstanden, waren diese ja in der Tat die Instrumente der allein regierenden Fürsten, mit deren Hilfe sie ihr störrisches Volk kontrollierten.

Heute ist in demokratischen Systemen das Volk der Souverän. Die Fürsten sind tot, doch das Erbe des Absolutismus lebt weiter. Bis heute gebärden sich Behörden oft in einer Weise, als seien sie es, die die Rolle des Alleinherrschers eingenommen hätten. Selbst gewählte Abgeordnete behandelt die deutsche Ministerialbürokratie immer wieder wie Bittsteller.

Eindrücklich ist die Erfahrung, die die Abgeordnete Gesine Lötzsch (Linkspartei) im August 2007 machte. Sie hatte die Bundesministerien gebeten, ihr die Namen der Firmen mitzuteilen, bei denen Ministerialbeamte genehmigte Nebentätigkeiten absolviert hatten. Mit einer Ausnahme weigerten sich alle Bundesministerien, ihrem Wunsch nachzukommen. Derartige Nebenjobs von Behördenbediensteten gelten als ein typisches Einfallstor der Korruption. Transparenz wäre dringend geboten.

Das einzige Ressort, das diesem Gedanken folgte, war das Bundesverteidigungsministerium. Es scherte aus und nannte die Namen. Die anderen Ressorts zogen die Zugbrücken hoch. Die Veröffentlichung der Informationen sei »datenschutzrechtlich nicht möglich«, hieß es zur Begründung, und dies, obwohl Lötzsch keineswegs Informationen über einzelne namentlich genannte Beamte gefordert hatte. Dennoch, so die Abfuhr der Bundesregierung, wären »im Einzelfall Rückschlüsse auf bestimmte oder bestimmbare Beschäftigte nicht ausgeschlossen«.

Mit diesem Argument könnte freilich die Herausgabe fast jeder Information blockiert werden. Selbst der Bundesbeauftragte für den Datenschutz und die Informationsfreiheit fand das Njet der Behörden »nicht nachvollziehbar«. Der Bundesbeauftragte drohte den Ministerien sogar ausdrückliche öffentliche Rügen an. Die Behörden beeindruckte das offenbar wenig.

Trotz allen Belegen des Gegenteils grassiert in Berlin sogar der Glaube, die deutsche Politik sei ungewöhnlich transparent. »Es gibt überhaupt nichts in Berlin, was geheim ist«, behauptete der CDU-Parlamentarier Laurenz Meyer im April 2008. »Intransparent ist hier so gut wie nichts, besonders wenn es um Parlamentarier geht.« Tatsächlich hat der Bundestag dafür gesorgt, dass Informationen über die Arbeit der Abgeordneten vom Zugangsrecht nach dem Informationsfreiheitsgesetz ausdrücklich ausgenommen sind.

Die Berliner Geheimhaltungsmanie hat längst auch die laut Parteiprogramm transparenzfreundlichen Grünen ergriffen. Der einstige Umweltminister Jürgen Trittin verweigerte zeitweilig selbst dem Umweltausschuss des Bundestags eine Liste der Auftragnehmer des ihm unterstehenden Bundesamtes für Strahlenschutz (BfS). »Auf die Nennung der Auftragnehmer wurde aus Gründen des Datenschutzes verzichtet«, schrieb seine parlamentarische Staatssekretärin Simone Probst am 25. April 2005 dem FDP-Abgeordneten Jürgen Koppelin, der nach den vom BfS seit 2001 vergebenen Forschungsarbeiten und Gutachteraufträgen gefragt hatte. Es ging um immerhin 361 Kontrakte im Gesamtwert von 30 Millionen Euro, einzelne davon in einer Höhe von bis zu 4,8 Millionen.

Das Datenschutzargument war rechtlich offenkundiger Nonsens. Nur Einzelpersonen können sich auf den Datenschutz berufen, nicht aber Firmen und Organisationen. Um solche ging es aber auf Trittins Liste. Trotzdem reichte das Umweltministerium erst nach einigen Wochen und Protesten der Abgeordneten die Namen nach. Selbstverständlich war die Liste damit noch nicht für die Öffentlichkeit bestimmt, sondern nur für die Abgeordneten und ihre nichtöffentliche Ausschussarbeit.

Das Informationsfreiheitsgesetz, das im Januar 2006 in Kraft getreten ist, hat diese Berliner Behördenblockaden ein wenig gelockert. Aufgelöst aber hat es sie nicht. Wegen des Widerstands weiter Teile der Berliner Ministerialbürokratie besteht das Gesetz in erheblichem Umfang aus Bestimmungen darüber, was nicht öffentlich werden darf. Es sei deshalb »nur eingeschränkt tauglich«, urteilte ein Mitarbeiter des IFG-Beauftragten Schaar, Diethelm Gerhold, im Juni 2007 auf einer Konferenz der Journalistenvereinigung »Netzwerk Recherche«.

Selbst die zahlreichen Ausnahmebestimmungen, die das Einsichtsge-

setz bereits enthält, scheinen den Bundesministerien oft nicht auszu-
reichen. Sie erfinden, so Peter Schaar, neue Schlupflöcher, die nirgends
im Gesetz stehen. Schaar spricht ironisch von »kreativer Rechtsfort-
bildung«.

So bedienen sich Bundesbehörden gern des Arguments, die Beant-
wortung einer Anfrage verursache einen übermäßigen Verwaltungsaufwand. Doch diesen Verweigerungsgrund sieht das Gesetz überhaupt
nicht vor.

Wer sich als deutscher Bürger auf sein Informationsrecht beruft, bedarf großer Beharrlichkeit. Es gleicht oft einem Hürdenlauf, die für
IFG-Anfragen zuständige Stelle in den Ministerien ausfindig zu machen. Während in den USA Hinweise zur Informationsfreiheit promi-
nent auf den Websites der Washingtoner Behörden prangen, ist auf
den Homepages deutscher Ministerien in aller Regel nichts Vergleich-
bares zu finden. Das Auswärtige Amt hat für IFG-Interessierte immerhin eine Telefonnummer angegeben. Doch dort klingelt es manchmal
tagelang ins Leere.

Statt die spärlichen Informationsrechte auszuweiten, wollen einige
Politiker sogar die Finanzmarktkrise nutzen, um die Kontrollmöglich-
keiten für Bürger und Bundestag einzuschränken. Im Dezember 2008
forderte der Bundesrat auf Antrag der CSU/FDP-Regierung des
Landes Bayern, die Banken- und Finanzaufsicht generell von der Informationsfreiheit auszunehmen. Auch Unterlagen der neuen Bankenrettungsbehörde Soffin in Frankfurt sollten so vor dem Zugriff der
Bürger bewahrt werden. Tatsächlich sei der vom Bundesrat angeführte
»Schutz von Betriebs- und Geschäftsgeheimnissen« im geltenden Gesetz »ohnehin im Übermaß gesichert«, kritisierte darauf die Deutsche
Gesellschaft für Informationsfreiheit. Ihren Vertretern drängte sich
»der Eindruck auf, dass die bayerische Landesregierung mit diesem
Gesetzentwurf die Rettung ihrer Not leidenden Landesbank verschleiern will«.

Der Soffin in Frankfurt vergibt seit Oktober 2008 Finanzspritzen
von fast einer halben Billion Euro – finanziert von den Steuerzahlern.
Aber er arbeitet unter Geheimhaltungsbedingungen, die eines Nach-
richtendienstes würdig sind. Regelmäßig richtete der Grünen-Abgeordnete Hans-Christian Ströbele Anfragen an die Bundesregierung, in
denen er Näheres über vergebene Garantien und Kapitalzufuhren er-

fahren wollte. Ebenso regelmäßig bekam er vom Finanzministerium eine Abfuhr. Zu »konkreten Stabilisierungsfällen« dürfe die Regierung »allein« einem neu geschaffenen Kontrollgremium des Bundestages Auskünfte geben, dozierte die parlamentarische Staatssekretärin Nicolette Kressl (SPD).

Anfangs hatte Finanzminister Steinbrück nicht einmal dieses Kontrollgremium vorgesehen. Weil das selbst einigen CDU-Finanzpolitikern zu weit ging, setzte der Bundestag eine Gesetzesänderung durch. Nun tagt regelmäßig am Freitag früh ein Ausschuss mit neun Parlamentariern – geheim. Wichtige Dokumente dürfen die Abgeordneten lediglich im Geheimschutzraum des Bundestages einsehen, aber nicht mitnehmen. Das Prozedere orientiert sich an den Regeln des Parlamentarischen Kontrollgremiums (PKG) für die deutschen Nachrichtendienste. Laut Gesetz muss die Regierung den Ausschuss zwar »unverzüglich« über alles »von wesentlicher Bedeutung« informieren. Über die Details der milliardenteuren Teilverstaatlichung der Commerzbank Anfang 2009 etwa wurden die Abgeordneten jedoch erst mit zwei Wochen Verspätung informiert. Selbst Unionsabgeordnete beschweren sich hinter vorgehaltener Hand über die »katastrophale Informationspolitik« von Minister Steinbrück. »Das Gremium ist aus Sicht des Finanzministeriums eher lästig«, ärgert sich der FDP-Abgeordnete Florian Toncar.

»Das wichtigste Recht des Bundestages ist das Haushaltsrecht«, sagt sein Grünen-Kollege Ströbele. Doch hier werde der Bundestag »überflüssig gemacht«. Die vom Finanzministerium aufgerichteten Informationsblockaden überzeugen auch Juristen nicht. »Dass es mit der Einrichtung des parlamentarischen Kontrollgremiums für den Soffin keine Informationsrechte des restlichen Bundestages mehr gibt, ist richtig falsch«, sagt der Juraprofessor Bernhard Wegener von der Universität Erlangen. »Es ist problematisch, dass der Bundestag das mit sich machen lässt«, glaubt der Jurist. Immerhin sei »in kleinen, nichtöffentlichen Gremien« für Wirtschaftsvertreter sehr viel einfacher, das zu bekommen, »was sie wollen«.

Als die Chefs der drei großen US-Autokonzerne General Motors, Ford und Chrysler im Herbst 2008 Subventionen in Höhe von 34 Milliarden Dollar verlangten, mussten sie demütigende Anhörungen in beiden Kammern des Kongresses über sich ergehen lassen. In Deutschland führen die Bankenbosse ihre Verhandlungen mit den Vertretern der Regierung und hinter verschlossenen Türen.

Sei es der Datenschutz, sei es ein unzumutbarer Verwaltungsaufwand – was immer die Behörden anführen, um den Zugang zu ihren Akten zu verwehren, es hat oft den Geruch des vorgeschobenen Arguments. Worum es in Wahrheit geht, hat der große deutsche Soziologe Max Weber schon Anfang des 20. Jahrhunderts beschrieben: Es geht um Macht. Geheimhaltung, so Weber, sei »letztlich lediglich ein Mittel, die Verwaltung gegen Kontrolle zu sichern«. Stets verberge sie »ihr Wissen und Tun vor der Kritik, so gut sie irgend kann«, erkannte der Soziologe. Der Begriff des Amtsgeheimnisses sei ihre »spezifische Erfindung«, und nichts werde von ihr »mit solchem Fanatismus verteidigt« wie diese oft »rein sachlich nicht motivierbare Attitüde«.

Geld ausgeben, ganz im Geheimen

Es wird kein Zufall sein, dass einige in der Berliner Ministerialbürokratie die Akteneinsicht gerade dann am liebsten ganz suspendieren würden, wenn es um ein Thema geht, bei dem die Informationsfreiheit eigentlich besonders wichtig wäre: die Verfahren, mit denen die Bundesbehörden Aufträge an private Firmen vergeben.

Egal, ob es Milliarden kostende Rüstungsprojekte wie den Eurofighter betrifft, millionenschwere Werbeetats der Bundesregierung oder lukrative Bauvorhaben – meist erfahren die Bürger in Deutschland nur sehr wenig darüber, wie Politiker und Beamte mit dem Geld der Steuerzahler private Firmen beglücken, egal ob sie EADS heißen, Scholz & Friends oder Siemens.

Ginge es nach zwei führenden IFG-Experten der Berliner Ministerialbürokratie, dann müsste bei diesen Verfahren aufgrund der geltenden Bestimmungen der »Aktenzugang nach dem Informationsfreiheitsgesetz regelmäßig … ausscheiden«. Das postulieren Serge-Daniel Jastrow und Arne Schlatmann, zwei Bedienstete des Innenministeriums, in ihrem Kommentarwerk zu dem Gesetz.

Hätten sie recht, wäre das deutsche Informationsfreiheitsgesetz als Instrument der Korruptionsprävention praktisch wertlos. Denn die öffentliche Auftragsvergabe ist eine der klassischen Risikozonen für Betrug und Bestechung. Wenn einzelne Beamte über hohe Budgets entscheiden können, ist der Anreiz für private Firmen groß, sich diese Schlüsselpersonen gewogen zu stimmen.

In Finnland haben die Bürger darum das Recht, nachzuvollziehen, was bei der Vergabe von Aufträgen mit ihren Steuergeldern passiert. Ist erst einmal der Zuschlag an eine Firma erteilt, darf jeder Interessierte die Angebote aller Anbieter einsehen. So hat die Öffentlichkeit die Option, zu beurteilen, ob das Verfahren fair war.

Auch die OECD rief im Oktober 2008 ihre Mitgliedsstaaten auf, wichtige mit Privatfirmen geschlossene Verträge publik zu machen, »um eine bessere Kontrolle durch Medien und Zivilgesellschaft zu ermöglichen«. Doch wenn Verwaltungen in Deutschland öffentliche Gelder vergeben, geschieht das bis heute weitgehend im Verborgenen. Das gilt oft ebenso für den Verfahrensverlauf wie für die abgeschlossenen Verträge. Sogar den Auftragswert behandeln manche Behörden als vertrauliche Information.

Schon 2001 kritisierte Transparency International die Geheimhaltung, die hierzulande den Vergabeprozess umgibt: »Das erlaubt es Beamten mit kriminellen Absichten, die Evaluation und damit die Vergabeentscheidung zu manipulieren.«

Wenn die Behörden Informationen über solche Vergabeakte verweigern, geht es ihnen nach offizieller Darstellung aber keineswegs darum, korrupte Beamte zu decken. Das Argument ist ein anderes: Es gelte, Betriebs- und Geschäftsgeheimnisse der beteiligten Firmen zu schützen. So verweigerte das von Ursula von der Leyen (CDU) geführte Familienministerium im Jahr 2008 die Bezifferung des Wertes zweier Aufträge an die PR-Firma Scholz & Friends. »Der Auftragswert wurde bei beiden Fällen nicht angegeben, da gerade beim Verhandlungsverfahren mit nur noch wenigen im Wettbewerb stehenden Bietern die Gefahr besteht, dass bei Veröffentlichung des Auftragswerts legitime geschäftliche Interessen berührt werden«, erläuterte von der Leyens Sprecherin.

Selbst wer unter Berufung auf das Informationsfreiheitsgesetz beim Kanzleramt die Kosten erfragt, zu denen die Behörde in den zurückliegenden Jahren ihre Dienstwagen beschafft hat, bekommt eine Abfuhr. Nach Ansicht des Kanzleramtes fallen diese Zahlen »unter das Betriebs- und Geschäftsgeheimnis der Zulieferer« Volkswagen, Audi und Mercedes.

Im Gesetz ist dieser Ausnahmefall in der Tat vorgesehen. Doch oft wird er von den Behörden als Begründung missbraucht. Unter Berufung auf das Geschäftsgeheimnis würden die Rechte der Bürger »übermäßig« eingeschränkt, klagten die Informationsfreiheitsbeauftragten von Bund und Ländern schon im Juni 2007 in einer gemeinsamen Entschließung. »Wer mit dem Staat Geschäftsbeziehungen eingeht, muss sich darüber im Klaren sein, dass staatliches Handeln besonderen Kontrollrechten unterliegt und damit nicht alle Vertragsinhalte geheim bleiben können.«

»Ginge es nach der Wertung der betroffenen Unternehmen, kann man sich nicht des Eindrucks erwehren, schon die Aussage, sie würden sich wirtschaftlich betätigen, sei ein Geschäftsgeheimnis«, spottete der Datenschützer Peter Schaar im April 2008.

Kann es sein, dass der Bürger zunächst die Aufträge mit seinen Steuermitteln finanziert, dann aber nicht erfahren soll, was mit dem Geld geschieht? Die Energie, mit der sich die Berliner Bürokratie gegen Einblicke in ihre Vergabeverfahren stemmt, sollte misstrauisch machen. Denn kaum irgendwo sonst können Politiker und Beamte Unternehmen auf so direktem Weg geldwerte Vorteile verschaffen. Und nirgendwo sonst geht es um so viel Geld. Im Jahr 2002 machte das sogenannte öffentliche Auftragswesen rund 17 Prozent des Bruttoinlandsprodukts aus. Das entspreche etwa 360 Milliarden Euro pro Jahr, hieß es im Mai 2007 in einem Gutachten des Wissenschaftlichen Beirats des Bundeswirtschaftsministeriums.

Wenn Privatfirmen Aufträge an Dritte vergeben, sorgt im Regelfall das wirtschaftliche Eigeninteresse des Auftraggebers dafür, dass möglichst kostengünstig eingekauft wird. Öffentlichen Verwaltungen fehlt ein derartiger Anreiz. Sie verfügen ja über das Geld der Steuerzahler. Damit dennoch auch Behörden möglichst kosteneffizient wirtschaften und allen Anbietern faire Chancen lassen, gelten für sie in der gesamten EU spezielle Vergaberegeln. Ab einem Schwellenwert von 211 000 Euro – beziehungsweise 137 000 Euro für Bundesministerien – pro Auftrag ist die offene europaweite Ausschreibung gesetzlich vorgeschrieben. Dies folgt aus geltendem EU-Recht, das seit 1999 gilt – auch in Deutschland.

Transparente Vergabeverfahren sind aus der Sicht von Korruptionsexperten ein zentrales Instrument zur Eindämmung von Mauschelei und Bestechung. So heißt es bereits im Juni 1998 in einer Richtlinie der Bundesregierung, »die vergaberechtlichen Vorschriften« seien auch zwecks Korruptionsprävention »strikt einzuhalten«. »Üblicherweise« solle darum schon ab einer Summe von 7500 bis 8000 Euro »der besonderen Bedeutung des Grundsatzes der öffentlichen Ausschreibung beziehungsweise des offenen Verfahrens Rechnung getragen« werden, jedenfalls »im Regelfall« – so die einigermaßen verquaste Formulierung im Korruptionsbericht des Bundesinnenministeriums vom Mai 2006.

Europaweit wurden im Jahr 2002 immerhin 16,2 Prozent aller öffentlichen Aufträge per Ausschreibung vergeben. In Deutschland galt das nur für 7,5 Prozent. Das war der niedrigste Wert in der damaligen EU mit ihren 15 Mitgliedsstaaten, vermerkt die bereits erwähnte Studie des Beirats des Wirtschaftsministeriums aus dem Jahr 2007.

Im Jahr 2007 vergaben allein das Verteidigungsministerium und dessen nachgeordnete Behörden 68 Aufträge von über fünf Millionen Euro im sogenannten Verhandlungsverfahren, dem EU-weiten Äquivalent zu einer freihändigen Vergabe. Mal ging es um Fahrzeuge, mal um Schiffe, mal um Waffen und Munition. So teilte es das Wirtschaftsministerium der Bundestagsabgeordneten Gesine Lötzsch mit.

Egal, was das Gesetz sagt: Bis heute bevorzugen deutsche Beamte und Politiker jeder Couleur die Auftragsvergabe nach Gutsherrenart.

E-Pass ohne Wettbewerb

Unter Innenminister Otto Schily (SPD) und seinem Nachfolger Wolfgang Schäuble (CDU) wurde sogar ein besonders exponiertes Multimillionenvorhaben vollkommen dem offenen Wettbewerb entzogen. Die Rede ist von dem neuen elektronischen Reisepass, der auf einem eingebauten Chip sogenannte biometrische Daten der Inhaber speichert – ein Prestigeprojekt der Regierung. Ende 2005 führte ihn die Regierung ein. Seit Ende 2007 speichern die Meldestellen auf dem Chip auch zwei Fingerabdrücke des Inhabers.

Als Hersteller der E-Pässe wählte die Bundesregierung die Bundesdruckerei, also den Betrieb, der traditionell die deutschen Geldscheine und Ausweise herstellt. Der Name führt in die Irre, denn entgegen dem Anschein ist die Bundesdruckerei keine Behörde. Seit Ende 2000 gehört sie privaten Investoren. Kurz zuvor, am 9. Oktober 2000, schloss das Innenministerium einen Rahmenvertrag mit der zu diesem Zeitpunkt noch staatseigenen Druckerei ab – zwecks künftiger Ausweisproduktion. Auf der Basis des Rahmenvertrags druckte das privatisierte Unternehmen nun die Pässe und vergab Unteraufträge. Auch das geschah ohne Ausschreibung.

Heiß begehrt war zum Beispiel der Millionenauftrag für die Lesegeräte, die die deutschen Meldeämter brauchen, um die Fingerabdrücke für den E-Pass zu erfassen. Für insgesamt zehn Millionen Euro wollte die Bundesdruckerei mehrere tausend Scanner anschaffen.

Eine vorläufige interne »Entscheidungsvorlage« der Bundesdruckerei empfahl dafür im August 2006 die Geräte des US-geführten Jenaer Herstellers Cross Match als offenkundig »am geeignetsten«. Die Scanner von Cross Match erfüllten die strengen Anforderungen der amerikanischen Polizeibehörde FBI. Und sie hätten ihre Tauglichkeit an 10 000 Erfassungsstellen bei den jüngsten Wahlen im Kongo bewiesen, hieß es in der Vorlage.

Doch auch ein zweiter Anbieter wollte gern zum Zug kommen: die kleine Hamburger Firma Dermalog. Freilich konnte sie im August 2006 laut Bundesdruckereivorlage keine Serienmodelle anbieten und schien somit keine Chance zu haben, den Auftrag zu erhalten. Doch dann entschieden Regierung und Druckerei, die Einführung der Fingerabdruckspeicherung zu verschieben. Begründung: Die EU-Kommission habe die technischen Spezifikationen nicht rechtzeitig geliefert.

Am Ende beschaffte die Bundesdruckerei 14 000 der insgesamt 19 000 Scanner bei Dermalog in Hamburg, nicht bei der Konkurrenz aus Thüringen. Die bekam nur den kleineren Rest des Auftrags.

Bis dahin hatte sich die von dem Humanbiologen Günther Mull geführte Hamburger GmbH eher wegen ihrer Software zur Fingerabdruckerkennung einen Namen gemacht. Dank ihrer hatte Mull bereits die Sicherheitsbehörden in Brasilien, Brunei und Indonesien ausgerüstet. Mull lieferte auch – mit deutscher Genehmigung – an die Sicherheitsbehörden des Mullahregimes im Iran.

Wollten ihm nun die deutschen Behörden ein Referenzprojekt in Deutschland verschaffen? Die Bundesdruckerei äußerte sich nicht zu ihren Vergabeentscheidungen. Doch die Dermalog GmbH versuchte in der Tat, mit ihrer heimischen Produktion zu punkten. Und sie bot ein Modell an, das »als weltweit erster optischer Fingerabdruck-Scanner« eine »Lebenderkennung« möglich mache. Das solle helfen, echte Finger von künstlichen zu unterscheiden.

Tatsächlich warben aber zur gleichen Zeit auch andere Hersteller damit, die Lebenderkennung im Programm zu haben – zum Beispiel die Firma Futronic in Hongkong. Die Chinesen hatten dafür eine einfache Erklärung: Dermalog sei einer ihrer Abnehmer. Mull beharrte trotzdem darauf, seine Produkte seien made in Germany: »Die liefern uns einige Komponenten. Aber die Fertigung ist hier in Hamburg.«

Weder das Innenministerium noch die Bundesdruckerei haben den Zuschlag für das Unternehmen je öffentlich begründet. Bereits im Juni 2006 fragte die FDP-Innenexpertin Gisela Piltz die Bundesregierung, warum der Auftrag für die Fingerscanner nicht europaweit ausgeschrieben worden sei. Das sei gar nicht nötig, wehrte die Regierung ab. Die Beschaffung werde im Rahmen der E-Pass-Produktion »eigenverantwortlich« von der Bundesdruckerei organisiert – und die unterliege »als privates Wirtschaftsunternehmen« nicht den strengen Regeln des Ausschreibungsrechts. Das klang ganz so, als habe die Bundesdruckerei den E-Pass nicht im Auftrag der Regierung eingeführt. Agieren aber Privatfirmen im Staatsauftrag, gilt auch für sie das öffentliche Vergaberecht.

Zumal das Innenministerium etwas später einräumte, dass keineswegs die Bundesdruckerei allein entscheide. Man habe sich »die Zustimmung zu einem von der Bundesdruckerei vorzuschlagenden Fingerabdruckscanner vorbehalten«, sagte eine Ministeriumssprecherin. Was bedeutet: Die Regierung entscheidet doch – aber eben ohne Ausschreibung.

»Das ist ein sehr merkwürdiges Verfahren«, fand die FDP-Politikerin Piltz. Auch der Mainzer Professor und Vergaberechtsexperte Meinrad Dreher hatte Zweifel an dem gewählten Verfahren. Wenn nirgends in der Kette der Vergabeentscheidungen für das Millionenprojekt E-Pass ordnungsgemäß ausgeschrieben worden sei, so Dreher, rieche es »nach einer Umgehung des Vergaberechts«.

Alarmiert beantragte im Dezember 2005 der SPD-Abgeordnete Johannes Jung beim Innenministerium Einsicht in den Rahmenvertrag zwischen Bundesregierung und Bundesdruckerei. Den Parlamentarier trieb der Argwohn, dass »eventuell preisgünstige Anbieter« bei der Beschaffung von Lesegeräten, Fingerprintscannern, Livescannern und Software nicht berücksichtigt worden waren. Der Rahmenvertrag, so sein Verdacht, sei unrechtmäßig. Die »völlig überhöhten Kosten für die Passerstellung« müssten ja am Ende die Bürger tragen, argumentierte der Sozialdemokrat. Seit Einführung der technisch aufwendigen Fingerabdruckspeicherung stieg die Passgebühr in der Tat von 26 auf 59 Euro – pro Stück.

Doch das Innenministerium lehnte Jungs Antrag auf Akteneinsicht ab. Der Abgeordnete dürfe den Vertrag zwar lesen, aber nur in der Geheimschutzstelle des Bundestages und ohne die dabei gewonnenen Erkenntnisse verwerten zu können. Die wenig überraschende Begründung für die Informationsblockade: Es handle sich um Betriebs- und Geschäftsgeheimnisse der Bundesdruckerei. Selbst »bei einer auszugsweisen Veröffentlichung« bestehe die »Gefahr, dass sinnentstellte Passagen in die Öffentlichkeit gelangten«, die im für die Bundesdruckerei »relevanten Markt zu falschen Rückschlüssen oder weiteren Spekulationen über die Geschäftstätigkeit« der Druckerei führen könnten – so zitiert das Berliner Verwaltungsgericht im September 2008 aus dem Bescheid des Innenministeriums. Jung hatte inzwischen Klage eingereicht, um seinen Informationsanspruch durchzusetzen, bis Ende 2008 ohne durchschlagenden Erfolg.

Ein Regierungsabgeordneter verklagt die Regierung, weil diese ihm essenzielle Informationen vorenthält – der Fall zeigt, wie hoch die Mauern sind, mit denen die Bundesregierung ihre geschäftlichen Entscheidungen vor neugierigen Blicken schützt.

Aufträge für die Tanzpartnerin

Der Verdacht, dass die Ministerialbürokratie bei ihren Vergabeentscheidungen etwas zu verbergen hat, liegt auf der Hand. So auch in einem Fall, der Ende 2001 als »Tanzpartneraffäre« Schlagzeilen machte. Unter dem damaligen Arbeitsminister Walter Riester (SPD) und mit dessen Billigung hatte einer seiner Referatsleiter einen Auftrag über stattliche 19,2 Millionen Euro ohne Ausschreibung an die Firma efp der Bonner Unternehmerin Sibylle Honnef vergeben. Er bestand darin, ein von der EU gefördertes Arbeitsmarktprogramm namens Equal zu verwalten. Das war keine kleine Aufgabe. Über Equal waren bis Ende 2008 insgesamt 514,5 Millionen Euro an EU-Mitteln zu vergeben – und zwar an Projekte, mit denen Benachteiligten geholfen werden sollte, eine bezahlte Arbeit zu finden.

Der für das EU-Programm zuständige Referatsleiter war Kurt Brüss, ein Christdemokrat, der von 1983 bis 1986 dem damaligen Landwirtschaftsminister Ignaz Kiechle (CSU) als persönlicher Referent gedient hatte. Er verstand sich mit der Unternehmerin Honnef sehr gut. So gut, dass man sie beide, wie Fotos zeigen, fröhlich miteinander tanzen sah.

Dieser Tanz war Teil einer offiziellen Veranstaltung. Nach Brüss' eigenen Angaben war die Beziehung eine rein dienstliche. Trotzdem schien offenkundig, dass der Beamte der Unternehmerin weitaus mehr Sympathie entgegenbrachte als den beiden anderen Bewerbern für den Equal-Auftrag – der Berliner Firma BBJ und der Bundesanstalt für Arbeit. Auch die »Frauenförderung« spreche für die Vergabe an efp, heißt es in einem von Brüss' Vermerken.

Bereits im März 1999 hatte der Ministeriale dafür gesorgt, dass die Unternehmerin ihn als »technische Beraterin« zu Sitzungen eines Brüsseler EU-Gremiums begleiten durfte, das für das Thema »Europäischer Sozialausschuss« verantwortlich war. Später schickte er an efp »per e-mail sein eigenes Login und sein Passwort für eine Dokumentendatenbank der Europäischen Kommission« und erlaubte Honnef die Benutzung – so vermerkt es im Mai 2002 ein Prüfbericht des Bundesrechnungshofes. Noch bevor irgendeine Ausschreibung für den Hauptauftrag stattgefunden hatte, befand sich die Unternehmerin damit in der *pole position*.

Natürlich lag der Auftragswert, um den es nun ging, weit über dem Schwellenwert von damals 130.000 Euro, von dem an Bundesministerien zu einer offenen Ausschreibung verpflichtet waren. Darum schrieb das Arbeitsministerium den 19-Millionen-Auftrag auch in der Tat aus, wenn auch nur in einem sogenannten nichtoffenen Verfahren. Im August 2000 entschied das Ministerium, das knapp teuerste Angebot anzunehmen – das von Honnefs Firma.

Der Mitbewerber BBJ ging vor Gericht, und dieses annullierte das Ausschreibungsergebnis. Öffentlich versprach das Arbeitsministerium nun, »alsbald« neu auszuschreiben. Intern dagegen strebte Brüss »offenbar ausschließlich« – so später ein Prüfbericht des Arbeitsministeriums vom Januar 2002 – eine Lösung an, die es ermöglichen sollte, efp doch noch zum Zug kommen zu lassen, ohne Ausschreibung. Das Unternehmen sollte mit dem Auftrag »beliehen« werden und damit – ähnlich dem TÜV bei der Kfz-Kontrolle – quasi Teil des Staatsapparates werden. Dafür, so versicherte dem Ministerium sogar der als Vergabeexperte geltende Bonner Anwalt Arnold Boesen, brauche man nicht unbedingt eine Ausschreibung.

Doch schon am 28. Februar 2001 mahnte die EU-Kommission Brüss schriftlich, dass die Verträge im Wettbewerb vergeben werden müssten. Alles andere führe »zur Nichtigkeit des Zuschlages«. Der Beamte zeichnete das Schreiben ab, unterließ es jedoch, seine Vorgesetzten zu informieren.

Mit Billigung von Minister Riester bekam Honnef in der Tat den Equal-Auftrag, und ihr wurde zusätzlich die Betreuung zweier weiterer EU-Programme zugesprochen – alles zusammen mit einem Gesamtwert von 33 Millionen Euro. Und alles ohne Ausschreibung.

Doch der als EU-Fachmann firmierende Brüss hatte die Rechnung ohne die EU-Kommission gemacht. Schon im Juli 2001 drohte sie dem Arbeitsministerium mit einem sogenannten Vertragsverletzungsverfahren. Das beginnt die EU-Exekutive immer dann, wenn sie den Verdacht hat, dass europäisches Recht gebrochen wurde.

Im Herbst 2001 erkundigt sich der *stern* im Arbeitsministerium, wie sich die Vergabeentscheidungen mit geltendem EU-Vergaberecht vereinbaren ließen. Noch sind sich Riesters Beamte keiner Schuld bewusst. Nach deutschem Recht sei das alles möglich, wird geantwortet – als ob nationales Recht EU-Recht widersprechen dürfte. Erst zwei Zeitungsartikel und ein erneuter Mahnbrief aus Brüssel veranlassen Riester zum Handeln. Am 30. November 2001 setzt er eine vierköpfige Prüfgruppe ein und entdeckt bald darauf, dass er auf »Grundlage einer unvollständigen und fehlerhaften Vorlage der Fachabteilung« den Zuschlag an die Honnef-Firma erteilt hat.

Riesters Mitarbeiter müssen nun auch einräumen, dass sie Bundestag und Presse falsch informiert hatten. Das Ministerium hatte behauptet, es sei die EU-Kommission gewesen, die die Unternehmerin Honnef in die Brüsseler Arbeitsgruppe »bestellt« habe. Tatsächlich aber hatte Brüss diese Bestellung initiiert.

Riester räumt die Fehler im letzten Augenblick ein. Die Kommission hatte bereits den 13. Dezember 2001 als Sitzungstermin fixiert, auf dem sie das förmliche Vertragsverletzungsverfahren gegen Deutschland einleiten wollte. Das gesamte 514,5-Millionen-Programm wäre gefährdet gewesen.

Die Opposition geht auf die Barrikaden. »Im Hause Riester stinkt es nach Korruption«, wettert der FDP-Bundestagsabgeordnete Dirk Niebel. Er und der CDU-Haushaltsexperte Hans-Joachim Fuchtel drängen auf Aufklärung. Liberale und Union fordern sogar den Rücktritt des Ministers und drohen mit einem Untersuchungsausschuss. Darauf schlägt das Arbeitsministerium zurück. Es macht publik, dass die Aufträge zum Management ähnlicher EU-Programme schon in den neunziger Jahren unter CDU-Minister Norbert Blüm so gut wie nie per Ausschreibung vergeben wurden.

Unter dem CDU-Arbeitsminister waren seit 1990 fast alle Verträge über das Management von EU-Beschäftigungsprogrammen »freihändig« geschlossen worden, viele davon an Honnef, bestätigten Prüfer des Bundesrechnungshofes im Mai 2002. Das Ministerium konnte für die neunziger Jahre nicht einmal Unterlagen vorlegen, »in denen die Entscheidungen über die Art der Vergabe dokumentiert waren« – und in denen etwa begründet worden wäre, warum man auf ein faires und offenes Verfahren verzichtet hatte.

Die Rechtslage habe damals zwar den Verzicht auf Ausschreibungen teilweise erlaubt, fügten die Prüfer hinzu. Es sei aber »wahrscheinlich«, dass die Aufträge schon damals »wettbewerbswidrig vergeben« wurden.

Im März 2002 erklärte das Oberlandesgericht Düsseldorf die 2001 von Brüss mit Honnef geschlossenen Verträge rundheraus für nichtig. Das Bundesarbeitsministerium, so das Gericht, habe »das Vergaberecht überhaupt nicht beachtet«.

Das Arbeitsministerium habe mit efp vertragliche Vereinbarungen getroffen, die »einseitig die Interessen des Unternehmens« berücksichtigten und »gegen haushaltsrechtliche Grundsätze verstießen«, rügte der Rechnungshof. So seien »dem Unternehmen alle Ausgaben für die Implementierung eines rechnergestützten Verwaltungssystems und die Entwicklung einer entsprechenden Software erstattet« worden. Trotzdem blieben »alle Nutzungs- und Verwertungsrechte ›vollumfänglich‹ bei dem Unternehmen«.

Ein vom Ministerium beauftragter Rechtsanwalt hatte in ersten Vertragsentwürfen noch vorgeschlagen, »sämtliche Nutzungsrechte« für die Behörde zu sichern. Sein Rat wurde nicht erhört – mit peinlichen Folgen. Anfang 2002 kündigte das Arbeitsministerium die Verträge mit efp. Prompt verweigerte das Unternehmen dem Ministerium den Zugriff auf das EDV-System. Riesters Beamte mussten im Januar 2002 Bettelbriefe nach Österreich und Frankreich schicken und um Überlassung der dort entwickelten Equal-Software bitten.

Der Rechnungshof entdeckte ein erstaunliches Chaos bei der Aktenführung im Arbeitsministerium. »So war ein Großteil der vorgefundenen Vorgänge und Akten bereits in sich ungeordnet. Ordner waren entweder überhaupt nicht beschriftet oder Beschriftungen eher irreführend«, heißt es in dem Prüfbericht. Die zahlreichen Schreiben der EU-Kommission an das Brüss-Referat waren ganz verschwunden. Die Prüfer schrieben, sie hätten diese Unterlagen zwar mit Hilfe der Kommission »rekonstruiert«, die Originale aber »nicht finden« können.

Minister Riester überstand die Affäre, doch er musste seinen Stuhl nach der Bundestagswahl Ende 2002 räumen. Aber was geschah mit dem verantwortlichen Beamten? Riester ließ gegen Brüss ein Disziplinarverfahren eröffnen, wegen »eines schwerwiegenden Dienstvergehens« und der Verletzung der »Pflicht«, unparteiisch und gerecht zu arbeiten.

Gut ein Jahr später, im April 2003, stoppt das Düsseldorfer Verwaltungsgericht das Verfahren und entlastet den Beamten. »Die Disziplinarkammer hat keinen Zweifel daran, dass der Beklagte stets in bester Absicht gehandelt hat«, verkündet das Gericht. Ein »offensichtlicher Missgriff« sei ihm nicht nachzuweisen. In der Vergangenheit sei seine Vorgehensweise bei der Vergabe von Aufträgen ja »niemals beanstandet« worden, argumentieren die Richter. Noch im Januar 2002 habe sogar das Arbeitsministerium selbst die »Rechtmäßigkeit« der Aufträge an Honnef verteidigt.

Ähnlich hatte Brüss argumentiert. Stets habe er nur so gehandelt, wie das von ihm erwartet worden sei. Die nun plötzlich von ihm verlangte größere Sorgfalt bei Vergaben stehe »im Widerspruch zur langjährigen, von seinem Vorgesetzten erwarteten Praxis bei der Aufgabenerledigung«.

Das Ministerium akzeptiert die Entscheidung und geht nicht in die

Berufung. Schon vorher hatte man in Berlin entschieden, Brüss nun doch nicht zum Regierungsdirektor zurückstufen zu lassen, wie es ursprünglich geplant war. Dass die Behörde das Verhalten des Mannes inzwischen »in einem ›milderen Licht‹ zu sehen« scheine, so das Gericht, habe zu der entlastenden Entscheidung der Kammer beigetragen.

Sein Verhalten war offenbar keine Ausnahme, sondern die Regel. Seine Ministerialkollegen hatten ihn gewähren lassen, obwohl sie gewusst haben müssten, dass sein Vorgehen problematisch war. Nicht einmal das sogenannte Zuwendungsrechtsreferat in der Zentralabteilung des Arbeitsministeriums habe die mit der Vergabe an efp »verbundenen Probleme« erkannt, »obwohl es sich hierbei um grundsätzliche Fragen des Vergaberechts handelte«, notierte der Rechnungshof.

Das Vieraugenprinzip, das laut einer Richtlinie der Bundesregierung seit Juni 1998 »in korruptionsgefährdeten Arbeitsgebieten« angewendet werden sollte, kam nicht zum Tragen.

Auch das Wirtschafts- und das Finanzministerium hatten Brüss' Entscheidungen mitgetragen. Hinreichende Kenntnisse im Vergaberecht waren offenbar nirgends bei den beteiligten allerhöchsten Bundesbehörden vorhanden. Nirgends schrillten die Alarmglocken. Als ob es einen geheimen Konsens gebe – eine Art Grundrecht deutscher Beamter, Steuergelder nach Gutdünken zu vergeben.

Wenn die offene Umgehung des Vergaberechts selbst in Bundesministerien auf so wenig Widerstand stößt, liegt der Schluss nahe, dass die Tanzpartneraffäre kein Einzelfall war. Zur Affäre wurde das Geschehen nur, weil es ans Licht kam.

Im Fall »Equal« hatte ein Mitbewerber der Firma efp geklagt und damit auch Akteneinsicht erlangt. Das passiert selten, weil es Unternehmen oft vermeiden, sich mit juristischen Schritten weitere Feinde in den Behörden zu machen. Die Konkurrenzfirma hatte sich wegen »Equal« überdies an die EU-Kommission gewendet, die in diesem Fall über ein ansehnliches Sanktionspotenzial verfügte, weil ohne ihr grünes Licht die Millionen für das EU-Programm nicht geflossen wären.

Erst 1999 wurden in der Bundesrepublik Vergabekammern eingerichtet, bei denen sich seitdem unterlegene Bieter über aus ihrer Sicht unregelmäßige Ausschreibungsverfahren beschweren können. Aber »die Praxis der Vergabekammern hat gezeigt, dass vereinzelt öffentliche Auftraggeber die Anordnungen der Vergabekammern schlicht ignorieren«, räumte das Bundeswirtschaftsministerium im März 2008 ein.

Pfründe der Parteien

Die Gewohnheit deutscher Beamten und Politiker, Aufträge freihändig zu platzieren, wird so nur sehr langsam schwinden. In allen großen Parteien scheint der Glaube verbreitet, die Pfründe des Staates ließen sich nach Belieben für nahestehende Firmen benutzen.

So kam selbst der bis 2005 amtierende grüne Umweltminister Jürgen Trittin unter Beschuss des Bundesrechnungshofes, weil er mehrfach ohne Ausschreibung Aufträge an die Werbeagentur Zum Goldenen Hirschen (ZGH) vergeben hatte. Die war damals zufällig die Hausagentur der grünen Partei.

Laut Rechnungshofbericht vom 20. Juni 2005 hatte das Umweltministerium in sechs Fällen Aufträge an ZGH »freihändig« und »ohne Wettbewerb« vergeben. Damit habe »es die Grundsätze des Wettbewerbs, der Chancengleichheit und der Transparenz verletzt«.

Mal ging es um Anzeigen zum Dosenpfand, mal um Ministeriumswerbung anlässlich der Abschaltung des Atomkraftwerks Stade. Einen Auftrag über immerhin 86 000 Euro erteilten die Ministerialen gar nur mündlich. Regelmäßig begründete das Trittin-Ministerium diese Vorgehensweise mit einer angeblichen »Dringlichkeit«. Dabei war das Datum etwa der AKW-Abschaltung, so der Rechnungshof, sicher »so rechtzeitig bekannt«, dass ein offener Wettbewerb möglich gewesen wäre. Die Verfahrensweise der verantwortlichen Beamten im Ministerium, so das Resümee der Prüfer, habe »mit dem geltenden Vergaberecht nicht im Einklang« gestanden.

Inzwischen regiert Angela Merkel, und nun profitiert die Werbeagentur Scholz & Friends seit 2006 von lukrativen Aufträgen der CDU-geführten Ministerien für Bildung und für Familie, etwa von dem 2,3 Millionen schweren Zuschlag für eine Werbekampagne des Bildungsministeriums zum »Wissenschaftsjahr 2007«. Einer der Eigentümer von Scholz & Friends, Thomas Heilmann, ist CDU-Mitglied und diente Merkel zeitweise sogar als Internetbeauftragter. Gewiss, es gibt keine Belege, dass Heilmanns CDU-Nähe seiner Agentur zu den Aufträgen verhalf. Dem Vorwurf wird jedenfalls von allen Beteiligten widersprochen. Auch das SPD-geführte Verkehrsministerium vergab 2007 einen Etat an Scholz & Friends, der sich sogar auf zwölf Millionen Euro belief. Übrigens bekam die PR-Firma auch diesen Auftrag nicht per offener Ausschreibung, sondern ebenso wie die Verträge unter den CDU-Ministerinnen Ursula von der Leyen und Annette Schavan nach einem sogenannten Verhandlungsverfahren. Begründung: Man könne die »vertragliche Spezifikation« der Aufträge »nicht hinreichend genau festlegen«.

Folgt man der Kriminologin Britta Bannenberg, dann sind schon sogenannte beschränkte Ausschreibungen »die Einbruchstelle für Absprachen und Bestechung«. Gemessen an dem von vielen Bundesministerien so hoch geschätzten Verhandlungsverfahren sind beschränkte Ausschreibungen geradezu transparente Vorgänge.

Gewiss, auch während eines scheinbar ganz ordnungsgemäßen Ausschreibungsverfahrens können Behörden und Politiker tricksen. Der nordrhein-westfälische Korruptionsexperte Bernhard Kames stellte im September 2006 auf einer Fachtagung in Schloss Raesfeld eine provokante Liste der möglichen Manöver vor: »Manipulationsmöglichkeiten bei der Auftragsvergabe. Wie komme ich an meinen Wunschbieter?«, hieß sein Vortrag.

Leicht ließen sich zum Beispiel unerwünschte Bewerber ausschalten, indem man ihrem Vorschlag technische Mängel attestiere. Oder es würden »Leistungen ausgeschrieben, die gar nicht zur Ausführung kommen« sollen. Der Wunschanbieter wisse das und könne billiger anbieten.

Doch europaweite öffentliche Ausschreibungen sind aus Kames' Sicht sehr viel schwerer zu manipulieren als beschränkte nationale Verfahren. Bei Letzteren seien die »Möglichkeiten aus Sicht einer korrupten Vergabestelle am besten«. Hier könne man »gezielt ernsthafte Mitbewerber durch geschickte Bieterauswahl außen vor lassen«. Das gilt übrigens auch für das Verhandlungsverfahren, bei dem ebenfalls die Behörde entscheidet, welche Firmen überhaupt Angebote einreichen dürfen – und welche nicht.

Umso erschreckender sind die Zahlen, die der schon zitierte Report des Beirats des Wirtschaftsministeriums im Jahr 2007 ans Licht brachte. Danach hatten im Jahr 2005 allein bei Behörden und Einrichtungen des Bundes »freihändige Vergaben« einen Anteil von 88,4 Prozent. Die Praxis zeige, so der Beirat, »dass gerade für Vergaben unterhalb der Schwellenwerte die öffentliche Ausschreibung umgangen wird und intransparente Verfahren gewählt werden«.

Man hätte erwartet, dass die Veröffentlichung dieser Studie Schockwellen im Land auslöst. Das war nicht der Fall. Das geschah auch nicht, als der Bundesrechnungshof im Oktober 2000 in seinem Jahresbericht gleich mehrere Bundesministerien rügte, weil sie das Ausschreibungsgebot »missachteten« und Aufträge freihändig vergaben, »obwohl das Auftragsvolumen den zulässigen Höchstwert überschritten hatte und deshalb eine Ausschreibung erforderlich gewesen wäre«.

Alles, nur keine Ausschreibung!

So hatten Ministerialbeamte Aufträge in mehrere kleine Tranchen aufgeteilt, »um das Ausschreibungsgebot zu umgehen«, schrieben die Prüfer. Oft war nicht einmal »dokumentiert, weshalb von einer Öffentlichen oder Beschränkten Ausschreibung abgesehen wurde«. Besonders stieß dem Rechnungshof das Verhalten des Bundesverkehrsministeriums und der diesem nachgeordneten Behörden auf: »Die Abweichung vom grundsätzlichen Gebot der öffentlichen Ausschreibung ist im Bereich der Bundesverkehrsverwaltung fast als Regelfall anzusehen, ohne dass überzeugende Begründungen dies auch nur annähernd rechtfertigten.« Die zwecks Korruptionsprävention geforderte »regelmäßige Kontrolle der Vergabe öffentlicher Aufträge« könne »deshalb nur unzureichend stattfinden«.

Das Verkehrsministerium wies diese Kritik zurück. Doch die Vergaberegeln würden in Deutschland »zu oft gebrochen, ohne dass dies größere Folgen hat«, klagte Transparency International schon im Jahr 2001. Solche Regelbrüche erleichtern nicht nur die Korruption, sie belasten auch unser aller Geldbeutel. Vergeben Beamte und Politiker Millionensummen freihändig an ihre Lieblingsanbieter, gibt es für Letztere kaum einen Anreiz, scharf zu kalkulieren.

Wie hoch die Einsparpotenziale wären, ist in dem Gutachten des Beirats des Wirtschaftsministers nachzulesen: »Gelänge es, durch Verbesserungen beim Beschaffungswesen die Kosten der öffentlichen Beschaffung um 10 Prozent zu senken, so würde das Defizit der öffentlichen Haushalte dramatisch verringert, in der Größenordnung von jährlich 1,7 Prozent« des Bruttoinlandsprodukts.

Der Schaden ist nicht nur ein monetärer. Der Beirat beklagte auch eine »verfehlte Innovationsförderung« via Günstlingswirtschaft. So habe »die Privilegierung von Siemens bei der Beschaffung von Computern an deutschen Universitäten in den siebziger Jahren zu einer erheblichen Benachteiligung der deutschen Wissenschaft beigetragen«. Wie man heute weiß, hat diese Begünstigung selbst der Siemens-Computerproduktion nicht dauerhaft geholfen.

Im November 2007 wunderte sich sogar die Beamtengazette *Behörden-Spiegel*. Angesichts »der dreistelligen Milliardensummen«, die bei Behördenaufträgen jedes Jahr umgesetzt würden, sei »es erstaunlich, wie wenig man sich von politischer Seite um einen effizienteren Umgang mit diesen Summen bemüht«.

Kapitel 5 Von Albanien lernen

Verbrechensbekämpfung? Ja! Korruptionsbekämpfung?
Lieber nicht! Über Schwierigkeiten der Berliner
Politik mit der Umsetzung internationaler
Verpflichtungen und das geringe Entdeckungsrisiko für
unehrliche Bundesbeamte.

Verbrechern den Kampf anzusagen ist unter Politikern eine Selbstverständlichkeit. Um Kriminellen zu Leibe zu rücken, schnürten Innenminister Wolfgang Schäuble (CDU), sein sozialdemokratischer Amtsvorgänger Otto Schily oder auch Justizministerin Brigitte Zypries (SPD) immer neue Gesetzespakete. Massiv griffen sie zu diesem Zweck in Grundrechte ein, bis hin zu der Erfassung unserer Fingerabdrücke und der flächendeckenden Speicherung aller Telefonverbindungsdaten.

Doch eine Lücke bleibt. Nur selten hörte man etwas über ein energisches Vorgehen Schilys oder Schäubles gegen die Korruption. Eine ausgefeilte Strategie zu ihrer Verhütung und Bekämpfung hat keiner der beiden je vorgelegt. Nur wenige haben diesen Mangel an Initiative so unverblümt beklagt wie die Oberstaatsanwältin Regina Sieh, die jahrelang die Antikorruptionsabteilung in München leitete: »Politiker haben keinen Anreiz, Korruption zu bekämpfen. Sie wollen vielmehr gar nichts von dem Thema wissen.«

Es ist ein auffälliges Phänomen. Dieselben deutschen Minister, Parlamentarier und Beamten, die sonst, vom Rauchverbot bis zur Online-Überwachung, unser Leben zu regulieren und zu durchleuchten versuchen, fallen angesichts des Korruptionsproblems in eine Dauerstarre. Aber warum?

Der Basler Strafrechtsexperte Mark Pieth, der zugleich Vorsitzender der OECD-Arbeitsgruppe gegen Bestechung ist, hat eine Erklärung. »Korruption ist ein Delikt der Mächtigen«, sagt er.

Er hat recht. In kaum einem anderen Deliktfeld kommen die Täter so häufig aus den etablierten Kreisen unserer Gesellschaft wie hier.

»Sie leben meist in geordneten Verhältnissen, sind sehr ehrgeizig und fachlich kompetent«, sagt die Gießener Kriminologin Britta Bannenberg. Der typische Korruptionstäter sei »männlich, über 40 Jahre, ohne Schulden und Vorstrafen«. Ähnlich formuliert es das Bundeskriminalamt in seinem Bundeslagebild »Korruption« für das Jahr 2007: Bei den Bestochenen sei die »Leitungsebene« insgesamt »deutlich überrepräsentiert«. Korruption, so das BKA, sei häufig ein »Leitungsdelikt«.

Korruption ist ein Vergehen der Oberschicht. Es betrifft oft diejenigen, die in Politik, Verwaltung und Wirtschaft das Sagen haben. Nur so ist zu erklären, warum Berliner Politiker das Thema mit solch spitzen Fingern anfassen. Nur so wird begreifbar, warum hier Gesetzeslücken klaffen, wie sie anderswo unvorstellbar wären.

Der Speyerer Staatsrechtler Hans Herbert von Arnim spricht in diesem Zusammenhang vom Odysseus-Problem. Wenn Politiker über eine wirksame Bekämpfung von Filz und Kungelei befinden sollen, entscheiden sie letztlich über sich selbst. »Die Akteure müssten sich also selbst Grenzen setzen. Sie müssten sich wie Odysseus an den Mastbaum binden lassen, um dem Gesang der Sirenen nicht zu verfallen, um den Verführungen der Macht, des Einflusses und des Geldes nicht zu erliegen. Kann man das wirklich erwarten?«, fragt von Arnim.

Vom Ausland lernen

Weil der deutschen Politik die Kraft zu einer energischen Korruptionsbekämpfung fehlt, ist es wenig überraschend, dass wir fast alle – oft bescheidenen – Fortschritte in der Korruptionsbekämpfung internationalen Vorgaben verdanken.

Im Jahr 1997 verabschiedete der Bundestag ein neues, verschärftes Antikorruptionsgesetz, das es erleichterte, bestechliche Beamte dingfest zu machen. Bis dahin hatten Ermittler nachweisen müssen, dass die der Bestechung verdächtige Person und der von ihr mit Zuwendungen bedachte Staatsdiener eine förmliche Unrechtsvereinbarung eingegangen waren. Diese Hürde fiel nun. Dass das Gesetz zustande kam, sei nicht zuletzt dem Druck internationaler Rechtsentwicklungen zu verdanken, schreiben die Wirtschaftsethiker Ingo Pies, Peter Sass und Henry Meyer zu Schwabedissen von der Universität Halle-Wittenberg.

Nur aufgrund eines OECD-Abkommens, geschlossen 1997, ist es seit Februar 1999 auch für Mitarbeiter deutscher Konzerne strafbar, zwecks Auftragsakquise im Ausland dortige Amtsträger zu bestechen. Zuvor konnten deutsche Firmen Bestechungszahlungen sogar von der Steuer absetzen, als sogenannte nützliche Aufwendungen.

Dass die Antikorruptionskonvention der OECD zustande kam, ist weniger Deutschland als vielmehr den USA zu verdanken. Dort hatten die Gesetzgeber bereits 1977 die Auslandsbestechung unter Strafe gestellt, 22 Jahre früher als der Deutsche Bundestag. Auslöser für den sogenannten Foreign Corrupt Practices Act (FCPA) war der Skandal um den Flugzeugbauer Lockheed, der weltweit versucht hatte, beim Verkauf seiner Maschinen mit kleinen und großen Geschenken nachzuhelfen.

Nachdem die Amerikaner es ihren eigenen Firmen erschwert hatten, im Ausland zu schmieren, wollten sie es nicht länger akzeptieren, dass deutsche oder japanische Firmen weiter nach Belieben bestechen konnten. Um ausländischen Unternehmen das Korruptionsschlupfloch zu verbauen, drängten US-Firmen auf internationale Vereinbarungen. Der Aufstieg der Berliner Organisation Transparency International und ihre Kampagne gegen die weltweite Korruption wären ohne die Unterstützung aus Amerika nicht möglich gewesen.

Deutschland dagegen war kaum einmal ein Vorreiter der Korruptionsbekämpfung. Selbst dort, wo der Druck aus dem Ausland die Regierungen in Bonn und dann Berlin zum Handeln zwang, habe die deutsche Politik beim Kampf gegen die Korruption »vorwiegend unsystematische Minimallösungen« gewählt, klagte 2007 Sebastian Wolff vom Deutschen Forschungsinstitut für öffentliche Verwaltung.

In Deutschland zögern Politiker, selbst diejenigen internationalen Abkommen zu respektieren, die deutsche Regierungsvertreter längst unterschrieben haben. So hat sich der Fall der UN-Korruptionskonvention zu einer Peinlichkeit für die Bundesrepublik entwickelt. 2003 wurde das Abkommen geschlossen. Bis zum Oktober 2008 hatten es 126 Länder ratifiziert, von Albanien über Kenia bis Uruguay. Ein Land, das auf dieser Liste noch im Jahr 2009 fehlt, ist die Bundesrepublik.

Sechs Jahre nach Abschluss hat der Vertrag hierzulande immer noch keine Rechtsgültigkeit, weil der Bundestag davor zurückschreckt, die Abgeordnetenbestechung umfassend unter Strafe zu stellen. Im Dezember 2008 klagte Justizministerin Zypries, sie habe »schon öfter darauf hingewiesen«, dass Deutschland dadurch in eine »Schieflage« gerate. Es wirke so, als tue die Bundesregierung nichts gegen Korruption. Trotzdem sei eine rasche Umsetzung der Konvention durch den Bundestag unwahrscheinlich.

Die Teilnehmer des G8-Gipfels der größten Industrienationen, einschließlich der Kanzlerin Angela Merkel, verkündeten im Sommer 2007 in Heiligendamm, man sei sich der eigenen »Führungsrolle« bewusst, »wenn es darum geht, bei der Bekämpfung von Korruption beispielgebend zu sein«. Ob sich Merkel wirklich ihrer Verantwortung bewusst ist? Falls sich die CDU-Vorsitzende jemals für die Sanktionierung der Abgeordnetenbestechung starkgemacht hat, dann nur sehr im Verborgenen – und bisher erfolglos.

Auch eine ganze Reihe weiterer internationaler Verträge, die die Korruptionsbekämpfung betreffen, hat die Bundesrepublik bis Ende 2008 nicht oder nur unvollständig umgesetzt und darum auch nicht ratifiziert: das Strafrechtskorruptionsabkommen des Europarats von 1999, das Zivilrechtskorruptionsabkommen des Europarats aus demselben Jahr, das zweite Protokoll der EU zur Betrugsbekämpfung aus dem Jahr 1997.

Ginge es nach den Abkommen des Europarats, dann müsste Deutschland die Bestechung im Ausland generell unter Strafe stellen – also nicht nur, wie seit 1999 praktiziert, Korruption »im internationalen Geschäftsverkehr«. Heute macht sich ein Deutscher zwar strafbar, wenn er einen ausländischen Beamten besticht, um seiner Firma zu einem Auftrag zu verhelfen. Doch ein schließlich im Mai 2007 von Justizministerin Zypries vorgelegter Gesetzentwurf, der auch dann Sanktionen vorsieht, wenn ein Bundesbürger etwa einen ausländischen Grenzbeamten besticht, um ohne gültigen Pass einreisen zu können, war Ende 2008 immer noch nicht im Bundestag verabschiedet worden.

Als die heutige Bochumer Stadtdirektorin Birgit Collisi noch als Korruptionsexpertin des Deutschen Städtetags amtierte, äußerte sie einen schwerwiegenden Verdacht: Die Umsetzung internationaler Antibestechungskonventionen werde in Deutschland bewusst hinausgezögert – »unter dem Deckmantel der Schädlichkeit für das Wirtschaftswachstum«.

Alarmglöckner und andere Störenfriede

Es sind immer die gleichen Defizite in den deutschen Gesetzen, die Europarat oder EU-Kommission kritisieren. Deutschland kennt kein Unternehmensstrafrecht, das es ermöglicht, eine ganze Firma in die Haftung zu nehmen, wenn ihre Mitarbeiter in systematischer Weise betrügen und bestechen. Hierzulande können Staatsanwälte immer nur gegen einzelne Manager ermitteln. Tatsächlich aber organisieren Weltkonzerne ihre Bestechungsoperationen offenkundig genauso arbeitsteilig wie alle anderen Firmenoperationen.

»Die jüngste Praxis in Deutschland lässt bezweifeln, dass dort wirksame, angemessene und abschreckende strafrechtliche Sanktionen zur Bestrafung juristischer Personen [also zum Beispiel Unternehmen, *hmt*] angewandt werden«, schreibt die EU-Kommission in einem Bericht vom Februar 2008. Weil sich Bundesregierung und Bundestag bis heute nicht dazu entschließen können, Unternehmen strafrechtlich verantwortlich zu machen, bleibt der Justiz höchstens die Möglichkeit, gegen Firmen wie Siemens Bußgelder zu verhängen, deren abschreckende Wirkung der eines Knöllchens für falsches Parken ähnelt.

In Deutschland lange vernachlässigt wurde überdies ein besserer Schutz der sogenannten Whistleblower, jener Mitarbeiter in Firmen oder Behörden, die die Justiz oder die Presse über Missstände in der eigenen Institution informieren. Die geringe Wertschätzung, die ihnen in Deutschland entgegengebracht wird, lässt sich schon an der Tatsache ablesen, dass wir, anders als die Angelsachsen, keinen positiv besetzten Begriff für sie haben. Die Niederländer nennen sie Klokkenluider – Glöckner. Der deutsche Sprachgebrauch kennt nur Nestbeschmutzer, Verräter, Petzen, Denunzianten.

Noch im April 1989 ereiferte sich der damalige Bundesdisziplinaranwalt Arnold Wattler in seinem Jahresbericht über die Beamten, die inzwischen »wesentlich öfter« als in früheren Zeiten »das Bestreben« verspürten, Informationen nach außen zu tragen. Sie wendeten sich an die Presse, weil sie »aus politischen oder sonstigen Gründen nicht einverstanden« seien mit dem, was Vorgesetzte oder Kollegen täten.

Wattler erkannte darin eine »allgemeine Störung des Betriebsklimas«, »Geldgier« und »politische Beeinflussungsversuche«. Solche Missetäter sollten »sehr nachdrücklich verfolgt werden, weil grundsätzlich durch den Vertrauensbruch eine Gefahr für den ordnungsgemäßen Arbeitsablauf und Dienstbetrieb entsteht«.

Ganz ähnlich klingt es noch 18 Jahre später, im Jahr 2007, bei dem Direktor des Mannheimer Instituts für Unternehmensrecht, Frank Maschmann. Die »wahren Motive« von Whistleblowern zeugten »häufig von niederer Gesinnung«, schreibt er in einem Buchbeitrag. »Rache und Revanche für das Übergehen bei einer Beförderung oder mangelnde Bezahlung sind nicht selten die Triebfeder«, behauptet der Institutsleiter. Empirische Untersuchungen oder anderweitige Belege seiner These nennt er nicht.

»Der größte Lump im ganzen Land, das ist und bleibt der Denunziant«, diesen berühmten Satz prägte August Heinrich Hoffmann von Fallersleben schon im 19. Jahrhundert, und die Jahre des nationalsozialistischen Regimes haben den Deutschen sicher eine noch tiefere Aversion gegen Spitzelei eingeimpft. Doch es ist etwas anderes, ob man für eine Diktatur die eigenen Freunde, Kollegen und Nachbarn aushorcht oder ob jemand in einer großen Behörde oder Firma aus dem Korpsgeist ausschert – und ein Gebot bricht, das befiehlt, über Korruption und Betrug zu Lasten der Allgemeinheit zu schweigen.

Tatsächlich liegt es sicher auch in der autoritären Traditionslinie der deutschen Geschichte begründet, dass wir uns schwertun mit Leuten, die die Anpassung verweigern. 2002 informierte die spanische EU-Beamtin Marta Andreasen das Europaparlament und den Europäischen Rechnungshof über massive Missstände in der Buchhaltung der Kommission, die die ihr vorgesetzte deutsche EU-Kommissarin Michaele Schreyer dulde. Die Spanierin wies darauf hin, dass die Rechnungsführungssysteme der Kommission notorisch unzuverlässig und offen für Betrug seien. Ganz ähnliche Klagen hatte der Rechnungshof jahrelang immer wieder vergebens geführt. Andreasen wurde trotzdem von der Brüsseler Korrespondentin einer großen deutschen Tageszeitung angegriffen: Sie habe gegen das für Beamte geltende Loyalitätsgebot verstoßen.

Erst seit wenigen Jahren arbeitet ein deutsches Whistleblower-Netzwerk in Köln daran, um mehr Verständnis für die schwierige Rolle dieser Informanten zu werben. Gegründet wurde es von dem ehemaligen EU-Beamten Guido Strack, der selbst erlebte, wie es einem ergeht, der in der eigenen Behörde auf Missstände hinweist. Er wurde gemobbt und erhielt – wie ein Gericht später feststellte – zu Unrecht schlechte Karrierenoten. Schließlich drängte man ihn, die EU-Administration zu verlassen.

Der Politikprofessor C. Fred Alford von der Universität Maryland untersuchte die Motive von Whistleblowern und kam zu dem Ergebnis, dass sie keine leichtfertigen Wichtigtuer oder gar Zyniker seien, sondern, im Gegenteil, Menschen, die ihre Werte auch an ihrem Arbeitsplatz beachtet sehen wollen. Der Preis, den sie zahlten, sei oft hoch. Whistleblower riskieren nicht weniger als ihre Karriere.

Zu ganz ähnlichen Schlussfolgerungen kam 2005 der Anwalt Rainer Buchert, nachdem er fünf Jahre lang der Deutschen Bahn AG als Ombudsmann gedient und anonyme Hinweise auf Korruption und Betrug entgegengenommen hatte. In dieser Zeit, sagte er, habe er »keine Fälle von Denunziation, Verleumdung oder sonstiger unbegründeter Herabsetzung« erlebt. »Weil Whistleblower eine Schlüsselfunktion bei der Bekämpfung von Korruption haben, müssen sie umfassend geschützt werden«, forderte Buchert. Mehr noch, sie bedürften »einer nachhaltigen Ermutigung, ihr Wissen preiszugeben«.

»Dass diese Leute etwas für die Allgemeinheit tun, das sieht in Deutschland bislang noch kaum jemand«, sagt Guido Strack. Um Konflikte mit dem eigenen Arbeitgeber oder der eigenen Partei zu riskieren, braucht ein Whistleblower besonders viel Mut und vielleicht auch etwas mehr Mut zur Exzentrik.

Die dänische Beamtin Dorte Schmidt-Brown, deren interne Proteste 2002 den Skandal um dubiose Auftragsvergaben beim EU-Statistikamt Eurostat auslösten, fand ein sprechendes Bild für die Erfahrungen, mit denen sie konfrontiert war, weil sie nicht mehr mitmachen wollte. Es sei, als sitze man auf einer Eisscholle, die sich langsam vom Packeis löse. Nach und nach werde einem klar, dass man allein sei – und dass es keinen Weg zurück gebe.

Der norwegische Siemens-Angestellte Per-Yngve Monsen versuchte mehrfach, seine Vorgesetzten auf Unstimmigkeiten in der Buchführung der norwegischen Siemens-Tochter aufmerksam zu machen – seltsame Irregularitäten, die er als Hinweise auf Bestechungszahlungen an norwegische Empfänger deutete. Nachdem niemand in der Firma seine wiederholten Warnungen aufgegriffen hatte, wandte er sich an Journalisten. Natürlich hatte er Angst vor den Konsequenzen. »Ich fühlte mich, als würde ich von weit oben aus dem Fenster springen«, sagte er rückblickend im September 2008. Aber, so Monsen, hätten nicht die Zeitungen seine Beobachtungen aufgegriffen, wäre der dortige Siemens-Korruptionsskandal untergegangen und er wäre ungeschützt den firmeninternen Repressalien ausgesetzt geblieben.

Außenseiter gibt es überall, und sie werden oft nicht ernst genommen. Das ist kein Wunder, denn der Normalmensch bemüht sich in der Regel, Normalmensch zu bleiben. Doch würden wir uns alle immer nur anpassen, wäre die Menschheit eine Schafherde.

Erst im Sommer 2008 begann sich die Bundesregierung ernsthaft mit der Frage zu befassen, wie Whistleblowern in Unternehmen ein besserer rechtlicher Schutz zu verschaffen sei. Nach einem Skandal um Gammelfleisch schlug der damalige Landwirtschaftsminister Horst Seehofer (CSU) vor, Arbeitnehmern künftig das Recht einzuräumen, sich mit Hinweisen auf Gesetzesverstöße zur Not an eine außerbetriebliche Stelle zu wenden. Doch sein Gesetzentwurf steht in Gefahr zu versanden. Im Bundestag drohe ihm die »Blockade«, insbesondere bei CDU und CSU, klagte Justizministerin Zypries im Dezember 2008. »Wer Insider nicht wirksam schützt, gefährdet die Korruptionsbekämpfung«, warnte die Sozialdemokratin.

Erst seit Anfang 2009 erlauben es die deutschen Gesetze hiesigen Beamten, konkrete Anhaltspunkte für Korruption direkt der Staatsanwaltschaft mitzuteilen. Seit 1999 hatte das Zivilrechtskorruptionsabkommen des Europarats von Deutschland verlangt, diesen Missstand zu beheben.

Seit Jahren legen die Korruptionsexperten des Europarats der Bundesregierung überdies nahe, »klare Regeln und Leitlinien einzuführen«, um Interessenkonflikte zu vermeiden, wenn Beamte oder Minister vor der Pensionierung in den Privatsektor wechseln (siehe Kapitel drei). Bisher ist diese Forderung nicht eingelöst.

Schließlich empfiehlt der Europarat seit langem, ein bundesweites Korruptionsregister zu erstellen. Mehrfach versprach Berlin der OECD, man werde ein solches Register schaffen. Darin wären Firmen aufzulisten, die der Bestechung überführt wurden. Sie könnten dann für eine bestimmte Zeitspanne von Regierungsaufträgen ausgeschlossen werden.

Einen ersten Anlauf für eine solche bundesweite schwarze Liste hatte die rot-grüne Regierung schon 2002 unternommen. Sie scheiterte im Bundesrat an CDU und CSU. Der bis Anfang 2009 amtierende Wirtschaftsminister Michael Glos (CSU) ließ das Vorhaben ganz auf Eis legen. In der von ihm 2008 vorgestellten Vergaberechtsnovelle wird es gar nicht mehr erwähnt.

Im Sommer 2008 unternahm die Grünen-Fraktion im Bundestag im Sommer 2008 einen zweiten Vorstoß. Ihr Gesetzesantrag schlägt ein Korruptionsregister beim Bundesamt für Wirtschaft und Ausfuhrkontrolle vor. Es sollte Firmen aufführen, deren Mitarbeiter bei Bestechungs-, Betrugs- und Insolvenzdelikten ertappt wurden oder die, im Firmeninteresse handelnd, in verbotene Preisabsprachen und gewichtige Fälle von Schwarzarbeit involviert waren. Die Aufnahme ins Register sollte erst erfolgen, wenn »kein vernünftiger Zweifel mehr« an der Täterschaft bestünde. Die Voraussetzung wäre etwa eine strafrechtliche Verurteilung, der Erlass eines Strafbefehls oder ein Geständnis. Spätestens nach jeweils fünf Jahren wäre der Eintrag zu löschen. Nach dem Grünen-Antrag würden gelistete Firmen nicht einmal automatisch von öffentlichen Aufträgen ausgeschlossen. Die Behörden sollten das Register lediglich konsultieren, bevor sie Aufträge vergäben, deren Wert über 25 000 Euro liege.

Doch CDU/CSU und deutsche Wirtschaftsverbände sperren sich gegen dieses im Englischen »blacklisting« genannte Verfahren. Eigentlich sollte man vermuten, dass die meisten deutschen Firmen von Sanktionen gegen schwarze Schafe profitieren würden. Oder sind sich Union und Unternehmerlobby vielleicht gar nicht so sicher, ob die schwarzen Schafe nicht die Mehrheit in der Herde bilden?

Rumänien vor Deutschland

Solange die Bundesrepublik keine Vorbildrolle einnimmt, kann sie nur schlecht von vermeintlichen Bananenrepubliken mehr Engagement bei der Korruptionsbekämpfung verlangen. Das untergräbt auch die Autorität der Deutschen im Umgang mit den zehn neuen osteuropäischen EU-Mitgliedstaaten von Lettland bis Bulgarien, in die nun, zu etwa 20 Prozent von deutschen Steuerzahlern finanziert, jedes Jahr Milliarden von EU-Subventionen fließen.

Wenn sich alte EU-Länder wie Deutschland nicht höchsten Standards verpflichtet fühlten, werde die Umsetzung der UN-Konvention auch in den neuen EU-Ländern schwierig, beschwerte sich der Vorsitzende des slowenischen staatlichen Antikorruptionsausschusses, Drago Kos, im August 2007 bei einer Tagung des Europäischen Forums in Alpbach / Tirol. Kos, der auch die Arbeit der Staatengruppe gegen Korruption (GRECO) des Europarats koordiniert, wundert sich schon länger über Deutschland. Abgesehen von einer »gut funktionierenden Polizei« habe die Bundesrepublik keinerlei Schutz gegen die Korruption geschaffen, weder ein spezielles Gesetz zur Prävention noch eine auf die Bekämpfung dieses Übels spezialisierte Behörde. Wie könne Deutschland da Vorbild sein?

Der damalige rumänische Justizminister Tudor Chiuariu verwies im Sommer 2007 in Alpbach ganz explizit auf den Widerstand führender deutscher Bundestagsabgeordneter wie Friedrich Merz gegen eine Offenlegung ihrer Nebeneinkünfte. Rumänien sei da viel weiter. Dort müssten Minister, hohe Beamte und Abgeordnete ihren Besitz an Grundstücken, Häusern, Autos, Investments oder Juwelen im Wert von über 5000 Euro offenlegen. Gleiches gelte für deren Ehepartner und Kinder.

Vielleicht sind manch scharfe Gesetze zur Verhinderung von Betrug in Ländern wie Rumänien nicht viel mehr wert als das Papier, auf dem sie stehen. In Deutschland aber ist die Situation eine andere. Hier existieren sie noch nicht einmal auf dem Papier.

Entdeckungsrisiko? Niedrig!

Wenn sich Bundestagsabgeordnete in Sachen Korruption selbst straffrei stellen, schwächen sie nicht nur das internationale Ansehen der Bundesrepublik. Sie geben auch ein schlechtes Vorbild für die fast 300 000 Bediensteten der deutschen Bundesbehörden ab. Wie soll es den Bundesministern gelingen, ihren Mitarbeitern die Notwendigkeit einer aktiven Korruptionsbekämpfung zu vermitteln, wenn die Abgeordneten darin keine Priorität sehen? Solange sich das nicht ändere, »werde man bei Arbeitern, Angestellten und Beamten im öffentlichen

Dienst keine oder allenfalls halbherzige Unterstützung im Kampf gegen die Korruption erwarten können«, zitierten schon 1997 zwei Autoren einer BKA-Studie eine unter Verwaltungsbediensteten oft gehörte Meinung.

Man könnte erwarten, dass die Bundesbehörden in Berlin besonders energisch gegen Gesetzesverstöße und Korruption in den eigenen Reihen vorgehen. So wie Bundestagsabgeordnete für Bundesbeamten, so sollten die Bundesbehörden für die Verwaltungen in Ländern und Kommunen Vorbild sein. Und natürlich sollten sie alles tun, um das Vertrauen der Bürger zu gewinnen, die von ihnen regiert werden und deren Geld sie ausgeben.

»Ein Staat, der von seinen Bürgern Rechtsgehorsam einfordert, während seine Verwaltung Anlass zu Zweifeln gibt, ihn selber zu üben, trägt zur Erosion des Rechts bei und untergräbt auf diese Weise langfristig die Bedingungen seiner eigenen Wirksamkeit«, schreibt der damalige Bundesdisziplinaranwalt Wolfgang Zeisig in seinem Jahresbericht vom März 2002.

Ein Jahr später gibt es seine Einrichtung nicht mehr. Gegen Proteste von Transparency International schafft die rot-grüne Bundesregierung mit Unterstützung von CDU und CSU im Jahr 2003 das Amt des Disziplinaranwaltes ab. In der Öffentlichkeit bleibt das praktisch unbemerkt. Er war für alle Disziplinarfälle in der Bundesverwaltung zuständig und dabei unabhängig und nicht weisungsgebunden. Nun sind die Ministerien selbst für die Bearbeitung ihrer Disziplinarfälle verantwortlich. Aus der Sicht von Transparency International hat dies das »Entdeckungsrisiko« für korrupte Beamte vermindert. Behördenleiter neigten nun einmal dazu, eine »möglicherweise peinliche Korruptionsuntersuchung« im eigenen Amt lieber vorzeitig zu beenden.

Genau deshalb hatte der Bundestag 1952 die Institution des Bundesdisziplinaranwaltes geschaffen. Zuvor, so damals die Begründung, war oft »die unerfreuliche Konsequenz« zutage getreten, dass Behördenleiter »aufgrund persönlicher Beziehungen und der gemeinschaftlichen Arbeit innerhalb derselben Behörde« keine hinreichend ernsthafte Aufklärung von Regelverstößen betrieben hatten.

In Brüssel hü, in Berlin hott

Doch im März 2001 verteidigt der Grünen-Bundestagsabgeordnete Helmut Wilhelm die Abschaffung des Disziplinaranwaltes. Bei Straftaten, etwa in Bestechungsfällen, sei ohnehin der Staatsanwalt zuständig, argumentiert Wilhelm in einer Plenardebatte des Bundestages.

Wilhelm hat recht. Das Problem ist nur: Bevor der Staatsanwalt ermitteln kann, muss er von den potenziellen Rechtsbrüchen erst einmal erfahren. Ist wirklich garantiert, dass die Bundesministerien alle Verfehlungen anzeigen?

Nicht zufällig hatte die rot-grüne Bundesregierung auf EU-Ebene einen gegenläufigen Kurs verfolgt. Dort setzte neben anderen der damalige Finanzminister Hans Eichel (SPD) im Frühjahr 1999 durch, dass unter dem Dach der EU-Kommission das zumindest in der Theorie weitgehend unabhängige Betrugsbekämpfungsamt Olaf (Office Européen de la Lutte Anti-Fraude) geschaffen wurde, das sich seither der Aufgabe widmen soll, unehrliche Beamte aufzuspüren und bei der Justiz anzuzeigen.

Auf diese merkwürdige Diskrepanz zwischen Berliner und Brüsseler Praxis verwies Bundesdisziplinaranwalt Zeisig selbst kurz vor seinem unfreiwilligen Abtritt. Bisher habe es in Disziplinarfällen eine »unabhängige Sachverhaltsaufklärung« gegeben. Darauf werde »künftig in allen Fällen verzichtet«. Es erfordere aber »Sachkunde und Erfahrung, um insbesondere bei Korruptionsanzeichen im Vorfeld eines disziplinarrechtlichen oder strafprozessualen Anfangsverdachts die richtigen Mittel und Wege zur Aufklärung des Sachverhalts herauszufinden«. Solche Kenntnisse seien jedoch in den betroffenen Behörden »in vielen Fällen nicht vorhanden«, warnt Zeisig. Bis 2003 sei ein Disziplinarverfahren obligatorisch gewesen, »wenn ein Korruptionsverdacht nicht zweifelsfrei ausgeräumt war«. Nun seien Dienstvorgesetzte »nicht mehr daran gehindert«, das Verfahren vorzeitig abzuschließen und es bei einer Geldbuße oder einem Verweis zu belassen.

Bundesministerien – nicht einmal scheinaktiv

Dennoch will man auch unter der Großen Koalition von Mängeln bei der internen Abwehr von Korruption nichts wissen. In Sachen Korruptionsbekämpfung habe die Regierung »ihre Hausaufgaben« gemacht, versichert Justizstaatssekretär Lutz Diwell (SPD) im Dezember 2006 auf einer Veranstaltung der SPD-nahen Friedrich-Ebert-Stiftung. Betrugsdelikten vorbeugende Methoden wie das »Mehraugenprinzip«, die Rotation auf sensiblen Beamtenposten, ja sogar die »Transparenz der Entscheidungen« seien »heute eine feste Größe in der Bundesverwaltung«.

Eine feste Größe? Diwell hat eine schöne Umschreibung dafür gewählt, dass viele Ministerien die von ihm zitierten Prinzipien schlicht boykottieren. Seit Juli 2004 verlangt eine Richtlinie deren Befolgung. Doch die ist bis heute oft nicht mehr als papierener Anspruch.

Jedes Jahr verfassen Beamte des Innenministeriums einen Bericht über den Stand der Korruptionsbekämpfung in der Bundesverwaltung. Veröffentlicht werden diese Berichte allerdings nicht. In umständlichem Behördendeutsch beschreiben sie vor allem Mängel und Defizite. Im Juni 2007 etwa lobte Staatssekretär Johann Hahlen, die – wohlgemerkt aus dem Jahr 2004 stammende – Richtlinie werde »in der Praxis zunehmend umgesetzt«. Im Umkehrschluss bedeutet dies, dass man sich häufig nicht um sie schert.

Hahlen erwähnt den Fall einer Bundesanstalt, bei der ein ranghoher Mitarbeiter mit Scheinrechnungen Millionenbeträge veruntreut hatte. Die Innenrevision der Bundesbehörde habe bereits ermittelt, warum der Großbetrug möglich war: weil die Richtlinie zur Korruptionsprävention »nicht rechtzeitig umgesetzt« worden sei.

Gemeint war offenbar die Bundesanstalt für Finanzdienstleistungsaufsicht (Bafin), die landesweit Banken und Finanzdienstleister kontrollieren soll. Ausgerechnet im eigenen Haus hatte sie nur rudimentäre Überwachungssysteme installiert. So konnte der Chef der Computerabteilung bei fingierten Geschäften 6,4 Millionen Euro abzweigen. 1,6 Millionen steckte er in die eigene Tasche, der Rest ging an Komplizen, mit denen er einträgliche Scheingeschäfte abgewickelt hatte. Hinterher sagte er: »Es war nicht schwer, und Gelegenheit macht Diebe.«

Im Jahr 2006 bearbeiteten die Ermittlungsbehörden insgesamt 58 Verfahren gegen Bundesbedienstete. Angesichts von damals 296 263 Beschäftigten in der Bundesverwaltung erscheint die Zahl eher gering. Zwischen 1996 und 2001 verfolgte der Bundesdisziplinaranwalt sogar nur zwischen fünf und 18 Korruptionsfälle pro Jahr, die Bundesbeamte betrafen.

Aufschlussreich ist ein Vergleich mit Brüssel. Die als nicht besonders proaktiv geltende EU-Betrugsbekämpfungsbehörde Olaf untersuchte im Jahr 2007 immerhin 70 Fälle möglicher Unregelmäßigkeiten in den verschiedenen EU-Behörden mit ihren insgesamt etwa 50 000 Bediensteten.

800 unentdeckte Korruptionsfälle pro Jahr?

Schon im Jahr 2006 verweist der damals im Innenministerium zuständige Staatssekretär Hans Bernhard Beus auf die »geringe Zahl von 43 Ermittlungsverfahren«, die es 2005 »in der gesamten Bundesverwaltung« gegeben habe. »Vor dem Hintergrund eines allgemein bei Korruptionsdelikten angenommenen hohen Dunkelfelds« bedürfe die Zahl der Interpretation, deutet der Staatssekretär an. »Wenn man von der in Fachkreisen vermuteten Dunkelziffer von 90 bis 95 Prozent ausgeht, wären in der Bundesverwaltung 430 bis 860 Fälle zu veranschlagen.«

Bis zu 860 Korruptionsfälle in der Bundesverwaltung? Davon um die 800 Fälle, die unentdeckt blieben? Das wäre ein echter Grund zur Beunruhigung. Auch Beus scheint über seine eigenen Berechnungen etwas erschrocken und relativiert die Hochrechnung gleich wieder. Für derartige Fallzahlen gebe es »naturgemäß … keine Anhaltspunkte«.

Eine Richtlinie verpflichtet seit 2004 alle obersten Bundesbehörden, diejenigen Arbeitsgebiete im eigenen Haus zu identifizieren, die besonders korruptionsanfällig sind. Das Auswärtige Amt hatte diese Weisung 2005 befolgt. Als »potenziell besonders korruptionsgefährdet« gelten dort, so ein internes Rundschreiben aus dem Oktober 2006, »Beschaffungs- und Vergabeangelegenheiten«, Baumaßnahmen, Visafragen sowie das Sponsoring des Ministeriums durch Privatfirmen.

Hingegen hatten noch 2006 sieben oberste Bundesbehörden, darunter auch das Kanzleramt, keine vergleichbare Risikoanalyse fertig-gestellt. In einer internen Stellungnahme für den Rechnungsprü-fungsausschuss des Bundestages fand der Bundesrechnungshof dafür scharfe Worte. »Bei nahezu einem Drittel« der Bundesbehörden seien »die vorgesehenen Risikoanalysen nicht durchgeführt« worden, »ohne dass hierfür zwingende Gründe erkennbar sind«, beschwerten sich die Prüfer. Sie fänden es »dringlich, die Praxis der Bundesbehörden bei der Einstufung besonders korruptionsgefährdeter Bereiche an ver-gleichbaren, hohen Standards zu orientieren«. Doch das sei nicht geschehen.

Noch im Juni 2007 vermerkt Staatssekretär Hahlen, dass nur 16 der 22 obersten Behörden Mitarbeiter auf sensiblen Posten regelmäßig ro-tieren ließen. Gemeint sind zum Beispiel Bedienstete, die dafür zustän-dig sind, lukrative Aufträge an Privatfirmen zu vergeben. Sechs der 22 Bundesbehörden tauschten solche Mitarbeiter nicht regelmäßig aus. Aus der Sicht des Rechnungshofes ist die Personalrotation »eine Maß-nahme mit hoher Präventivwirkung« gegen die »Bildung korruptiver Beziehungsgeflechte«. Doch in der Bundesverwaltung spiele sie »keine wesentliche Rolle« bei der Korruptionsverhütung.

Als einen Hort der Reformverweigerer, in dem »kaum Rotation« stattfinde, machte Staatssekretär Beus im Mai 2006 das Gesundheits-ministerium aus. Im Haus von Ulla Schmidt (SPD) verwies man auf die »nicht zu ersetzende langjährige Erfahrung« der Mitarbeiter. Ge-rade für Beschaffungen bei privaten Firmen seien »teilweise auch tech-nische Fachkenntnisse notwendig«, argumentierte auch das Kanzler-amt. Eine Rotation sei deshalb »nicht möglich«.

Tatsächlich warnt das Bundeskriminalamt seit Jahren, dass genau solche angeblich unersetzlichen Mitarbeiter besonders anfällig für den Missbrauch ihrer scheinbar unbeschränkten Macht seien.

»Nur geringe Fortschritte«

Im Sommer 2007 kommentierte der Bundesrechnungshof den Regie-rungsbericht zum Korruptionsschutz mit bitteren Worten. Seit dem vorigen Jahr seien »nur geringe Fortschritte« festzustellen. Doch selbst der Folgebericht, den das Innenministerium am 7. Juli 2008 prä-sentierte, verzeichnete weiterhin zahlreiche Defizite. Immer noch hatten vier der 22 obersten Bundesbehörden die »Feststellung besonders korruptionsgefährdeter Arbeitsgebiete« nicht abgeschlossen. In puncto Personalrotation konnten gar neun oberste Bundesbehörden keine Auskunft geben. Grund: »Die Verwendungsdauer der Beschäftigten in besonders korruptionsgefährdeten« Stellen sei »nicht mit verhältnismäßigem Aufwand zu ermitteln«. Zu dem Zeitpunkt war die Rotation seit nunmehr vier Jahren offiziell vorgeschrieben.

Zu den Reformverweigerern gehören ausgerechnet die mächtigen Ministerien für Finanzen, Wirtschaft und Gesundheit. Ebenfalls auf der Sünderbank findet sich das Ministerium für Verkehr und Bau. Das verwaltet zusammen mit seinen nachgeordneten Behörden gut die Hälfte des Investitionsetats der gesamten Bundesregierung. Gerade hier wäre besondere Wachsamkeit vordringlich.

Nachdem Wilhelm Hahlen als Innenstaatssekretär ausgeschieden war, schüttete er auf einer Fachtagung im Oktober 2008 sein Herz aus. Die Personalrotation sei in der Bundesverwaltung »ein ganz schwieriges und ganz mühsames Kapitel«. Behördenleiter seien »froh«, wenn sie in ihren Haushaltsreferaten Mitarbeiter hätten, die in der Lage seien, Vergabeverfahren zu organisieren. Also halte man so lange wie möglich an den bewährten Kräften fest.

Mehraugenprinzip oder Rotation, das seien eigentlich nicht einmal die Minimalstandards im Kampf gegen Bestechung, sondern wenig mehr als »Scheinaktivitäten«, sagt die Gießener Kriminologin Britta Bannenberg. Doch selbst diese Scheinaktivitäten stoßen in Teilen der Bundesverwaltung bis heute auf heftige Widerstände.

Im Sommer 2007 wies der Bundesrechnungshof der Bundesregierung eine weitere Hausaufgabe zu. Die Regierung möge eine zentrale Anlaufstelle schaffen, an die sich sowohl Beamte als auch Bürger wenden könnten, um Hinweise auf mögliche Korruption in den Bundesbehörden zu Protokoll zu geben. Die Deutsche Bahn, Volkswagen und andere große Firmen haben bereits gute Erfahrungen mit solchen Ombudsleuten gemacht. Sie können Informanten Anonymität zusichern, um sie vor Repressalien ihrer Kollegen und Vorgesetzten zu bewahren. Was spräche also gegen einen derartigen Ansprechpartner für die Bundesverwaltung?

Vom Rechnungsprüfungsausschuss des Bundestages bekam der Rechnungshof prompt Unterstützung für diesen Vorschlag. Doch ein Jahr später hatte ihn das Innenministerium noch immer nicht umgesetzt. Man prüfe weiterhin »verschiedene Möglichkeiten der Hinweisaufnahme (u. a. Ombudspersonen, Hot-Lines, webbasiertes System), die in der Praxis von Wirtschaft und Verwaltung genutzt werden«, teilte Staatssekretär Beus im Juli 2008 den Ausschussmitgliedern mit. Er fügte hinzu: »Die Prüfung ist noch nicht abgeschlossen.«

Glaubt man dem inzwischen pensionierten Staatssekretär Hahlen, dann hat das Innenministerium längst entschieden, kein anonymes Hinweisgebersystem einzuführen. »Damit bin ich gescheitert«, bekennt Hahlen im Oktober 2008. Sowohl Verfassungsrechtler als auch Datenschützer hätten Einwände erhoben und darauf beharrt, man müsse die Identität der Informanten im Notfall ermitteln können. Dass man sie damit abschreckt, hätte den Ministerialen jeder Staatsanwalt oder Journalist sagen können.

Schon in seinem Korruptionsreport vom Sommer 2007 hatte das Innenministerium auf den vermehrten Einsatz von »effektiven Kontrollen« in den Bundesbehörden gedrängt. An denen mangelt es offenkundig bis heute. Doch wo die Kontrollmechanismen so rudimentär ausgeprägt sind, ist die Wahrscheinlichkeit hoch, dass viele Korruptionsfälle nie zutage treten. Schlimmer noch: Schwache Kontrollen schaffen laut der Wirtschaftswissenschaftlerin Birgitta Wolff sogar Anreize für betrügerische Aktivitäten: »Menschen handeln immer so, wie es das Umfeld erlaubt. Wenn zum Beispiel Kontrollen fehlen oder man Mitarbeitern ständig die offene Kasse unter die Nase hält, fordert das den Fehltritt heraus«, sagt die Marburger Professorin.

Öffentliche Diskussionen über die rückständige Korruptionsbekämpfung in den Bundesministerien gibt es kaum. Das ist wenig verwunderlich. Selbst von den Verdachtsfällen von Bestechung, die in den Bundesbehörden aktenkundig werden, erfahren wir Bürger nur selten. Im Jahr 2005 kam es laut Staatssekretär Beus in sieben Ermittlungsverfahren zu keiner Anklage. In fünf weiteren Fällen stellten die Justizbehörden die Verfahren »wegen geringer Schuld« ein. Nur in einem einzigen Fall erging gegen einen Mitarbeiter einer Bundesbehörde ein Strafbefehl.

Einer der wenigen Fälle, die überhaupt publik geworden sind, betraf das dem Bundesverkehrsministerium unterstellte Bundesamt für Güterverkehr. Dessen Vizepräsident Rolf Kreienhop hatte sich von der

Großspedition Walter Betz gewogen stimmen lassen. Das Unternehmen schenkte ihm einen Mercedes im Wert von 32500 Euro und bezahlte ihm manche Reise. Kreienhop informierte das Transportunternehmen dafür über bevorstehende Kontrollen. Das war für die Spedition wichtig, denn sie beschäftigte bulgarische Lkw-Fahrer mit gefälschten Lizenzen und hinterzog Sozialversicherungsbeiträge. Kreienhop verlor seinen Posten, kam aber im März 2007 vor dem Stuttgarter Landgericht mit elf Monaten auf Bewährung davon. Der frühere Vizechef des Bundesamtes habe sich nicht bereichert, sondern aus Geltungssucht gehandelt, argumentierte Richter Helmut Tauchmann. Der Staatsanwalt wunderte sich: »Wieso lassen Sie sich wegen solcher Peanuts auf ein derartiges Risiko ein?«, fragte er Kreienhop.

Vielleicht hatte der frühere Spitzenbeamte das Entdeckungsrisiko als gering eingeschätzt. Dass das Verkehrsministerium, in dessen Zuständigkeit auch das Bauwesen fällt, mit seinem üppigen Investitionsetat von um die elf Milliarden Euro jährlich eine besondere Verlockung für Betrüger ist, liegt nahe. Im Juni 2006 sprach der parlamentarische Staatssekretär Achim Großmann von »insgesamt 56 Verdachtsfällen mit korruptivem Hintergrund«, die die Innenprüfung des Hauses in den vorangegangenen sieben Jahren bearbeitet habe. Die »aufgedeckte Schadenshöhe« betrage etwa 31 Millionen Euro, schrieb Großmann an die Abgeordnete Gesine Lötzsch.

Anders als das Verkehrsministerium verfügt eine ganze Reihe von Bundesministerien nicht einmal über eine solche Innenrevision. Deren Aufgabe ist es, auf Verdacht oder auch durch Stichproben Unregelmäßigkeiten aufzuspüren, etwa bei Vergabeverfahren. Zwar unterhält das Verteidigungsministerium sogar zwei Referate, die solche internen Auditberichte verfassen. Doch noch im Mai 2008 kannten sieben der 15 Ministerien keinerlei Innenprüfung, darunter das Gesundheits-, das Forschungs- und das Umweltressort. Selbst in der EU-Kommission hat heute jede Generaldirektion eine eigene interne Prüfabteilung. Anders als in Berlin ist das dort Pflicht.

Diplomaten an der langen Leine

Wie wichtig eine gute Aufsicht auch im Auswärtigen Amt wäre, zeigen nicht nur die immer wieder aufflackernden Korruptionsskandale rund um die Visastellen der deutschen Botschaften in Osteuropa. Auch in den deutschen Vertretungen in der westlichen Hemisphäre geht nicht immer alles mit rechten Dingen zu.

Im September 2006 wurden schwere Vorwürfe gegen mehrere Bedienstete im deutschen Generalkonsulat in Atlanta im US-Bundesstaat Georgia bekannt. Ein hoher Bediensteter hatte kurz entschlossen sich selbst mit Renovierungsarbeiten am Konsulatsgebäude beauftragt. Und er reichte eine Rechnung über mehrere hundert Dollar für ein Abendessen mit hohen Beamten der US-Grenzbehörden ein, das offenkundig nie stattgefunden hatte.

Ein Großteil der Vorwürfe war im Außenministerium intern schon seit geraumer Zeit bekannt, aber das Ministerium zog erst Konsequenzen, als der Fall in der Zeitung stand. Erst jetzt ließ Steinmeier eine Prüftruppe nach Atlanta schicken, einen Beamten suspendieren und ein Disziplinarverfahren eröffnen.

Warum so zögerlich? Immerhin ging es um mehr als nur eine gefälschte Spesenabrechnung. Wie sollen deutsche Konsularbeamten mit angemessener Autorität gegenüber den Behörden ihres Gastlandes auftreten, wenn sie die Namen von US-Beamten dazu missbrauchen, fingierte Essenseinladungen abzurechnen, und sich dabei auch noch erwischen lassen? Was heißt das für deutsche Bürger, die in den Südosten der USA reisen und dort die Hilfe der deutschen Behörden benötigen? Trotzdem ließen Steinmeiers Mitarbeiter mehrere Monate verstreichen, bis sie auf die Korruptionshinweise reagierten.

Doch auch dann zeigte das Auswärtige Amt erstaunliche Nachsicht. Eine weitere Mitarbeiterin des Konsulats hatte angeblich Zimmer in einer vom Steuerzahler bezuschussten Wohnung untervermietet, auf eigene Rechnung. Das Ministerium verfügte sogar über ein Schreiben eines ihrer ehemaligen Untermieter, aus dem hervorging, dass sie bis zu 500 Dollar für ein Zimmer in der Wohnung kassiert hatte. Trotzdem wies das Außenministerium den Vorwurf der unzulässigen Untervermietung als »substanzlos« zurück. Die interne Begründung klingt kurios: Es fehle die Bestätigung der beschuldigten Beamtin, dass die Untermietverhältnisse existierten.

Müssen beschuldigte Beamte im Auswärtigen Amt also selbst bestätigen, dass sie betrogen haben? Lässt man sie anderenfalls in Frieden? Nicht verwerflich ist aus Sicht des Ministeriums auch das Verhalten des damals verantwortlichen Generalkonsuls Hans-Jörg Brunner. Er war einen hausinternen Kritiker der betrügerischen Praktiken per E-Mail vom 4. April 2006 in einer Weise angegangen, die einer Drohung ähnelte. Brunner erwähnte gegenüber dem Kritiker ein diesen angeblich belastendes Schreiben, weigerte sich aber, es dem Diplomaten vorzuweisen. Das Dokument bleibe in seinem »Panzerschrank«, schrieb der Generalkonsul, und das gelte, solange es keinen »Grund« gebe, dass andere davon erfahren sollten.

Aus der Sicht des Auswärtigen Amtes gibt es an dieser Art der Personalführung nichts auszusetzen. Anfang 2007 lässt Steinmeier sogar ausgerechnet den Diplomaten, der auf die Unregelmäßigkeiten in Atlanta hingewiesen hatte, wegen »Störung des Betriebsfriedens« suspendieren. Und die Behörde lockert die Vorschriften bei der Betrugsprävention. Die »Berichterstattung« und die »Meldepflicht« bezüglich Maßnahmen zur Korruptionsvermeidung würden künftig »im Zweijahresrhythmus für ausreichend erachtet«, heißt es in einem internen Rundschreiben vom 27. Oktober 2006. Bis dahin mussten die Dienststellen jedes Jahr Bericht erstatten. Dem Amt zufolge ist im eigenen Haus inzwischen »das Bewusstsein für Fragen der Korruptionsprävention gewachsen«. Laut Rundschreiben soll »ernst zu nehmenden Hinweisen auf Korruption« auch künftig »konsequent nachgegangen werden« – dies aber zugleich »mit aller Behutsamkeit und ohne Vorverurteilungen«.

Korruption – ein überschätztes Problem?

Einige in Berlin glauben in der Tat, das Problem werde überschätzt. »Die allgemeine Aufgeregtheit über Korruption steht jedenfalls im umgekehrten Verhältnis zum Stand empirisch gesicherten Wissens«, behaupteten Ende 2006 die Autoren des sogenannten Zweiten Periodischen Sicherheitsberichtes, herausgegeben von Innenminister Schäuble und Justizministerin Zypries. Die Autoren warnen vor der »Verallgemeinerung von Einzelfällen«, bei denen ungewiss sei, »ob es sich hierbei um ›Normalfälle‹ oder um weit aus dem Rahmen fallende Extreme handelt«.

Muss man also denjenigen zustimmen, die vor Übertreibung warnen? Richtig ist: Es gibt in Deutschland keine verlässlichen Zahlen über das Ausmaß der Korruption. Zu bezweifeln ist freilich, dass dies ein Anlass zur Beruhigung wäre.

Der ehemalige Chef der Korruptionsabteilung der Münchner Staatsanwaltschaft, Manfred Nötzel, fühlte sich bereits zum Widerspruch herausgefordert, als die Autoren des Ersten Periodischen Sicherheitsberichtes der Bundesregierung das Ausmaß der Korruption herunterzuspielen versuchten. Wenn dort behauptet werde, »die öffentliche Wahrnehmung dieses Phänomens und die wirkliche Bedeutung klafften diametral auseinander«, dann schöne dies das Bild »unverdient«, schrieb Nötzel 2007. Denn in Sachen Bestechung sei die polizeiliche Kriminalstatistik »stark verharmlosend und weithin unbrauchbar«.

Nehmen wir das sogenannte Bundeslagebild »Korruption« des Bundeskriminalamtes (BKA) vom November 2007. Für das Jahr 2006 habe man 6895 Korruptionsstraftaten festgestellt, heißt es dort. Das seien »53 Prozent weniger als im Vorjahr«. Die Zahl der Ermittlungsverfahren sank laut BKA ebenfalls, von 1649 auf 1609.

Das klingt beruhigend. Aber stimmen die Zahlen? Nein, sie stimmen nicht. Glaubt man dem BKA-Lagebericht, dann spielten etwa »Verstöße gegen die internationalen Korruptionstatbestände« im Jahr 2006 nur »eine geringe Rolle«. Demnach hatte es also nur wenige Fälle gegeben, in denen deutsche Firmenmitarbeiter im Ausland schmierten, um Aufträge an Land zu ziehen. Nur vier Straftaten nach dem Internationalen Bestechungsgesetz seien 2006 »polizeilich festgestellt« worden sowie drei weitere nach dem Antikorruptionsgesetz der Europäischen Union, hieß es in dem BKA-Papier.

Das weiß die Bundesregierung – der das BKA untersteht – sehr viel besser. Nicht vier oder sieben, sondern insgesamt 88 Ermittlungsverfahren wegen des Verdachts der Auslandsbestechung waren im Jahr 2006 bei den Justizbehörden der Bundesländer anhängig. Das teilte die Regierung im März 2008 in der Antwort auf eine Kleine Anfrage der Grünen-Fraktion im Bundestag mit.

Eine ansehnliche Diskrepanz: 88 Ermittlungsverfahren statt sieben, das waren gut zwölfmal mehr als die vom BKA angegebene Zahl. Der Grund liegt im Zählmodus des Bundeskriminalamtes. Das registriert nur Ermittlungsverfahren, an denen die Polizei beteiligt ist – nicht solche staatsanwaltschaftlichen Nachforschungen, die zum Beispiel ein Rechtshilfeersuchen aus dem Ausland in Gang gesetzt hat.

Das BKA war sich selbst dieses Mangels bewusst und bat wiederholt die Justizbehörden der Länder um die Übermittlung von Daten für den jährlichen Korruptionsbericht. Es müsse »nachdrücklich darauf hingewirkt werden, dass zukünftig Erkenntnisse der Justizverwaltungen aller Bundesländer systematisch in das Bundeslagebild Korruption einfließen«, verlangte das Bundeskriminalamt etwa im November 2005. Die Forderung verhallte und wurde von dem Amt nicht mehr öffentlich wiederholt.

Wie unzuverlässig die Korruptionsstatistik des BKA ist, zeigt sich an einem Vorfall im Jahr 2007. Da veröffentlicht das Amt zunächst im September mit einigem Tamtam und einer eigenen Pressemitteilung das Korruptionslagebild für das Jahr 2006. Kurz darauf löscht das Amt den Bericht von der Website. Dann, im November 2007, stellt das BKA eine neue Fassung ins Netz, ohne Erklärung und ohne Kommentar.

In der fehlt nun ein interessanter Hinweis. Der ursprüngliche Bericht hatte von in Berlin geführten Ermittlungsverfahren gegen sage und schreibe 311 angebliche »Nehmer« (also Bestochene) in diversen diplomatischen Vertretungen der Bundesrepublik im Ausland gesprochen. Laut BKA-Bericht vom September 2007 handelte es sich es um Mitarbeiter des Auswärtigen Amtes, meist deutscher Nationalität.

Die *Bild*-Zeitung griff diese Information auf. Nirgends, abgesehen von den Kommunalbehörden, werde so geschmiert wie in den deutschen Auslandsvertretungen, schrieb das Blatt.

In der neuen Version des BKA-Berichts vom November 2007 war von den 311 möglicherweise korrupten Mitarbeitern des Auswärtigen Amtes nun keine Rede mehr. Was war passiert? Beim BKA murmelte eine Sprecherin etwas von falschen Zahlen, die die Polizei übermittelt habe, und auch beim Auswärtigen Amt schob man die Verantwortung auf die Ermittlungsbehörden.

Was auch immer geschehen war, eines steht fest: Die Zahlen des BKA sind offenkundig nicht sehr verlässlich. Das weiß auch das Amt selbst. Es warnt seit Jahren, dass das eigene Lagebild »nur einen Ausschnitt der tatsächlich existierenden Korruptionskriminalität wiedergeben kann«. Zitat: »Das Dunkelfeld dürfte beachtlich sein.«

»Dunkelziffer über 95 Prozent«

Experten wie der frühere Frankfurter Oberstaatsanwalt Wolfgang Schaupensteiner schätzen diese Dunkelziffer auf »über 95 Prozent«. Korruption wird stets im Geheimen geplant und ausgeführt. Anders als bei Mord oder Diebstahl gibt es kein leicht identifizierbares Opfer. Das wahre Opfer ist die Allgemeinheit, die mit ihren Steuern überhöhte Auftragssummen und dazugehörige Kickbackzahlungen an Beamte finanziert. Darum fallen Korruptionsstraftaten meist nur dann auf, wenn einer der Beteiligten aus irgendeinem Grund zu plaudern beginnt. Etwa weil die Exfrau ihren korrupten Exmann verpfeift. Oder weil sich energische Ermittler ans Werk machen, das Dunkelfeld auszuleuchten.

Auf der Basis der Dunkelziffer von 95 Prozent lässt sich eine interessante Rechnung anstellen. Wäre die Zahl der unentdeckten Delikte tatsächlich zwanzigmal so groß wie bekannt, dann hätte es im Jahr 2006 in Deutschland nicht 7000 Korruptionsfälle gegeben – sondern 140 000.

Kapitel 6 AOK – Alles ohne Kontrolle?

Wie sich Krankenkassenchefs fragwürdige Sonder-
honorare auszahlen und regelmäßig auf Kosten
der Versicherten nach Mallorca reisen. Wie ein
Unternehmer im Kontrollgremium einer
Krankenkasse sitzt und zugleich mit ihr Geschäfte
macht. Wie die AOK Millionen an Unternehmens-
berater und Softwarekonzerne zahlt – ohne offene
Ausschreibung.

Fritz Schösser ist ein bayerischer Rebell. Als er noch für die SPD im
Bundestag saß, focht er gegen die Hartz-Reformen und stritt auch mit
Kanzler Gerhard Schröder. Ende 2008 führt er immer noch den bayerischen Landesverband des Deutschen Gewerkschaftsbunds (DGB)
und kontrolliert als Verwaltungsratchef den Bundesverband der Allgemeinen Ortskrankenkassen.

Ein Mittwoch im November 2008. Der Verwaltungsrat tagt im kli-
nisch weißen Sitzungssaal der neuen AOK-Zentrale in Berlin. Schösser thront in der Mitte, vor ihm ein versenkbarer Computerbildschirm,
links die Gewerkschaftsleute, rechts die Arbeitgeberfunktionäre. Schösser lobt die Kassenmanager, weil sie bei der neuen Software die »Probleme gut im Griff gehalten« haben.

Der Verwaltungsrat ist das Gremium, das die Krankenkasse kontrolliert. Zumindest in der Theorie. Gewerkschafter und Arbeitgeber repräsentieren diejenigen, die die Kasse mit ihren Versicherungsbeiträ-
gen finanzieren. Mit hohen Beiträgen. Funktioniert die Kontrolle?

An diesem Tag lässt Schösser zunächst einmal den Haushalt für das
kommende Jahr passieren, bei zwei Gegenstimmen. Dann berichtet
Vorstandschef Hans Jürgen Ahrens über Missstände in der AOK, die
die Innenrevision entdeckt habe. Die Prüfer hätten »gewisse Hinweise
gegeben«, und der Vorstand habe darauf reagiert, sagt Ahrens. Details
gibt er nicht preis. Und niemand fragt nach.

Größer als BMW und Thyssen-Krupp

Die AOK ist eine der größten und mächtigsten Organisationen dieser Republik. Über fast 65 Milliarden Euro verfügt das AOK-System im Jahr 2009 – mehr denn je. Der Umsatz der Kasse ist größer als der von BMW oder Thyssen-Krupp. Und die 25 Millionen Menschen, die von den Ortskrankenkassen betreut werden, erwarten, dass mit ihren Beiträgen sparsam gewirtschaftet wird. Doch das deutsche Gesundheitssystem ist teuer und – im Vergleich zu Nachbarländern wie Frankreich – ineffektiv. Das Beispiel der AOK zeigt, woran es krankt: an einem typisch deutschen Mangel an Transparenz.

Die Versicherten der AOK jedenfalls hören kaum einmal etwas von Problemen in der großen Kassenfamilie. Öffentlichen Zank über Missstände und Fehler gibt es nicht vor den Menschen, die von den 15 Landesverbänden der Kasse betreut werden und sie mit ihren Beiträgen finanzieren.

Viel Geld bedeutet viel Versuchung. Immer mal wieder geraten AOK-Granden wegen Missbrauchsfällen unter Feuer. Da gehen hohe Summen bei unzulässigen Immobiliengeschäften verloren, AOK-Manager leisten sich auf Kosten der Versicherten fragwürdige Extrahonorare und Reisen nach Mallorca. Gesundheitsministerin Ulla Schmidt (SPD) – für die Aufsicht über die Bundes-AOK zuständig – scheint daran keinen Anstoß zu nehmen. Und auch Verwaltungsratsmitglieder wie Schösser üben keine öffentliche Kritik.

Die Versicherten könnten erwarten, so sagt die AOK selbst, »dass das Geld dort ankommt, wo es für die Versorgung der Patienten gebraucht wird«. Doch der Christdemokrat Hans Jürgen Ahrens, bis Ende 2008 der Chef des AOK-Bundesverbandes, brachte es auch woandershin. Er unternahm Reisen, zum Beispiel nach Palma de Mallorca, wo die Krankenkasse wenige Minuten vom Meer entfernt eine Geschäftsstelle mit zwei Mitarbeiterinnen unterhält. Dieses Minibüro wurde von der AOK-Führung außergewöhnlich intensiv betreut.

Mallorca, mon amour

Zwischen Frühjahr 2006 und August 2008 waren AOK-Boss Ahrens mindestens dreimal und der AOK-Marketingchef Rainer Dittrich sogar viermal dienstlich zu Besuch auf der Mittelmeerinsel, in der Regel für zwei oder drei Tage. Fünfmal wurden auf Kosten der Beitragszahler Mietwagen für die Besucher aus Deutschland bereitgestellt. Warum? Die AOK sagt, die Reisen waren »dienstlich erforderlich«, und Mietwagen seien »zweckmäßiger und auch preisgünstiger als zahlreiche Taxifahrten«.

Zuletzt flog Ahrens im August 2008 nach Mallorca. Aus Anlass des 15-jährigen Bestehens der Geschäftsstelle habe er die Gelegenheit nutzen wollen, so die AOK, sich »bei den Institutionen in Mallorca für die gute Zusammenarbeit zu bedanken«.

Doch dieser Anlass existierte gar nicht. Tatsächlich wurde das Büro in Palma de Mallorca erst im Mai 1995 eröffnet. Es bestand also erst seit gut 13 Jahren. Die nachgeschobene Erklärung der AOK lautete, vor 15 Jahren sei die Idee, die Filiale in Palma de Mallorca zu eröffnen, geboren worden. Hätte man mit der Reise bis zum echten Geburtstag im Mai 2010 gewartet, wäre Ahrens allerdings nicht mehr in der Position gewesen, sie anzutreten.

Dabei ging es nicht nur dem Kassenboss, sondern auch den Vorständen der AOK-Landesverbände finanziell gut. Einmal im Jahr müssen sie laut Gesetz wie alle Chefs der gesetzlichen Krankenkassen offenlegen, wie hoch ihre Gehälter sind. Ahrens bekam 2007 stolze 208 589 Euro; der AOK-Chef von Rheinland-Pfalz, Walter Bockemühl, immerhin 165 343 Euro.

Die Paten der AOK

Doch wenn die AOK die Einkommenshöhen alljährlich im Bundesanzeiger publik machte, verschwieg sie beträchtliche Zusatzzahlungen für Leute wie Bockemühl. Er und andere AOK-Landeschefs hatten nämlich gut dotierte Nebenjobs – und zwar als sogenannte Paten anderer AOK-Landeskassen, die mit finanziellen Problemen kämpfen. In dieser Funktion arbeiten sie weiter für die AOK, aber sie wirken darüber hinaus als Betreuer bei der Reform verschuldeter Regionalversicherungen – etwa im Saarland wie Bockemühl, in Berlin oder in Ostdeutschland. Und sie lassen sich diese Tätigkeit vom AOK-Bundesverband extra vergüten – mit dem Geld der Versicherten. Trotzdem geriet gerade Bockemühls heimische Kasse 2007 selbst ins Minus und musste sich seitdem ihrerseits von den AOK-Vorständen von Niedersachsen und Bayern, Jürgen Peter und Helmut Platzer, betreuen lassen.

Welche Paten im Einzelnen wie viel kassierten, mag die AOK nicht gern verraten: »Das Bekanntwerden dieser unternehmensinternen Informationen« sei »geeignet, die wirtschaftlichen Interessen der AOK-Gemeinschaft zu beeinträchtigen«, verbreitete Kassensprecher Udo Barske. Patzer räumte trotzdem ein, dass er 2008 bis zu 30 000 Euro als Pate von zwei AOK-Landeskassen kassieren könne. Auch die AOK-Landesfürsten von Baden-Württemberg, Rheinland und Sachsen profitierten von den Sonderhonoraren. Laut einem internen Haushaltsansatz des AOK-Bundesverbandes waren allein 2005 insgesamt 185 000 Euro für die Zusatzzahlungen veranschlagt. 55 000 Euro sah die AOK außerdem für die Reisekosten der Paten vor. Doch hat diese Betreuung den betreuten Landeskassen aus der Patsche geholfen? Der AOK-Bundesverband sagt, die Paten hätten dazu beigetragen, »Wirtschaftlichkeitspotenziale von mehreren hundert Millionen Euro« zu heben. Damit habe man sich den Einsatz teurer Beratungsfirmen erspart können. Und das Gesundheitsministerium habe das Patenwesen »genehmigt«.

Gesundheitsministerin Schmidt wusste nach Angaben ihres Sprechers zwar nichts von den Extrazahlungen, ließ sie aber im Januar 2009 öffentlich billigen. Sie seien aus der Sicht ihres Hauses als Nebeneinkünfte anzusehen, die von Dritten kämen – als würde der AOK-Bundesverband nicht aus Umlagen der AOK-Landeskassen finanziert, an deren Vorstände die Extrahonorare zurückfließen. Dennoch müssen die von der Bundes-AOK gezahlten Sonderhonorare nach Ansicht des Gesundheitsministeriums nicht im Bundesanzeiger veröffentlicht werden. Es genüge, wenn der begünstigte AOK-Vorständler die beiden obersten Repräsentanten seines Verwaltungsrates informiere.

Das sah der Bundesrechnungshof anders. Er urteilte im September 2008, dass die Sonderzahlungen »veröffentlicht werden müssen«. Bei der AOK tat man das als Einzelmeinung ab. Dabei hatte der Rechnungshof ohnehin im Mai 2008 beklagt, dass die Gehälter der AOK-Vorstandschefs fast alle »über dem Vergleichswert« anderer ähnlich großer Kassen lägen.

Selbst die Geschäftsordnung des sogenannten Lenkungsgremiums, in dem die Paten über die Zuschüsse an einzelne Kassen und die Honorare für sich selbst entscheiden, hält die AOK größtenteils unter Verschluss. Die Paragraphen über die »Aufgaben des Lenkungsgremiums«, über seine »Mitglieder« und seine »Beschlussfassung« sind aus ihrer Sicht der Öffentlichkeit vorzuenthalten.

Eine Million verspekuliert

In den Augen der AOK-Granden mag es sich um Peanuts handeln, denn sie gehen auch sonst hier und da großzügig mit den Mitteln der Kasse um – zum Beispiel bei Fehlspekulationen mit Immobilien. Mindestens eine Million Euro ging unter Kassenchef Ahrens verloren, weil die AOK im Jahr 2000 ohne Genehmigung des Gesundheitsministeriums für 6,1 Millionen Euro zwei Grundstücke kaufte, die für eine neue Berliner Kassenzentrale vorgesehen waren. Im AOK-Bundesverband herrschte ob des Ankaufs zunächst gute Stimmung. Es sei eine hohe Wertsteigerung zu erwarten, versicherten sich die Kassenmanager.

Da hatten sie sich zu früh gefreut. Weil sich das Bezirksamt querlegte, konnte die Kasse die Gebäude gar nicht nutzen. Die AOK musste die Immobilien Anfang 2008 verkaufen – für 3,2 Millionen Euro, nur noch gut die Hälfte des Kaufpreises. Weil in der Zwischenzeit zwei Millionen Euro an Mieterlösen angefallen seien, habe sich jedoch der Verlust, so die AOK, auf eine Million beschränkt.

Das Gesundheitsministerium hatte früh Bedenken wegen der »Wirtschaftlichkeit« und der »Notwendigkeit des Erwerbs« angemeldet. Trotzdem ließ Ulla Schmidt das Geschäft Anfang 2008 nachträglich genehmigen, »um weiteren Schaden« von der AOK »abzuwenden«, so die Antwort auf eine Anfrage des FDP-Abgeordneten Volker Wissing.

Eigentlich, so die parlamentarische Staatssekretärin Marion Caspers-Merk (SPD), war schon der Kauf der beiden Grundstücke »ohne aufsichtsrechtliche Genehmigung unwirksam, sodass ohne nachträgliche Genehmigung des Erwerbs auch ein Weiterverkauf nicht möglich gewesen wäre«. Doch wäre die Bundesregierung stur geblieben, hätte sich »der eingetretene Verlust durch in absehbarer Zeit entstehenden Sanierungsaufwand weiter vergrößern« können. Deshalb sei der »kritikwürdige Erwerb« durch Ahrens' AOK-Bundesverband nachträglich legalisiert worden.

Wie man teure Versicherte loswird

Kontrolleur Schösser äußerte öffentlich keine Kritik an diesen Vorgängen – dafür aber Lob für die »Herkules-Tat« der Kassenmanager, die Schulden der AOK bis Ende 2008 getilgt zu haben. Gab es gar keinen Grund zur Klage? Kannte SPD-Mann Schösser nicht die Mittel, zu denen die AOK Brandenburg griff, um aus den roten Zahlen zu kommen? Ein vertrauliches Dokument vom April 2006 (»nur für den internen Gebrauch!«) beschreibt die Methode. Für die »Bearbeitung unserer Top Kunden« werde man eine Spezialbehandlung wählen – offenbar mit dem Ziel, sie möglichst loszuwerden. Natürlich erst nach dem »Herstellen einer positiven Atmosphäre«, bei individuellen Gesprächen in der Geschäftsstelle oder am Telefon. Mitgliedern außerhalb Brandenburgs und mit hoher »Leistungsausschöpfung« sei der Wechsel zu einer anderen Krankenkasse in »Wohnortnähe« nahezulegen. Anzusprechen seien alle auswärtigen Versicherten mit jährlichen Nettokosten ab 2000 Euro – »und negativer Gesundheitsprognose«.

Mitbeteiligt an der Entwicklung dieser Kundenbearbeitung war die Beratungsfirma McKinsey, natürlich finanziert aus den Beiträgen der Versicherten. Selbstverständlich war das Dokument »nur an Führungskräfte auszuhändigen«. Wussten wenigstens Schössers Gewerkschaftskollegen im Verwaltungsrat der AOK Brandenburg davon? Hatten sie zugestimmt? Fragte man die Verwaltungsratsvorsitzende Heidelind Jockel – wie Schösser ist sie Funktionärin beim Deutschen Gewerkschaftsbund –, wollte sie sich zunächst nicht äußern. Schon gar nicht am Telefon.

Der brandenburgische AOK-Vorstand ließ später verlauten, bei dem Vielverbraucherprogramm gehe es nur darum, die Mitglieder über die »gesetzlich vorgesehenen Wahlmöglichkeiten« zu informieren, sich entweder am Arbeitsplatz oder am Wohnort zu versichern. Der Verwaltungsrat – also Jockel und Co. – schließe sich dieser Stellungnahme an.

Jockel ist offenbar keine Kontrolleurin der Kasse, sondern eher ein Teil von ihr. Oder warum äußert sie keine Bedenken dagegen, dass man bei der AOK Brandenburg besonders teuren Versicherten mit negativer Gesundheitsprognose den Wechsel zu einer anderen Kasse empfahl?

»Die AOK Brandenburg ist eine starke demokratische Gemeinschaft«, sagt die AOK Brandenburg. Doch es ist eine Demokratie unter Ausschluss des Publikums. Gewiss, die Verwaltungsräte der gesetzlichen Kassen tagen öffentlich. Aber weil die Termine kaum einer kennt, bleiben Kontrolleure und Kontrollierte meistens unter sich.

Ein Mittwoch im Oktober 2008. In Hannover tagt der Verwaltungsrat der AOK Niedersachsen. Der Vorsitzende Ulrich Gransee – ebenfalls ein DGB-Funktionär – eröffnet die Sitzung, indem er die Namen aller Mitglieder verliest, die seit dem letzten Treffen Geburtstag hatten. Das braucht eine ganze Menge Zeit. Dann stimmt die Runde dreimal ab, dreimal ohne Wortmeldung, dreimal einstimmig. Nach 15 Minuten ist der öffentliche Teil beendet.

Die Nomenklatura der AOK

AOK – alles ohne Kontrolle? Die Manager der AOK, gewählt von den Verwaltungsräten, sind jedenfalls eine ganz eigene Spezies. »Das ist eine Nomenklatura«, sagt einer, der dabei war, über die Männer – Frauen sind derzeit keine darunter –, die die 15 Landesverbände der AOK führen. »Sie sind nicht systemisch«, hörte ein Vorständler, nachdem er althergebrachte Bräuche des AOK-Systems in Frage gestellt hatte. Sein erster Faux pas: Er hatte sich bei der Vorstandskonferenz in der Bundeszentrale auf den falschen Sessel gesetzt. Doch die Sitzordnung rund um den Konferenztisch gilt als unverrückbar.

Viele der Vorständler sind mit der AOK groß und in ihr mächtig geworden. Oft sind sie sogenannte Sofas – gelernte Sozialversicherungsfachwirte –, die noch die Zeit kennen, als die AOK eine Zwangskasse für Arbeiter war, grau und beinahe sozialistisch. Heute reden die Kassenchefs viel von Wettbewerb und sehen sich als Unternehmenslenker, die frei wie Manager schalten und walten können.

So wie der Chef der AOK Berlin, Werner Felder. Als Berufsanfänger kam er 1962 zur Ortskrankenkasse Köln, stieg dann im AOK-System auf. Heute spricht er mit breitem rheinländischem Akzent perfektes Manager-Denglisch, redet in der Verwaltungsratssitzung von Best-Practice-Lösungen, von Synergie, von Know-how. Und er sagt auch »roundabout«, wenn er eigentlich »ungefähr« meint.

Das soziale Erbe hilft trotzdem weiter – jedenfalls als Fassadenschmuck. »Sicherheit, Schutz, Solidargemeinschaft«, dafür stehe die AOK, verkündet eine interne Vorstandsvorlage im November 2005. Es geht um das Projekt »Zukunft der AOK«. Die Unternehmensberatung Boston Consulting Group (BCG) hilft dem Bundesverband der Kasse bei der Strategieentwicklung. In einer als »vertraulich« markierten Vorlage vom Dezember 2005 warnt die Consultingfirma vor einer »Erosion der Marktposition der meisten AOKs«. Die Mitgliederzahl drohe weiter zu schrumpfen. Die AOK-Beiträge seien meist eher hoch. Die Berater empfehlen darum eine »Maximierung der politischen Einflussnahme«, um die Rahmenbedingungen für die Kasse zu verbessern. Und sie verlangen schon im November 2005, die AOK müsse »durch Produktneuerungen Preisnachteile kompensieren und verschleiern«. Verschleiern? Wie das? Nun, beim AOK-Bonustarif sei die »Vernebelung« des Beitragssatzes eines der »Produktziele«.

Außen Solidargemeinschaft, innen Heuschrecke? Ahrens und Co. honorierten die Vorschläge der Berater großzügig. Über sieben Millionen Euro zahlte der AOK-Bundesverband allein zwischen März 2006 und September 2008 für die Ratschläge der BCG, aber diese Zahl will die Kasse eigentlich nicht öffentlich diskutieren. Die Kassenlenker wollten nicht einmal die Gründe verraten, warum sie der Beratungsfirma immer wieder Aufträge im sogenannten Verhandlungsverfahren gaben – dem EU-weiten Gegenstück zu einer freihändigen Vergabe. Verträge für strategische Beratung ohne Ausschreibung? »Das ist obskur«, sagt der Mainzer Vergaberechtler Meinrad Dreher.

Man habe das Vergaberecht »vollumfänglich beachtet«, rechtfertigt sich die AOK. Doch alle Detailfragen über die Aufträge an die BCG unterlägen der »Geheimhaltung« – wegen der »strategischen Bedeutung für das AOK-System und der damit verbundenen Wettbewerbsrelevanz«.

»Transparenz unerwünscht«

Das klingt nach topsecret und Nachrichtendienst, nicht nach öffentlicher Krankenkasse. Und es gibt ziemlich viel, was bei der AOK geheim ist. Auf einer Vorstandssitzung in Bonn im Oktober 2007 äußerten sich die Herren Krankenkassenchefs indigniert, weil der Bundesrechnungshof begonnen hatte, ihre Bezahlung zu durchleuchten. Fast alle Vorständler waren sich einig: Es gelte, den Rechnungsprüfern klarzumachen, dass sie nicht auch Vorgänge aus der Zeit vor dem 1. April 2007 prüften, als der Hof für die Kasse noch nicht zuständig war. Das müsse nun gegenüber dem Rechnungshof »deutlich gemacht werden«, verzeichnete das Protokoll – »ansonsten könnten Prüfungen dieser Art zu einer unerwünschten Transparenz des AOK-Systems führen«.

Nur Walter Bockemühl, der Vorstandschef von Rheinland-Pfalz, widersprach und riet zur Kooperation mit den Rechnungsprüfern. Ähnlichen Widerspruch des ebenfalls anwesenden Versichertenvertreters Schösser verzeichnet das Protokoll nicht.

Aber warum hat die AOK so viel zu verbergen? Wenn die Kasse spart, dann jedenfalls immer wieder bei den Zahlungen an die Versicherten. Die Deutsche Gesellschaft für Versicherte und Patienten (DGVP) hat über die Jahre Fälle gesammelt, in denen die AOK Alten und Kranken Leistungen verweigerte, die medizinisch sinnvoll schienen. Da sei einer Pflegeheimbewohnerin ein Standardrollstuhl erst bewilligt worden, nachdem die Frau Widerspruch eingelegt habe. Statt drei Insulinspritzen am Tag, die der Arzt einem Diabetiker verordnete, sollten es zunächst nur zwei sein.

Der Badenerin Iris W. geht es erst wieder besser, seit sie die AOK verlassen hat. Nur nach Rückfragen und »nie« ohne Streichungen, sagt die 51-Jährige, habe ihr die Kasse orthopädische Schuhe und Prothesen bewilligt, die sie brauche, seit ihr 1975 ein Auto die Kniekehle zerquetscht habe. Monatelang habe die Kasse sie jedes Mal warten lassen. Dabei zahle am Ende die Haftpflicht des Unfallfahrers! »Sind die zu doof, sich das Geld zu holen?«, fragt die Frau. Und warum laufe bei der neuen Versicherung immer alles glatt? In die wechselte sie frustriert im Jahr 2004.

Bei der AOK herrsche »eine gewisse Borniertheit im Denken«, sagt ihr Arzt Richard Barabasch. Das Problem habe »sich verschärft«, und der Gesundheitsfonds mache es noch schlimmer, glaubt DGVP-Chef Wolfram-Arminius Candidus. Obwohl die AOK mit der jüngsten Gesundheitsreform einen schönen Schnitt gemacht hat. Sie bekommt mehr Ausgleichszahlungen denn je für ihre vielen alten und kranken Mitglieder. »Da wurde so nachgebessert, dass es der AOK nützt«, sagt die Grünen-Gesundheitsexpertin Birgitt Bender.

Teures Lobbying

Beim Lobbying in Politikerkreisen ist die AOK erfolgreich. Dafür hat die Kasse immer ein paar Euro übrig. Zur Einweihung der neuen Berliner Kassenzentrale im November 2008 lud sie Abgeordnete und Journalisten – und servierte zwölf verschiedene Gänge vom Feinsten.

Regelmäßig zahlte die AOK hohe Sponsoringsummen für das Sommerfest von Bundespräsident Horst Köhler. 85 000 Euro ließen AOK-Bundesverband, AOK Berlin und AOK Brandenburg im Jahr 2007 dafür gemeinsam springen und rückten so auf Platz eins der Großsponsoren. Ein Jahr später stand die AOK wieder ganz oben auf der Liste – mit 75 000 Euro Zuschuss. »Das AOK-System nutzt damit die Möglichkeiten zur politischen Lobbyarbeit, um für die Interessen der AOK-Versicherten einzutreten«, sagt die AOK Berlin.

Die AOK Niedersachsen honorierte sogar Firmen mit Versichertengeldern, die es den Kassenleuten erlaubten, auf Personalversammlungen die Leistungen der AOK anzupreisen – so geschehen mit 800 Euro bei McDonald's. Die Innenrevision befand im Juni 2005, diese »vorgefundene Praxis« sei »kritisch zu sehen«. »Aus Kulanz« zahlte die Landeskasse Zuschüsse an sogenannte Multiplikatoren, die normale Versicherte nicht bekommen hätten – etwa 50 Euro für die »Brille eines Tennislehrers«.

»Die Versicherten haben keinen Einfluss, was die Kassen mit ihren Beiträgen tun«, klagt DGVP-Chef Candidus – obwohl doch ihre Vertreter in den Verwaltungsräten säßen.

Einige Verwaltungsratsmitglieder haben allerdings ein offenes Ohr, wenn es um die Nöte der AOK-Manager geht. Im Jahr 2001 sorgte man sich bei der AOK Niedersachsen, das Landessozialministerium könnte Widerstand gegen die Beschaffung teurer Luxuslimousinen für die Geschäftsführer der Kasse leisten. Auch sie – die unter den Vorständen in der zweiten Managementebene arbeiten – sollten nun mit Dienstwagen vom Typ Audi A6 ausgerüstet werden. »Im Falle kritischer Nachfragen durch die Aufsicht«, hieß es in einem internen Vermerk vom 5. November 2001, »wollen die beiden Vorsitzenden des Verwaltungsrates diese Festlegung« gegenüber dem Sozialministerium »persönlich rechtfertigen«.

Audi A6 für alle?

Die Landeskasse erlaubte ihren Geschäftsführern sogar, die Wagen privat zu nutzen – bis 2006 die Aufsichtsbehörde einschritt: Für diese Praxis gebe es »keine rechtliche Möglichkeit«. Der Preis der Karossen lag sogar über der Grenze, die für den Ministerpräsidenten des Landes galt. Schon ein Jahr zuvor hatte das Landessozialministerium »Zweifel« geäußert, ob die Anschaffung von »Fahrzeugen oberhalb einer Kaufpreisgrenze durch die Kfz-Richtlinien des Landes gedeckt ist«.

Inzwischen sind diese Grenzen gefallen. Die Kasse hat sich gegen die Aufsicht durchgesetzt. Im Januar 2007 bekam der lokale Kassenchef Jürgen Peter seinen neuen Dienstwagen – einen Audi A6 3.0 TDI mit 233 PS, Sportsitzen, Multifunktionslenkrad und »adaptive air suspension«. Wert: über 50 000 Euro. Noch zwei Jahre zuvor hatte das Landessozialministerium angemahnt, der AOK-Chef dürfe kein Auto fahren, das teurer sei als das von Ministerpräsident Christian Wulff. »Der Beschaffungshöchstbetrag für Dienstwagen der AOK sollte sich an den Kfz-Richtlinien des Landes (33 600 Euro für den Dienstwagen des Ministerpräsidenten) orientieren«, schrieb das Prüfungsamt damals. Die von einem AOK-Lenkungsausschuss »beschlossene Erhöhung der Preisobergrenze auf 45 000 Euro« sollte daher »revidiert werden«.

Ende 2008 dagegen sagt das Ministerium, es gehe darum, »den im Wettbewerb stehenden Krankenkassen die Möglichkeit zu verschaffen, fähige Manager zu angemessenen Vergütungen am Markt zu rekrutieren«. Natürlich, versichert der Ministeriumssprecher, blieben »die Krankenkassen den Grundsätzen der Wirtschaftlichkeit und Sparsamkeit verpflichtet«. Was auch sonst, immerhin finanzieren sich die Kassen durch steuerähnliche Beiträge und sind öffentliche Körperschaften.

Während freilich die Chefs öffentlicher Behörden durch die Parlamente kontrolliert werden und die von Aktiengesellschaften durch ihre Aufsichtsräte und Aktionäre, scheinen die Manager der gesetzlichen Krankenkassen manchmal ganz losgelöst.

Die Aufsicht funktioniert nicht

Die Aufsicht über die gesetzlichen Versicherungen, in Bund und Ländern, »funktioniert wenig«, sagt Angela Spelsberg von Transparency International. »Die Kontrolle der Kassen durch das zuständige Landesministerium geschieht oft nur halbherzig, denn bisher hat die Versicherten- und Arbeitgebergemeinschaft das Gesundheitssystem ja immer finanziert«, schrieb die korruptionskritische Organisation im Juni 2008. Transparency fragte auch, warum eigentlich weder die Kassenmitglieder noch die Öffentlichkeit »über die Ergebnisse der Prüfungen« informiert würden.

Einen Monat zuvor wunderte sich der Bundesrechnungshof über einen Missbrauchsfall, der der Aufsicht gar nicht aufgefallen war. Obwohl Krankenkassenvorstände »eigenverantwortlich« für ihre Rente vorsorgen sollen, gewährte eine AOK im Jahr 2006 ihrem Vorstand zusätzlich zum Gehalt eine Pension von nicht weniger als 75 Prozent seiner Dienstbezüge. »Die Aufsichtsbehörde hatte diesen ›Neuvertrag‹ nicht beanstandet«, klagte der Rechnungshof und kam zu dem Ergebnis, die gesetzlichen Krankenkassen würden allgemein zu wenig kontrolliert: »Da sich die Kassen in vielen Fällen der Zusammenarbeit mit der Aufsicht entziehen oder Forderungen der Aufsicht missachten und in einigen Fällen Zweifel an der Rolle des Verwaltungsrats als Kontrollorgan angebracht sind, ist fraglich, ob das bisherige Zusammenwirken von Aufsicht und Selbstverwaltung geeignet ist, das Vergütungsniveau der Vorstände nach dem Grundsatz der Wirtschaftlichkeit und Sparsamkeit zu gestalten.«

Die Rechnungsprüfer warnten auch, man dürfe es den Versicherungen nicht erlauben, sich mit dem Verweis auf ihre Unternehmereigenschaft der Aufsicht zu entziehen: »Die Kassen agieren zwar – vor allem im Rahmen des Leistungsrechts – wie am freien Markt tätige Unternehmen, sind aber mit diesen nicht zu vergleichen oder gar gleichzusetzen. Vielmehr sind die Kassen Teil der mittelbaren Staatsverwaltung; sie finanzieren ihre Ausgaben aus Pflichtbeiträgen sowie einem Bundeszuschuss und unterliegen der staatlichen Rechtsaufsicht.«

Doch genau bei dieser Aufsicht krankt es offenkundig. Zwischen den Ministerien und den Kassen herrsche eine »Symbiose«, sagt ein ehemaliger AOK-Vorstandschef. AOK-Mitarbeiter arbeiteten im Bundesgesundheitsministerium sogar an der Gesetzesformulierung mit und wirkten in der Abteilung für Grundsatzangelegenheiten. Wo man sich so nahe kommt, scheint Weggucken zur offiziellen Politik der Ministerien zu werden – auch dann, wenn AOK-Verwaltungsräte munter Geschäft und Amt vermischen.

In diesen Gremien sitzen nämlich auch Unternehmer, die selbst vom Geschäft mit der AOK profitieren. Zumindest tut das der Unternehmer Erich Wolf – als Arbeitgebervertreter in dem Verwaltungsrat, der die AOK Brandenburg kontrollieren soll. Zugleich erledigt seine Firma Medent die Rechnungsprüfung für die Landeskasse, und das schon seit 1998 und ohne jede Ausschreibung. Damals sei eine Ausschreibung noch nicht nötig gewesen, sagt das Landessozialministerium. Eine zweite Firma des Unternehmers namens Medpolska behandelt brandenburgische AOK-Versicherte in polnischen Zahnarztpraxen zum Billigtarif.

Eigentlich sagt das Sozialgesetzbuch, dass für den Verwaltungsrat nicht wählbar ist, wer bei einer gesetzlichen Krankenkasse »regelmäßig« tätig ist. Die AOK Brandenburg verweist dagegen auf die Geschäftsordnung des Verwaltungsrates. Danach darf ein Mitglied nicht mitberaten und abstimmen, wenn der Beschluss ihm oder Nahestehenden »einen unmittelbaren Vorteil oder Nachteil bringen kann«.

Aber was ist mit den mittelbaren Vorteilen? Immerhin hängt die Wahl des AOK-Vorstandschefs auch von der Stimme des Unternehmers Wolf ab, der sich wiederum Aufträge erhoffen kann, die unter der Verantwortung des Vorstandes vergeben werden. Der Vorstandschef sei »in geheimer Wahl« gekürt worden, antworten AOK Brandenburg und die Firma Medent. Sie tun das praktisch unisono, vertreten vom selben Anwaltsbüro.

Alles ist in Ordnung, alle sind sich einig, auch die Versichertenvertreter im Verwaltungsrat um die DGB-Frau Jockel. Sie und ihre Kollegen unterstützten öffentlich die beruhigenden Stellungnahmen des von ihnen zu kontrollierenden Vorstandes. Und auch das Landessozial-ministerium konnte keinerlei Interessenkonflikt erkennen. Nur wer freiberuflich für die AOK tätig sei, könne von der Wahl in den Verwaltungsrat der Kasse ausgeschlossen werden – so die Gesetzesinterpretation der Behörde.

Und was ist mit dem Chef der AOK Rheinland-Hamburg, Wilfried Jacobs? Der sitzt seit 2006 im Beirat der Verlagsgruppe Wolters & Kluwer Germany. Deren Tochter CW Haarfeld erhält immer wieder Aufträge der Bundes-AOK, in deren Vorstandskonferenz Jacobs Mitglied ist. CW Haarfeld spendierte diversen AOK-Vorständen und Verwaltungsräten alljährlich eine Hotelübernachtung in Köln, anlässlich einer sogenannten Strategiekonferenz. Jacobs kann in seiner Beiratstätigkeit bei dem Verlag trotzdem kein Problem erkennen. Er erhalte dafür »keine Vergütung«, versichert seine Sprecherin. Jacobs nutze den Beirat – unter Vorsitz des ehemaligen Wirtschaftsministers Wolfgang Clement – als »bedeutsame Informationsquelle«.

Das Unternehmen stellt die Aufgabe des Gremiums etwas anders dar. Der Beirat solle »die Geschäftsführung von Wolters Kluwer Deutschland insbesondere bei ihrer Arbeit zur Marken- und Strategieentwicklung beraten«, sagt das Unternehmen. Ein AOK-Manager berät eine Firma, die von der AOK Aufträge haben will und bekommt? Kein Anlass zu Bedenken aus Sicht des Verwaltungsrates. Der habe Jacobs' Nebentätigkeit genehmigt, sagt die AOK. Und das Landessozialministerium sei auch informiert.

»Überall Kumpanei und Filz«

Die dort früher tätige Staatssekretärin Cornelia Prüfer-Storcks ist nun übrigens ihrerseits Vorstandsmitglied der Jacobs-AOK. Es ist elf Jahre her, da beklagte der damalige Gesundheitsminister Horst Seehofer, in den gesetzlichen Krankenkassen herrsche »überall Kumpanei und Filz«. Die Kassenvorstände würden »von Verbänden und Parteien protegiert und fürstlich bezahlt«. Seitdem sind die Gehälter der Kassenmanager deutlich gestiegen. Aber ist der Filz gewichen?

Jürgen Peter, der heutige Chef der AOK Niedersachsen, brachte seine Kasse im Jahr 2002 sogar dazu, für 5452 Euro ein Computerprogramm namens Evscore aus dem Angebot einer von ihm mitkontrollierten Firma zu erwerben. Er war gleichzeitig Geschäftsführer der Firma – und als Mitarbeiter bei der AOK tätig. Eine Prüfung durch das Landessozialministerium ergab trotzdem »keine Beanstandungen«.

Nicht dass die Prüfer stets so milde urteilten. Im Jahr 2006 klagte der Landesprüfdienst, die AOK Niedersachsen habe »die vergaberechtlichen Bestimmungen vielfach nicht beachtet« und deshalb zu teuer eingekauft. Eine Kraft für die Rezeption etwa wurde von einer Zeitarbeitsfirma für 3654 Euro im Monat angeheuert – für einen Sechsstundentag. Schon »aufgrund der fehlenden Dokumentation« seien manche Vorgänge gar »nicht prüffähig« gewesen.

Obwohl das AOK-System im Jahr 2009 mehr einnehmen wird als je zuvor, warnte Vorständler Jacobs schon Ende 2008 vor einer drohenden »chronischen Unterfinanzierung« der Kassen. Dabei könnten die Versicherungsmanager womöglich viel Geld sparen, würden sie nicht immer wieder Aufträge in Millionenhöhe ohne offene Ausschreibung vergeben.

»Konsequent« handle man nach den Prinzipien von »Qualität und Wirtschaftlichkeit«, versichert die AOK. Doch auch der Software-Riese SAP kam mit ihr ohne Ausschreibung ins Geschäft. Seit 2001 entwickelte das IT-Unternehmen ein Computerprogramm, mit dem die AOK unter anderem die Beitragskonten führen wollte. Doch zunächst verschlang das Projekt selbst beträchtliche Beiträge. Erst waren 330 Millionen Euro veranschlagt, dann kletterte die Summe auf rund 500 Millionen.

In den Augen des AOK-Verwaltungsrates Dieter Niederhausen war das Projekt dennoch »eine Erfolgsgeschichte«. Immerhin habe man das Programm sogar an die Barmer Ersatzkasse weiterverkaufen können, argumentiert die AOK.

Das Softwareprojekt trug trotzdem dazu bei, dass sich die Umlage nahezu verdoppelte, die die AOK-Landesverbände an die Bundeszentrale überweisen müssen. Der Anteil der EDV-Kosten an deren Budget hatte sich in derselben Zeit versechsfacht. Noch im Jahr 2009 soll es laut Plan gut 50 Millionen Euro verschlingen, fast ein Drittel des Jahresetats des AOK-Bundesverbandes. Erbost verlangte ein Verwaltungsratsmitglied bereits im Januar 2004 von Ulla Schmidts Ministerium, es möge wegen der Vergabe an SAP einschreiten. Dabei sei »massiv gegen geltendes Recht verstoßen« worden.

Doch Schmidts Beamte fanden nichts zu beanstanden. Die Vergabe sei »kein Anlass« zu »einem aufsichtsrechtlichen Einschreiten« gewesen.

Auch für die Aufsicht über die inzwischen beträchtliche Zahl privater Tochtergesellschaften der Krankenkasse fühlt sich das Bundesministerium nicht zuständig – dabei addierten sich bei ihnen im Jahr 2007 insgesamt Verluste von 4,5 Millionen Euro. Einiges im Argen lag etwa bei der Tochter AOK Systems, die Ahrens seit April 2002 mit der Abwicklung des SAP-Projekts betraut hatte. Prompt liefen die Kosten aus dem Ruder – weil AOK Systems »weder die Systeme noch die Ressourcen für eine anforderungsgerechte Abwicklung« der Millionenzahlungen hatte, wie im September 2003 die Prüfungsfirma Ernst & Young feststellte. Die Kostenkontrolle sei »unwirksam« gewesen, die Budgetüberschreitung »nicht zeitnah erkannt« worden. Die »Frühwarnsysteme haben insgesamt nicht gegriffen«, urteilten die Wirtschaftsprüfer.

Kosten? Irrelevant!

Zwar seien die Kontrollgremien summarisch über die Verzögerungen informiert worden, doch hätten sie »die finanziellen Auswirkungen … nicht hinterfragt«. Die Höhe der Kosten sei bei der Krankenkasse letztlich als zweitrangig betrachtet worden: »Die finanzielle Projektkomponente«, so der interne Prüfbericht, wurde »offenbar nicht als relevant angesehen«.

Geht man so locker mit den Finanzen um, weil es ja das Geld der anderen ist? Weil die Versichertenbeiträge sowieso fließen? Über einen ohne offene Ausschreibung vergebenen Rahmenvertrag schanzte die Krankenkasse jedenfalls alle Arten von Verlagsarbeiten einer Firma zu, die der AOK so nahe steht, dass sie sogar ihren Sitz in der Zentrale des AOK-Bundesverbandes in Berlin-Mitte hat. Die KomPart GmbH gehört gut zur Hälfte der AOK, den Rest kontrolliert die private WDV-Gruppe aus Bad Homburg. Die ist auch sonst gut mit der AOK im Geschäft und profitiert außerdem davon, dass KomPart für die AOK Zeitschriften und Newsletter produziert und Websites betreut. Gesundheitsministerin Schmidt rechtfertigte das kuriose Joint Venture mit »der dauerhaften Einbeziehung externen Sachverstandes«.

Das beste Rezept gegen Schmu bei der Auftragsvergabe sind offene, unbeschränkte Ausschreibungen. Doch bei der AOK bevorzugt man das Verhandlungsverfahren, bei dem die Kasse selbst entscheidet, wer überhaupt Angebote abgeben darf. So war es auch, als der AOK-Bundesverband entschied, ab 2008 ein glitzerndes Gebäude in der Nähe des Hackeschen Marktes in Berlin-Mitte von dem Baukonzern Wayss & Freitag anzumieten, für drei Millionen Euro pro Jahr.

»Nach Durchführung eines EU-weiten Wettbewerbs« habe das Unternehmen »das beste Preis-Leistungs-Verhältnis geboten«, behauptet die AOK. Doch tatsächlich hatte die Kasse den Großauftrag gar nicht regelrecht offen ausgeschrieben, sondern das laxere Verhandlungsverfahren gewählt. Die Begründung war gewunden: »Art und Umfang des komplexen Bauvorhabens und die notwendige Flexibilität für die Bewerber bei der Umsetzung« des Umbaus hätten keine »eindeutige und erschöpfende Beschreibung der Leistung« in einer Weise zugelassen, »die eine einwandfreie Preisermittlung zwecks Vereinbarung einer festen Vergütung ermöglicht«.

Ausschreibung? Zu teuer!

Auch Verwaltungsratschef Schösser war Mitglied des Lenkungsgremiums, das diese Vorgehensweise beschloss. Eine Ausschreibung habe ja ihren Sinn, aber manchmal koste sie »auch Geld und bringt Unsicherheit«, begründet Schössers Arbeitgeberkollege im Verwaltungsrat, Volker Hansen, solche Praktiken.

Als juristische Berater für den Immobiliendeal in Berlin fungierten Anwälte der Stuttgarter Anwaltskanzlei GleissLutz. Die ist schon lange mit der Kasse im Geschäft – und Ende 2007 schloss die AOK mit ihr eine Rahmenvereinbarung, wieder im Verhandlungsverfahren und ohne Aufruf zum Wettbewerb. Die Dienstleistungen könnten »nur von einem bestimmten Bieter ausgeführt werden, und zwar aus technischen Gründen«, argumentierte die AOK. Die Anwälte von GleissLutz, die so direkt bedacht wurden, hatten offenkundig keine Einwände. Sie hatten für die Versicherung schon im Jahr 2000 mit juristischen Argumenten den Boden für die direkte Vergabe des Multimillionenauftrags an den Softwarekonzern SAP bereitet. Eine europaweite Ausschreibung sei nicht nötig, hatten die Stuttgarter Advokaten damals verkündet. Der Vertrag könne »mit der SAP unmittelbar geschlossen werden«.

»Die Krankenkassen sind nicht interessiert an einer Wirtschaftlichkeitsdebatte«, glaubt Angela Spelsberg von Transparency International. Den gesetzlichen Versicherungen gehe es vorrangig darum, mehr Geld in ihre Systeme zu pumpen. Und das habe bis heute immer wieder funktioniert.

Jahrelang beharrte die AOK sogar darauf, sie sei gar kein öffentlicher Auftraggeber und darum, anders als die Berliner Ministerien, nicht zur Ausschreibung verpflichtet. Die Kasse berief sich dabei auf ein Urteil des Bayerischen Oberlandesgerichts aus dem Jahr 2004. Trotzdem stand sie mit ihrer Rechtsauffassung ziemlich allein. Seit August 2005 mahnt das Bundesversicherungsamt (BVA), »dass es sich bei den Sozialversicherungsträgern um öffentliche Auftraggeber« handle. Dennoch schritten weder das BVA noch Ulla Schmidts Gesundheitsministerium ein, als die AOK im August 2007 begann, sogenannte Rabattverträge für verbilligte Arzneimittel nur national und nicht EU-weit auszuschreiben – obwohl sie dazu als öffentlicher Auftraggeber verpflichtet gewesen wäre.

Einsparungen in Höhe von einer Milliarde Euro hatte sich die AOK bis Ende 2009 erhofft, dank der Discount-Medikamente. Doch unterlegene Pharmafirmen gingen gegen die AOK vor und obsiegten vor gleich mehreren Gerichten. Die urteilten unisono, die AOK sei an das Vergaberecht für öffentliche Behörden gebunden. Das Bundeskartellamt warf der Kasse schlicht »Intransparenz« vor. Mit zu kurzen Angebotsfristen und fehlenden »Angaben zu den Kalkulationsgrundlagen« der Verträge habe sie die Regeln des fairen Wettbewerbs verletzt.

Aus dem Milliardenbonus wurde also erst mal nichts. Aus Sicht von AOK-Verhandlungsführer Christopher Hermann war es »ein Desaster für uns, der Super-GAU«.

Und vorhersehbar dazu.

Kapitel 7 Nützliche Aufwendungen

Warum die Bestechungspraktiken bei Siemens so lange unentdeckt blieben. Warum die deutsche Justiz so zögerlich gegen Korruption vorgeht – und wie die Politik der Justiz das Leben schwermacht.

Die Bundesregierung lobt sich gern selbst für das angeblich energische Vorgehen deutscher Staatsanwälte gegen Auslandsbestechung, begangen durch Manager heimischer Konzerne. »Deutschland steht vergleichsweise gut da«, glaubt Justizministerin Brigitte Zypries. Nach den USA könne Deutschland »auf die größte Anzahl von Strafverfahren in diesem Bereich verweisen«, schreibt die Regierung im März 2008 in einer Antwort auf eine Anfrage des Grünen-Abgeordneten Jerzy Montag.

Litten nicht, so hatte der Grüne gefragt, die hiesigen Staatsanwaltschaften an einem eklatanten Personalmangel? Habe nicht gerade der Schweizer OECD-Korruptionsexperte Mark Pieth öffentlich Klage geführt, es gebe in Deutschland »eine ganze Reihe von Fällen, die von den Staatsanwaltschaften nicht besonders aktiv verfolgt werden«? Alles gar nicht wahr, erwidert die Regierung in Berlin. Es sei schlicht falsch, dass Deutschland gegenüber anderen OECD-Ländern zurückstehe.

Diese rosige Sicht teilen hierzulande auch viele, die nicht der Regierung angehören. Der Stolz entzündet sich paradoxerweise ausgerechnet am Fall Siemens. Dort bringt eine Razzia der Münchner Staatsanwaltschaft im November 2006 eine Lawine ins Rollen. Zweifelhafte Zahlungen in Höhe von 1,3 Milliarden Euro kommen nach und nach ans Tageslicht, mit denen das Unternehmen offenbar die Beschaffung von Aufträgen im Ausland befördern wollte. Stück für Stück wird publik, dass nicht nur ein einziger Unternehmensbereich von dem Korruptionsvirus befallen war. Vielmehr handelte es sich um eine offenbar verbreitete Geschäftsmethode quer durch das riesenhafte

Unternehmen. Sowohl Aufsichtsratschef Heinrich von Pierer als auch Vorstandschef Klaus Kleinfeld verlieren ihre Posten. Ein Erdbeben erschüttert den Konzern.

Hierzulande benutzen viele den Fall Siemens nun, um sich der deutschen moralischen Überlegenheit zu vergewissern. Die Argumentation lautet ungefähr so: Ja, es sei richtig, dass sich bei Siemens ein Abgrund von Bestechungskriminalität aufgetan habe. Aber immerhin seien deutsche Staatsanwälte tatkräftig dagegen vorgegangen, jedenfalls konsequenter, als dies zum Beispiel in ähnlichen Fällen in Frankreich geschehe. So macht man aus der alltäglichen organisierten Korruption bei dem Münchner Unternehmen einen neuen Beweis deutscher Tugendhaftigkeit. Die kontrastiert dann vorteilhaft mit einer angeblichen Nonchalance unserer Nachbarn links des Rheins.

Besonders drastisch formulierte es der Schriftsteller Martin Walser im Frühjahr 2008. »Jeder weiß, dass in vielen Ländern Großaufträge ohne Bestechung nicht zu bekommen sind«, sagte er der Zeitschrift *Capital* in einem Interview. »Gucken wir mal in unser Nachbarland Frankreich. Dort kräht kein Hahn danach, ob Unternehmen bestechen.« Nur hier landeten Siemens-Manager dafür am Pranger. »Das ist deutsch, deutsch bis ins Mark«, schimpfte Walser.

Offenbar hatte Walser zum Zeitpunkt dieser Äußerungen noch nichts davon gehört, dass Pariser Untersuchungsrichter sehr wohl auch gegen Großkonzerne wie Thales oder Total wegen Bestechungsverdacht ermittelten, im Fall Total sogar in zwei Fällen gegen den Firmenchef Christophe de Margerie persönlich, und dass französische Ermittler den Ölkonzern Elf Aquitaine ins Wanken und eine Reihe von dessen Managern hinter Gitter gebracht hatten. Walser hätte wissen können, dass die französische Justiz im Fall der von Elf gezahlten Millionenprovisionen rund um das Raffineriegeschäft in Leuna auch deutsche Mittäter wie den Lobbyisten Dieter Holzer aburteilte – während verschiedene deutsche Staatsanwaltschaften den Leuna-Komplex hinund herschoben wie eine heiße Kartoffel.

Aber Walser steht mit seiner Meinung nicht allein. Ähnliches liest man im August 2008 in der *Zeit*. Die Wochenzeitung zieht ebenfalls den Vergleich zwischen der vermeintlich gründlichen deutschen Diskussion des Korruptionsfalls beim Siemens-Konzern einerseits und der angeblichen Unbekümmertheit andererseits, mit der Justiz und

Öffentlichkeit in Frankreich jüngst aufgetauchte Bestechungsvorwürfe gegen den Alstom-Konzern abhandelten, ein Unternehmen, das ähnlich wie seine Münchner Konkurrenz Kraftwerke und Bahntechnik produziert. »Die Sache erinnert an den Fall Siemens in Deutschland«, schreibt die *Zeit* und fährt fort: »Doch in Frankreich wird sie ganz anders gehandhabt.«

Es sei nämlich die Schweizer Bundesanwaltschaft, die federführend ermittle – nicht die Justiz in Frankreich. Und Pariser Gazetten hätten bereits begonnen, den Fall herunterzuspielen. Er reiche ihnen zufolge an die Praktiken bei Siemens nicht heran.

Doch der Vergleich zu Lasten Frankreichs ist irreführend. Wer ihn in dieser Weise zieht, unterschlägt wesentliche Fakten der Siemens-Story – und vor allem ihre Vorgeschichte.

Korruptionsvorwürfe lassen gleichgültig

Heute wird leicht vergessen, dass die deutsche Öffentlichkeit jahrelang auf Korruptionsvorwürfe und Ermittlungen in Sachen Siemens mindestens so gleichgültig reagierte, wie es die Franzosen heute in Sachen Alstom tun. Auch deutsche Staatsanwälte zögerten, gegen den Münchner Konzern erhobene Vorwürfe ernst zu nehmen und ihnen energisch nachzugehen.

Wir haben uns daran gewöhnt, den Fall Siemens mit den Ermittlungen der Münchner Staatsanwaltschaft zu verbinden, die im November 2006 mit der groß angelegten Durchsuchung der Konzernzentrale in der bayerischen Hauptstadt begannen. Doch tatsächlich gab es bereits lange zuvor vielfältige Korruptionsverfahren gegen Siemens, in mehreren Ländern dieser Erde. Diese Ermittlungen schlugen aber in Deutschland kaum Wellen – weniger noch als der Fall Alstom im Jahr 2008 in Frankreich.

Seit dem Februar 1999 ist Auslandsbestechung in Deutschland strafbar. Es steht damit auf einer Stufe mit Delikten wie Diebstahl und Betrug. Trotzdem dauerte es sieben Jahre, bis die deutsche Öffentlichkeit dies in vollem Umfang zur Kenntnis nahm. Oft hörte man: Was wollen Sie denn? Im Ausland sei Bestechung doch gang und gäbe. Also müssten auch deutsche Firmen wohl oder übel mitschmieren, im Interesse der Arbeitsplätze in Deutschland! Es bereichere sich ja schließlich keiner.

Das klang ganz so, als würden bestechungswillige Manager nicht mit den dank Schmiergeldern hereingeholten Aufträgen ihre Karrieren beflügeln und Steuerzahler in fremden Ländern betrügen. Als müssten nicht auch Schmiergelder finanziert werden, und zwar indem man dem Auftraggeber einen überhöhten Preis berechnet.

Dass deutsche Ermittler die systematischen Korruptionspraktiken bei Siemens ans Tageslicht bringen konnten, war alles andere als eine Selbstverständlichkeit. Die Münchner Staatsanwälte profitierten dabei von einer ganzen Reihe außergewöhnlicher Umstände. Tatsächlich hatte der Konzern lange Glück. Über Jahrzehnte blieb er von kritischer Berichterstattung und strafrechtlicher Verfolgung weitgehend verschont. Der Elektronikriese behielt seinen Ruf einer eher langweiligen Vereinigung von Ingenieuren mit wenig Talent fürs Verkaufsgeschäft. Noch im September 2005 empfand man es bei Siemens schlicht als »unüblich« und geradezu ungehörig, wenn Journalisten detaillierte Fragenkataloge zu Korruptionsvorwürfen übermittelten. So etwas sei man einfach nicht gewohnt, wurde den Fragenden bedeutet.

Heinrich von Pierer, der Super-Manager

Solche Antworten mögen aus dem Gefühl heraus gegeben worden sein, die Siemens-Welt sei unantastbar. Zum Beispiel Heinrich von Pierer, der von 1992 bis 2004 als Vorstandschef fungierte und anschließend Vorsitzender des Aufsichtsrates wurde. Von Pierer war mehr als ein Unternehmensführer. Er war einer der angesehensten und mächtigsten Männer der Republik. Sowohl Helmut Kohl als auch Angela Merkel diente er als Berater. Mit Gerhard Schröder spielte er Tennis. Er galt nicht nur als kompetenter Fachmann, sondern geradezu als moralische Autorität. Unter Siemens-Mitarbeitern war er beliebt. Anders als andere Managerkollegen ließ er sich hin und wieder in der Unternehmenskantine sehen. Selbst die linke *taz* nannte ihn einen Mann »mit Anstand«. Für *Bild* war er einfach der »Super-Manager«. Sogar als Kandidat für das Amt des Bundespräsidenten war er zeitweise im Gespräch.

Noch im Jahr 2003 schwingt er sich in einem Buchbeitrag zum veritablen Tugendhüter auf. »Wer Werte und Moral in seinem Verhalten und Handeln gering schätzt, auch der untergräbt die Fundamente erfolgreichen Wirtschaftens«, postuliert der Siemens-Chef. Die »Bindung allen Handelns im Unternehmen an übergeordnete, zeitlos gültige Werte wie Ehrlichkeit, Verlässlichkeit, Fürsorge, Fleiß und Respekt voreinander«, all das sei unverzichtbar.

Ausdrücklich wendet sich Pierer gegen Bestechung im Unternehmensinteresse. »Täuschung, Betrug und Korruption lassen sich auf Dauer nicht verbergen«, schreibt er. Pierer macht sich explizit nicht das Argument zu eigen, dass es Weltgegenden gebe, in denen Bakschischzahlungen unumgänglich seien. Nein, »das absolute Verbot jeder Form der Korruption« gelte immer und überall. Gesetze müssten auch im Ausland geachtet werden. »Wird gegen dieses Postulat verstoßen, muss das Unternehmen zu einer lückenlosen Aufklärung beitragen und gegen die betreffenden Personen selbst disziplinarisch vorgehen.« Hier gehe »es keinesfalls um Kavaliersdelikte, die man augenzwinkernd dulden könnte«.

»Ein absolutes Verbot der Korruption«?

Wie weit diese Worte und die Realität auseinanderklafften, konnte jeder wissen, der sich intensiver mit Siemens beschäftigte, lange vor der Münchner Razzia im Herbst 2006. In den Jahren, in denen von Pierer den Konzern führte, wurde gegen Siemens so häufig wegen Bestechungsverdacht ermittelt wie wohl gegen kaum ein anderes großes deutsches Unternehmen – was allerdings meist keine größere Aufmerksamkeit fand. Mal ging es um einen medizintechnischen Auftrag in Korea, mal um Turbinen in Italien. Doch oft verliefen die Ermittlungen im Sande.

Heinrich von Pierer war 1992 gerade in das Amt des Vorstandschefs gelangt, da musste er der Öffentlichkeit einen Vorgang erklären, der sich noch vor seinem Antritt ereignet hatte. Um in München Aufträge für Prozessleittechnik zu beschaffen, die in Großklärwerken installiert werden sollte, hatte Siemens an städtische Bedienstete 3,2 Millionen Mark Provisionen aus Schweizer Nummernkonten gezahlt. Deklariert waren die Summen als Provisionen für Anlagen in Algerien und Korea.

»Herr von Pierer, gehören zur Geschäftspolitik Ihres Hauses Schmiergelder?«, fragte ihn damals der *Spiegel*. Und der Siemens-Boss gelobte zerknirscht Besserung: »Sie können sicher sein, dass wir alles tun, damit sich Dinge, wie sie in München passiert sind, nicht wiederholen.« Seine Firma könne es einfach »nicht zulassen, dass Geld gezahlt wird, damit Siemens einen Auftrag bekommt«.

Hatte Pierer wirklich alles getan, um das zu verhindern? Seit Ende der neunziger Jahre ermittelten jedenfalls Staatsanwälte in Spanien und der Schweiz wegen des Verdachts auf Bestechungszahlungen. Diesmal ging es um eine Hochgeschwindigkeitsbahn zwischen Madrid und Sevilla.

Um den lukrativen Schnellbahn-Auftrag zu gewinnen, schleuste Siemens nach Erkenntnissen der Zürcher und der Genfer Staatsanwaltschaft Ende der achtziger, Anfang der neunziger Jahre Millionensummen an Empfänger in Spanien. Nach Darstellung von Siemens flossen lediglich legitime Provisionszahlungen. Doch die Ermittler gingen dem Verdacht nach, dass Bestechung im Spiel war.

Die Transaktionen seien über eine Kaskade von Konten bei Schweizer Banken geschehen, hielten die Ermittler fest. Vier Konten in Zürich speisten ein weiteres in Zürich, von dem dann Geld an eine Bank in Genf floss – bei der laut Zürcher Staatsanwaltschaft wiederum Schecks im Wert von 2,9 Millionen Euro für einen spanischen Empfänger gezogen wurden.

Über ein Konto bei der Zürcher UBS flossen damals angeblich hunderte Millionen Schweizer Franken. Der Genfer Untersuchungsrichter Paul Perraudin glaubte, die geheime »Kriegskasse« von Siemens entdeckt zu haben. Prompt bescheinigte die Schweizer *Weltwoche* dem deutschen Konzern »Methoden, die man nur aus der Welt des organisierten Verbrechens kennt«.

Die Siemens-Zentrale in München bestritt jede Beteiligung an Bestechungszahlungen. Und die Konzernoberen konnten in Deutschland mit Nachsicht rechnen. Diese Erfahrung machte jedenfalls der Genfer Untersuchungsrichter. In einem Strafbefehl vom 10. November 1998 hielt Perraudin Details der Provisionen fest, die quer durch Europa geschleust wurden. So seien von einem Kunden der Deutschen Bank in Stuttgart 4,3 Millionen Mark an den Tracorde Trust im liechtensteinischen Vaduz geflossen. Ein ehemaliger Abgeordneter der spanischen sozialistischen Partei PSOE sei einer der Endempfänger. Es gehe um »illegale Provisionen«, »Geldwäsche« und den Verdacht, dass die Überweisungen aus Stuttgart »im direkten Zusammenhang stehen mit der Zahlung illegaler Provisionen durch die Siemens-Gruppe in Deutschland«, all dies im Zusammenhang mit dem spanischen Bahnprojekt.

»Deutsche Justiz kooperierte nicht«

Doch, so Perraudin in seinem Strafbefehl, »der Grund der von einem Klienten der Deutschen Bank Stuttgart an Tracorde überwiesenen Provisionen konnte nicht ermittelt werden, weil die deutschen Justizbehörden in keiner Weise kooperierten«.

Seit 1997 stellten auch die spanischen Ermittler Rechtshilfeersuchen an ihre Kollegen in München. Die Spanier erbaten die Übermittlung interner Prüfberichte von Siemens sowie den Schriftverkehrs zu dem Schnellbahngeschäft. Der Münchner Oberstaatsanwalt Horst Lehmpuhl lehnte den Antrag im August 2000 ab. Die angeforderten Dokumente, so sein abschlägiger Bescheid an den Untersuchungsrichter in Madrid, umfassten laut Angaben von Siemens »bei vorsichtiger Schätzung etwa 500 000 Blatt«. Ermittler Lehmpuhl übernahm diese Siemens-Aussage ungefiltert und verweigerte »vor diesem Hintergrund« die »Erledigung des Rechtshilfeersuchens« – im Einvernehmen mit seinen bayerischen Vorgesetzten und dem SPD-geführten Bundesjustizministerium. Gäbe man die gewünschten Unterlagen weiter, teilte Lehmpuhl den Spaniern mit, stellte dies »eine ausufernde Durchleuchtung eines Großunternehmens« dar.

Siemens-Millionen für die CDU?

Damit lagen die bayerischen Ermittler auf einer Linie mit Siemens-Chef von Pierer. Der musste im Oktober 2001 vor dem Untersuchungsausschuss des Bundestages aussagen, der den CDU-Spendenskandal aufklären sollte. Anders als in dem *Spiegel*-Interview 1992 hörten die Abgeordneten kein klares Bekenntnis des Vorstandschefs zur Korruptionsbekämpfung. Inzwischen war Auslandsbestechung auch in Deutschland seit zweieinhalb Jahren strafbar, doch dies schien dem Ausschussvorsitzenden Volker Neumann (SPD) entgangen zu sein: »Denn es ist uns klar – wir sind ja nicht weltfremd –, dass natürlich

Unternehmen im Ausland auch nützliche Aufwendungen nötig haben«, konstatierte der SPD-Abgeordnete. Könne es da nicht sein, dass von den Schweizer Konten auch Millionen illegal an die CDU geflossen seien?

Genau das hatte in der Tat der CDU-Spendensammler Uwe Lüthje im Jahr 2000 an Eides statt versichert. Demnach habe Siemens Ende der achtziger, Anfang der neunziger Jahre fünf bis sechs Millionen Mark an die CDU gezahlt, von Konten in der Schweiz.

Von Pierer bestritt solche Zahlungen. Seine einzigen »materielle Zuwendungen« an CDU-Chef Kohl seien Nürnberger Lebkuchen für 50 oder 70 Mark zu Weihnachten gewesen. Aber er hatte Schwierigkeiten zu erklären, warum Siemens gegen den CDU-Spendenexperten Lüthje nie rechtlich vorgegangen war. Man habe »davon Abstand genommen«, weil Lüthje ja »ein ziemlich kranker Mann« sei und weil er, Pierer, »eigentlich auch keine große Lust verspüre«, diese Angelegenheit über viele Jahre in der Presse »neu aufgemischt zu bekommen«.

Nun hätte eine erfolgreiche Klage weitere öffentliche Aufmischungen ein für alle Mal beenden können. Aber von Pierer antwortete ausweichend, auch auf die Frage nach den Ermittlungen des Genfer Untersuchungsrichters Perraudin.

Perraudin habe drei Konten beschlagnahmt, »die als Treuhandkonten unserem Unternehmen wirtschaftlich zuzurechnen waren«, räumte der Siemens-Vorstandschef ein. »Die Konten dienten dem Zweck der Zahlungsabwicklung von Provisionen für Aufträge im Auslandsgeschäft«, bestätigte er außerdem. Doch auf Fragen nach Details schritt Pierers Anwalt ein: Das sei »nicht Thema des Untersuchungsauftrages«. Der Grünen-Abgeordnete Hans-Christian Ströbele fragte trotzdem mehrfach nach, und stets fuhr ihm der Anwalt in die Parade. »Jetzt brüllt er schon dazwischen«, wunderte sich Ströbele irgendwann im Lauf des Wortgefechts.

»Haben Sie ein Controllinginstrument über diese Treuhandkonten?«, fragte der SPD-Abgeordnete Frank Hofmann von Pierer noch. »Gibt es für Sie ein Controllinginstrument, mit dem Sie zum Schluss für Siemens sagen können, Sie könnten überprüfen, wer dort Anweisungen gegeben hat und wohin diese Gelder geflossen sind?«

»Nein, offensichtlich nicht«, antwortete der Zeuge von Pierer. Aber man rede ja über Vorgänge in der Vergangenheit. Entschuldigend fügte der Konzernboss hinzu: »Soviel ich weiß, haben wir Konten in einer Größenordnung von 5000.« Über diese Konten gingen jedes Jahr Summen von einer Billion Mark: »Das sind halt schon große Beträge.«

Auch der SPD-Abgeordnete Rainer Wend hakte nach: »Können Millionenausgaben für nützliche Aufwendungen in Ihrem Unternehmen ohne Kenntnis des Vorstandsvorsitzenden oder des Finanzchefs des Vorstandes getätigt werden?«

Von Pierer wiederholte, dass er »zu dem Thema keine Aussagen machen möchte«. Aber natürlich könnten »große Zahlungen« auch ohne seine Kenntnis »abgewickelt werden«.

Eine scharfe Korruptionskontrolle sieht anders aus. Aber die war offensichtlich auch gar nicht nötig. Zwei Jahre nach dieser Sitzung des Untersuchungsausschusses – Auslandsbestechung ist nun bereits seit vier Jahren strafbar – versuchen gleich zwei ehemals hochrangige Siemens-Manager, die bayerischen Behörden auf mögliche Korruption bei Siemens aufmerksam zu machen. Beide scheitern.

Ein Pierer-Assistent packt aus

Da ist zum einen der ehemalige Siemensianer Rudolf Vogel. Bis zum Jahr 2000 war er bei Siemens als Abteilungsbevollmächtigter tätig, und zwar in der Kraftwerkssparte, in der auch der spätere Vorstandschef Pierer seine Karriere begonnen hatte. Zwei Jahre lang, von 1987 bis 1989, war Vogel sogar der persönliche Assistent des damaligen Bereichsvorstandes Pierer. Gleich danach, 1989, ernannten seine Vorgesetzten Vogel zum Abteilungsdirektor für den Kraftwerksvertrieb in Osteuropa und Russland. Ab 1995 war er schließlich für das Lateinamerikageschäft zuständig.

Im März 2003 verriet er vor dem Landesarbeitsgericht Nürnberg, was er in seinen Jahren bei Siemens erlebt hatte. Und das klang explosiv. Ihm seien »nur wenige Kraftwerksprojekte in den Regionen Südeuropa, Lateinamerika, Naher und Mittlerer Osten bekannt«, bei denen »nicht die Einschaltung Dritter mit entsprechenden Zahlungen erforderlich gewesen wäre«, ließ er dem Gericht per Schriftsatz mitteilen.

Vogel schlug sogar vor, Pierer als Zeugen zu laden – zum Beweis für

»die Tatsache, dass Art und Umfang der Schmiergeldabwicklung« von der Erlanger Siemens-Geschäftsleitung »in vollem Umfange genehmigt war«. Selbst die hausinterne Rechtsabteilung habe »Schmiergeldverträge« extra »geprüft und freigegeben«.

Als Bestechung im Ausland auch in Deutschland strafbar wurde, ließ Siemens die dubiosen Praktiken laut Vogel nicht etwa einstellen, sondern besser tarnen. Ab 1999 seien »derartige ›nützliche Abgaben‹ nicht mehr über Schwarzgeldkonten, sondern über ›offizielle Leistungs- und Beratungsverträge‹ abzuwickeln« gewesen.

So habe man Provisionsvereinbarungen in »wasserdichte« Subunternehmer- und Consultingverträge umgewandelt«. Er selbst, so Vogel, aber auch andere hochstehende Siemens-Leute hätten sich als »Geldbriefträger« für höhere Beträge »in bar« betätigt. Dies habe »einer ausdrücklichen Vorstandsanweisung« entsprochen.

Vogel verriet später, wie er dabei vorgegangen war. Er steckte seine Geldbündel gern in Briefumschläge, die er dann in billig aussehende Plastiktüten von Discountern schichtete. Keiner habe diese im Kofferraum kontrolliert, wenn er etwa nach Luxemburg oder in die Slowakei gefahren sei. Bei Flugreisen packte er die Scheine in Geschenkkartons. Kein Zöllner habe gewagt, die Schleifchen zu öffnen. In einer Schachtel von der Größe eines Schach- oder Monopoly-Spiels ließ sich so mühelos eine halbe Million Mark transportieren.

Laut Vogel eröffneten Siemens-Leute systematisch Auslandskonten, »insbesondere in Steueroasen wie Liechtenstein und Andorra, aber auch in der Karibik«, über die dann »die Zahlungen abgewickelt wurden«. Geschäfte seien bewusst verdeckt eingefädelt worden, sodass »diese für Journalisten, Staatsanwälte« und andere Neugierige »nicht nachvollzogen werden konnten«.

Vogel besaß überdies Unterlagen, wonach Siemens von Treuhändern betriebene Liechtensteiner Firmen nutzte, um die Gelder weiterzuleiten – zum Beispiel für Kraftwerksprojekte in der Slowakei, in Chile und Argentinien. Die Liechtensteiner TIRGA Consulting Establishment zum Beispiel sagte einem Slowaken 1,85 Millionen Mark zu – als Gegenleistung für Unterstützung betreffend ein Heizkraftwerk in Bratislava, das Siemens dann in der Tat Ende der neunziger Jahre bauen durfte.

Den Arbeitsgerichten verriet Vogel bereits 2003 weitere Details. So sei es bei Siemens »üblich« gewesen, »dass ›heiße‹ Geschäftsunterlagen nicht im Unternehmen, sondern privat bei den jeweiligen Mitarbeitern aufbewahrt werden, um zu vermeiden, dass der Kreis der Informierten bei unlauteren Gesprächen allzu groß wird« und Staatsanwälte und andere »im Falle einer Untersuchung der Geschäftsräume auf derartige Unterlagen« stoßen könnten.

Der Elektromulti wies Vogels Vorwürfe zurück, ging aber nie rechtlich gegen den Exbeschäftigten vor. Der Manager hatte Siemens vor Gericht gezerrt, weil ihm der Konzern wegen angeblicher Unregelmäßigkeiten im Jahr 2000 gekündigt hatte. Nach einem im März 2005 geschlossenen Vergleich musste Siemens dann doch 200 000 Euro Abfindung zahlen. Das Unternehmen konnte Vogel kein Fehlverhalten nachweisen – jedenfalls keines, das damals bei dem Unternehmen nicht üblich gewesen war.

Als der Exmanager vor dem Nürnberger Arbeitsgericht über Bestechungspraktiken in der Siemens-Kraftwerkssparte berichtete, konterte der Konzern mit Gegenvorwürfen. Vogel habe selbst eine Zahlung auf ein »unbekanntes Konto in Andorra« organisiert. Das Arbeitsgericht fand es allerdings »einigermaßen seltsam«, dass Siemens »keinerlei Nachforschungen« über den Verbleib dieser 350 000 Dollar angestellt hatte. Der Konzern stellte nicht einmal Strafanzeige gegen Vogel – obwohl doch Pierer drastische Schritte gegen alle Missetäter angekündigt hatte.

Vogels Vorwürfe gegen Siemens reichten bis ins Jahr 2000, also bis in die Zeit, in der Auslandsbestechung strafbar geworden war. Zum Beweis legte er Überweisungsformulare über insgesamt 990 000 Dollar vor, die am 8. Mai 2000 von Erlanger Siemens-Mitarbeitern auf Konten in Florida und Andorra überwiesen worden waren. Laut Vogel handelte es sich um einen Teil der Schmiergelder, mit denen der Konzern Politiker in der Dominikanischen Republik für einen Kraftwerksauftrag in der Stadt San Pedro de Macoris honoriert hatte. Insgesamt waren im Falle San Pedro angeblich »Schmiergelder für Politiker« in Höhe von 3,91 Millionen Dollar vorgesehen – bei einem Auftragsvolumen von 170 Millionen Dollar.

Doch als die Geschichte am 7. Dezember 2005 publik wurde, geriet die Siemens-Spitze keineswegs in Erklärungsnot. Im Gegenteil, Pierer und seine Mitarbeiter konnten die Meldung ruhig aussitzen.

Die Deutsche Presse-Agentur (dpa) griff an diesem Tag nicht etwa die Vogel-Aussagen auf, sondern eine PR-Mitteilung des Konzerns. »Die Siemens-Mitarbeiter bleiben ausgesprochen erfinderisch«, vermeldete die Agentur. Der Konzern habe mitgeteilt, dass im jüngsten Geschäftsjahr 5700 Patente angemeldet worden seien. Auch Vorstandschef Klaus Kleinfeld wurde zitiert: »Seit Werner von Siemens ist Innovation unser Lebenselixier.«

Staatsanwälte winken ab

Die Innovationskraft des Konzerns bei der Auftragsakquise fand auch nach Vogels Anschuldigungen nur begrenztes Interesse bei der bayerischen Justiz. In den Schriftsätzen des früheren Siemensianers standen die Namen von zwei angeblich beteiligten Siemens-Managern, gegen die damals bereits die Frankfurter Staatsanwaltschaft wegen Bestechungsverdachts ermittelte. Den Strafverfolgern in Hessen waren die Vogel-Papiere frühzeitig bekannt. Doch sie sahen die Kollegen von der Staatsanwaltschaft Nürnberg-Fürth als zuständig an. Auch den fränkischen Ermittlern lagen die Dokumente spätestens im Jahr 2005 vor. Aber sie blieben tatenlos. »Derzeit« werde wegen der Vorwürfe »mit dem Tatort Dominikanische Republik« nicht ermittelt, antwortete damals Sprecher Andreas Quentin, selbst Richter am Landgericht. Die Antwort des Juristen klang etwas irreführend, denn es ging ja nicht nur um den Tatort Karibik, sondern auch um mögliche Straftaten am Sitz der Siemens-Kraftwerkssparte in Erlangen. Warum ermittelten die Nürnberger Staatsanwälte trotzdem nicht? Quentin gab dafür keine Begründung.

Unabhängig von Vogel versuchte im Jahr 2003 auch ein ehemaliger Manager von Siemens-Nixdorf, Peter Sipos, die bayerischen Ermittlungsbehörden auf Vorgänge aufmerksam zu machen, die ihm seltsam erschienen. Er legte der Münchner Staatsanwaltschaft einen Beratervertrag vor. Das sogenannte »Marketing Services Agreement« wurde am 20. Februar 1997 zwischen der Münchner Siemens-Finanzabteilung und einer Dubliner Firma namens Tricast Investments Limited geschlossen. In dem Kontrakt hatte sich Siemens verpflichtet, bis Dezember 1999 über Konten der Bank Austria in Wien und Prag Kommissionszahlungen an Tricast zu leisten – für »Markterkundungen«

in Russland, etwa zur Vorbereitung von Projekten mit dem Energie-riesen Gazprom. Der Text eines Zusatzprotokolls legte den Verdacht nahe, dass mit Markterkundung eher Marktbeeinflussung gemeint sein könnte. Jedenfalls verneinte Tricast jede Verantwortung »für die Realisierung« geplanter Vorhaben, falls Siemens vereinbarte »Kommissionen« nicht zahle.

Nach ihrer Dubliner Anschrift zu urteilen war Tricast eine Briefkastenfirma. Seit 2002 ist die Gesellschaft aufgelöst, schon seit 1999 hatte sie keine Bilanzen mehr beim Handelsregister eingereicht. Als Generaldirektor fungierte ein Mann mit russischem Namen und Anschrift in Moskau. Warum sollten Siemens-Gelder über Irland an russische Empfänger fließen? Der Konzern schwieg dazu, als er im Sommer 2005 gefragt wurde.

Noch im Jahr 2003 lehnt es die Münchner Staatsanwaltschaft ab, den Vertrag zum Anlass für Ermittlungen zu nehmen. Der Exmanager Sipos reicht daraufhin Aufsichtsbeschwerde beim bayerischen Generalstaatsanwalt ein. Dieser weist die Beschwerde im November 2003 zurück. »Aus dem Inhalt des vorgelegten Vertrages« ergebe sich »unmittelbar« keine Verbindung »zu russischen Amtsträgern«. Warum Siemens russische Bürger via Irland bezahlen will, kümmert den Generalstaatsanwalt offenkundig nicht. Überdies, so sein Argument, stamme der Vertrag vom 20. Februar 1997, als Auslandsbestechung in Deutschland noch nicht verboten war. Es sei aber »davon auszugehen«, dass »eine Bestechungsleistung im nahen zeitlichen Zusammenhang mit der ihr zugrunde liegenden Vereinbarung fließt«. Darum sei »eine Bestechungshandlung gegenüber einem ausländischen Amtsträger zu einem Zeitpunkt, als dies nach deutschem Strafrecht bereits strafbar war, nicht erkennbar«.

Im Klartext: Der Münchner Generalstaatsanwalt stellt zunächst die Vermutung auf, dass eventuelle Zahlungen vollständig zu Beginn der Vertragslaufzeit geleistet worden seien. Das ist reine Spekulation. Doch auf der Basis dieser Vermutung verweigert die bayerische Justiz weitere Ermittlungen.

Die Geschichte von Peter Sipos zeigt, wie es in diesen Jahren einem Siemensianer ergehen konnte, der sich weigerte, im großen Korruptionsspiel mitzumachen. Der im rumänischen Siebenbürgen geborene Mann aus – wie er selbst sagt – »österreichisch-ungarischer« Familie floh 1973 in den Westen, arbeitete bei renommierten US-Konzernen wie Hewlett-Packard und Digital Equipment. Von 1996 bis 1998 war er für ein Jahresgehalt von 300000 Mark einer der drei Geschäftsführer bei Siemens-Nixdorf Osteuropa (SNO) in Dresden und dort für das Russlandgeschäft zuständig. Siemens habe »Millionen von Bestechungsgeldern für hohe russische Beamte« über Drittländer überwiesen, »um die Spuren zu verwischen«, sagte Sipos im Juni 2005.

Als ihm Anfang 1998 sicher schien, dass es bei seinem Arbeitgeber nicht mit rechten Dingen zuging, habe er sich einen Termin für ein Gespräch mit dem Vorstandsmitglied Volker Jung in der Zentrale in München geben lassen. Doch statt Jung sei ein ihm untergeordneter Direktor erschienen. Der habe Sipos' Vorgesetzten verteidigt. Wenn der das mache, »ist das richtig so«. Kurz darauf, so Sipos, sei er zur Kündigung gedrängt worden. Bereits am 31. Oktober 2000 habe er an Pierer persönlich geschrieben, sagte Sipos. Er habe ihn gewarnt, bei Siemens-Nixdorf würden strafbare und »unethische Geschäftspraktiken« im Russlandbusiness verwendet.

Ab Januar 2005 erhob er seine Vorwürfe schließlich auch öffentlich. Er trat in den Hungerstreik und demonstrierte vor der Siemens-Zentrale am Wittelsbacher Platz in München »gegen Betrug und Bestechung bei der Siemens AG«. Und er beklagte die »kriminellen Machenschaften« im April 2005 in einem Brief an Pierers Nachfolger Klaus Kleinfeld.

»Die Mentalität war korrupt«

»Die Mentalität war korrupt«, sagt Sipos später. »Oft hörte man: Wenn wir das nicht machen, machen es die anderen.« Massivste Vorwürfe also, doch anstatt den Mann zu verklagen, einigt sich Siemens im Juli 2005 mit ihm, ihn künftig als »Berater« zu bezahlen – Stillschweigen über seine bisherigen Vorwürfe inbegriffen. Zu seinen Vorwürfen will Siemens zu dem Zeitpunkt im Detail nicht Stellung nehmen. »Aus menschlichen Gründen« und »damit sich das ganze Thema nicht so weiterdreht«, habe man ihm den Beratervertrag angeboten, sagt im September 2005 der damalige Siemens-Sprecher und Pierer-Vertraute Eberhard Posner.

Im April 2005 berichtet die *Süddeutsche Zeitung* über die Geschichte des Peter Sipos in einem fünfspaltigen Artikel. Im September 2005 vermeldet der *stern*, wie Siemens den Kritiker ruhiggestellt hat. In der vermeintlich so korruptionsfeindlichen deutschen Öffentlichkeit findet das praktisch keinen Widerhall.

Dabei hatten zuvor Staatsanwälte in zwei deutschen Städten Korruptionsermittlungen gegen Mitarbeiter der Siemens-Kraftwerkssparte aufgenommen. Beide Fälle waren im Jahr 2004 publik geworden, ohne größere Wellen zu schlagen.

Den Anfang machten Ermittler in Frankfurt am Main. Sie eröffneten ein Verfahren gegen zunächst drei ehemalige Manager des Siemens-Bereiches »Power Generation«. Der Anstoß kam aus Italien. Zwei Manager des staatlichen italienischen Enel-Konzerns hatten bei Vernehmungen in Mailand gestanden, sie hätten Schmiergelder, etwa sechs Millionen Euro, von Siemens-Leuten angenommen. Die Initiative dazu sei von den Deutschen ausgegangen. Dafür habe Siemens Aufträge über Gasturbinen im Wert von 336 Millionen Euro bekommen. Über Liechtenstein und die Arabischen Emirate seien die Schmiergelder an einen Mittelsmann in Abu Dhabi geschleust worden.

Mein Jaguar, dein Auftrag

Im Juli 2004 wurde ein Parallelfall bekannt. Es ging um einen Jaguar X-Type, Bargeld und einen 50-Millionen-Euro-Auftrag der EU. Die Wuppertaler Staatsanwaltschaft hatte von dem Vorgang durch einen Untersuchungsbericht vom 17. November 2003 erfahren. Der Absender war das Brüsseler Betrugsbekämpfungsamt, das Office Européen de la Lutte Anti-Fraude (»Olaf«). Nun ermittelten die Wuppertaler gegen Mitarbeiter der Siemens-Kraftwerkssparte »Power Generation« und eines damals unter dem Namen Lurgi Lentjes Service (LLS) firmierenden Duisburger Unternehmens.

Empfänger der Leistungen war angeblich ein gewisser David Williams, ein britischer Mitarbeiter der EU-Agentur für den Wiederaufbau des Balkans (abgekürzt EAR, für European Agency for Reconstruction) in Belgrad. Siemens und LLS hatten sich im Jahr 2002 um einen von der EAR finanzierten Kraftwerksauftrag in Serbien im Wert von 49,8 Millionen Euro bemüht. Auch dank Williams' Hilfe – er stimmte im Evaluierungskomitee für ihr Angebot – ging der Auftrag in der Tat an die beiden deutschen Unternehmen. Der französische Alstom-Konzern hatte zusammen mit der britischen RWE-Tochter Innogy zwar ein um fünf Millionen Euro günstigeres Angebot gemacht. Doch das sortierten die Evaluierer vorher aus. Technische Gründe hatten das angeblich erzwungen.

Der vertrauliche Untersuchungsbericht des EU-Amts für Betrugsbekämpfung enthielt brisante Details der Manöver, die sich hinter den Kulissen des Millionengeschäfts abspielten. Ihm zufolge reiste Williams mit dem damaligen britischen LLS-Mitarbeiter Louis Jourdan – die beiden waren befreundet – im Mai 2002 kurz vor Angebotsschluss von Belgrad nach Duisburg zum Firmensitz von LLS. Obwohl ihm vor Ablauf der Abgabefrist Kontakte mit den Bewerbern verboten waren, soll Williams am 25. Mai 2002 drei Manager von LLS und zwei Mitarbeiter des Karlsruher Standortes von Siemens Power Generation zu einem Gespräch getroffen haben. Williams habe dort – so ein Olaf-Informant – den »Angebotsentwurf, der ihm präsentiert worden sei, kommentiert, und das Angebot sei entsprechend geändert worden«.

Angeblich ging es bei den Gesprächen in Duisburg schon darum, welche Gegenleistung der EU-Mann erhalten sollte. So habe sich Williams beschwert, dass »sein Jaguar noch nicht in der Einfahrt stehe«, heißt es in dem Olaf-Bericht. In der Tat fand Olaf später bei einer Razzia in Williams' Belgrader Büro Kataloge der Firma Jaguar, die der EU-Ingenieur am 29. Mai 2002, also kurz nach der Besprechung in Duisburg, erhalten hatte. Olaf reichte überdies Informationen von einer CD-ROM an die Wuppertaler Staatsanwaltschaft weiter, wonach die Firmen 2,5 Prozent der Auftragssumme als »Provision veranschlagt« hätten – über 1,2 Millionen Euro.

Williams war damals offenbar klamm. Seine »finanzielle Situation« sei »schlecht«, notierten die Olaf-Leute. Das Konto des Briten bei der HSBC-Bank in Abergele, Nordwales, sei »überzogen«, und die Bank habe Williams gedroht, »ihn zu verklagen«. Trotzdem habe der Ingenieur im Jahr 2002 mit seiner Familie eine Kreuzfahrt unternommen, »deren Kosten mehr als 30000 Euro betrugen«.

Die EAR hatte den Briten im Januar 2003 wegen des regelwidrigen Besuchs in Duisburg vom Dienst suspendiert. Gegenüber den EU-Ermittlern beteuerte Williams aber seine Unschuld. Er sei nur zur

»Ablenkung« mit Jourdan nach Duisburg gereist und dann auf einen Kaffee mit zu LLS gekommen. Louis Jourdan verteidigte seinen Freund Williams zwar in Briefen an EAR und Olaf – bestätigte aber im Herbst 2004 auch öffentlich den Vorwurf, das deutsche Konsortium habe die Mitbewerber unfair ausgebootet. So hätten LLS und Siemens ihr Angebot geschickt zurechtgestutzt, um erst einen niedrigen Preis anzubieten und hinterher doch zusätzliche Arbeiten in Rechnung stellen zu können.

Der damalige Direktor des serbischen Energieversorgers EPS, Ljubomir Geric, kritisierte im März 2003 in einem internen Brief den Vertrag, den die EAR mit den Firmen abgeschlossen hatte. Er räume Siemens und LLS »unbegrenzte Möglichkeiten« ein, finanzielle »Zusatzforderungen« zu stellen. Es schien wie ein eleganter Weg, über den die Firmen trotz eines günstig erscheinenden Ausgangsangebots doch noch auf ihre Kosten kommen konnten.

Sowohl Siemens als auch LLS – die Duisburger Partnerfirma von Siemens wurde in der Zwischenzeit von Thyssen-Krupp übernommen – bestreiten die Vorwürfe bis heute. Bereits im September 2004 hatte die Wuppertaler Staatsanwaltschaft die Büros von LLS in Duisburg und von Siemens in Karlsruhe durchsuchen lassen. Den großen deutschen Tageszeitungen war das damals höchstens eine kurze Meldung wert, und dies, obwohl einer renommierten deutschen Firma vorgeworfen wurde, besser geschmiert zu haben als die vermeintlich so verdorbene französische Konkurrenz von Alstom.

Ähnlich erging es den Anschuldigungen eines weiteren ehemaligen Siemens-Managers, über die der *stern* im September 2005 berichtete. Den meisten Deutschen mögen sie damals kaum glaublich erschienen sein – eher als eine Räuberpistole aus Absurdistan denn als ein wahrheitsgemäßer Bericht aus dem angesehenen Unternehmen des Herrn von Pierer.

Geldkoffer für Russland

Der neue Kronzeuge, der im September 2005 gegen den Konzernchef auftritt, heißt Sam Tsekhman. Der Kanadier mit dem dünnen, weißen Haar ist in Russland geboren und aufgewachsen, man hört es am Akzent. 27 Jahre lang hat der Ingenieur für Siemens gearbeitet. Von 1996 bis 1999 leitete er in Erlangen und Moskau den Russlandvertrieb für Großprojekte der Siemens-Medizintechnik.

Damals, so bezeugt er im September 2005 in einer eidesstattlichen Versicherung, sei er regelmäßig nach Wien gebeten worden, meist in eine Suite im Hotel Hilton. Dort habe ihm ein aus Deutschland angereister Siemens-Manager bündelweise Bargeld übergeben, vor allem D-Mark und Dollar. Woher das Geld stammte, wisse er nicht, sagt Tsekhman. Ein anderer Mann habe es zuvor in das Hotel gebracht, aber den bekam Tsekhman nie zu Gesicht. Einmal sei ihm eine Million Dollar in bar überreicht worden. Für solch hohe Summen habe der Siemens-Kollege auch noch einen Tipp parat gehabt: Nehmen Sie für die Reise nicht das Flugzeug, da wird Ihr Koffer durchleuchtet.

Die »Koffer voller Bargeld«, so Tsekhman, hätten dazu gedient, für den Konzern russische Beamte zu bestechen. »Als ich für Siemens Russland arbeitete, war es übliche Praxis, Dritte zu bezahlen«, hieß es in Tsekhmans eidesstattlicher Erklärung. Dass für Aufträge Schmiergeld gezahlt wurde, sei im Konzern kein Geheimnis gewesen. Auch von Pierer habe davon gewusst.

Beim Zahlen von Bestechungsgeldern habe man bei Siemens Medical Solutions, wie die Medizintechnik-Tochter damals hieß, einen »sehr soliden, bewährten Mechanismus« benutzt, versicherte Tsekhman – Genehmigung durch ein Mitglied des Bereichsvorstandes inklusive. So zum Beispiel bei einem lukrativen Liefervertrag, den Siemens Medical Solutions im November 1999 abschloss, also neun Monate nachdem Auslandsbestechung in Deutschland strafbar geworden war. Damals orderte das renommierte Burdenko-Institut für Neurochirurgie in Moskau bei dem deutschen Industrieriesen eine Radiologieabteilung und weiteres Gerät für insgesamt 28,2 Millionen Euro. Um den Vertrag und grünes Licht der russischen Regierung zu erhalten, habe Siemens Schmiergelder in Höhe von mehr als sieben Millionen Euro eingeplant, so Tsekhman in seiner eidesstattlichen Erklärung. Sein Vorgesetzter bei Siemens Medical Solutions habe diese Zahlungen genehmigt, was der allerdings bestreitet.

Um das Schmiergeld an die Beamten und Politiker zu bringen, wurde laut Tsekhman ein amerikanischer Mittelsmann beschäftigt: der in Boston ansässige russischstämmige Geschäftsmann Lazar Papernick. Zwei Siemens-Manager hätten Tsekhman zuvor aufgefordert, solche

Zahlungen nicht selbst zu leisten, sondern über Dritte weiterzuschleusen. Papernick bestätigte diese Vorwürfe. Allein im Fall des Moskauer Burdenko-Instituts seien 1,4 Millionen Euro für russische Regierungsbedienstete vorgesehen gewesen – für Mitarbeiter des Wirtschafts- und des Finanzministeriums sowie das Büro des Premierministers, sagte Papernick. Auch er bezeugte das in einer eidesstattlichen Erklärung.

Damit trotz der Bestechungsmillionen für den Konzern noch ein Gewinn übrig blieb, so berichteten Tsekhman und Papernick übereinstimmend, habe Siemens der russischen Regierung einen 35-prozentigen Preisaufschlag berechnen wollen. Tsekhman präsentierte Kostenaufstellungen für das Burdenko-Projekt, die nach seinen Worten von Siemens stammten. Sie enthalten je eine Spalte »Reserve« oder »Provision« über 9,8 Millionen Euro.

Die Preisgestaltung des Konzerns erschien in der Tat auffällig. Russische Kunden mussten damals offenbar deutlich mehr für Medizingeräte zahlen als westeuropäische Abnehmer. Der Computertomograph »Somatom Sensation 16« kostete in Deutschland im Jahr 2005 nach *stern*-Recherchen rund eine Million Euro, in Russland dagegen laut Preisliste vom Oktober 2004 mehr als 2,2 Millionen Euro.

Im September 2005 konfrontiert der *stern* den Konzern vor der Veröffentlichung mit den Vorwürfen. Die Reaktion ist merkwürdig. Auf 45 detaillierte, schriftlich eingereichte Fragen antworten zwei Siemens-Sprecher lediglich mündlich und eher ausweichend. Ohne auf den Fall des Burdenko-Instituts konkret einzugehen, spricht der damalige Siemens-Pressechef Eberhard Posner von »bestimmten Gegebenheiten«, die es im Ausland gelegentlich zu berücksichtigen gebe. Mitarbeiter müssten alle zwei Jahre unterschreiben, dass sie die Gesetze beachten, versichert Posner. Aber es bleibe eine »Grauzone«, räumt er ein. Das klingt anders als »das absolute Verbot jeder Form der Korruption«, das Pierer versprochen hatte.

Tsekhman sei frustriert, weil sich Siemens 1999 von ihm getrennt habe, verbreitet die Firmenzentrale. »Da will sich einer rächen«, sagt der Siemens-Sprecher. Tsekhman und Papernick hatten in der Tat seit Jahren mit Siemens über Geld gestritten. An den Umständen im Zusammenhang mit dem Burdenko-Projekt ändert das aber nichts. Dokumente belegen zweifelsfrei, dass Tsekhman und Papernick das Liefergeschäft im Auftrag von Siemens vorbereitet hatten. Fotos zeigen Tsekhman und Papernick mit Siemens-Managern sowie dem damaligen russischen Premier Jewgenij Primakow. Geld habe Primakow nicht kassiert, sagt Tsekhman.

Der Vorwurf, dass im Fall Burdenko Zahlungen »an Dritte« versprochen worden seien, war vielen Siemens-Leuten überdies intern bekannt, ohne dass dies große Aufregung ausgelöst hätte. Am 8. Januar 2001 weist Papernick per Brief den Siemens-Vertriebsmanager Peter Bertsch darauf hin, dass er bereits aus eigener Tasche »Vorauszahlungen« geleistet habe. Er fordert nun die Gelder ein, die ihm selbst und »dritten« Parteien zustünden. Bertsch antwortet zwei Tage später, als handle es sich um einen Routinevorgang. Er kommentiert die angeblichen »Vorauszahlungen« nicht, findet die verlangten Summen viel zu hoch und schlägt ein Treffen in Erlangen vor.

Glaubt man Tsekhman, dann nahm er bis zum Jahr 2000 Schwarzgeld im Wiener Hilton entgegen – also auch nach dem Inkrafttreten des Gesetzes, das Auslandsbestechung unter Strafe stellt. Im April 2000 habe ein Siemens-Manager in Erlangen vor seinen Augen mit Vertretern einer russischen Importagentur über die Höhe von Bestechungszahlungen im Fall des Burdenko-Instituts verhandelt, versichert Tsekhman. Damals hatte Siemens die Moskauer Institutsvertreter zu einem fünftägigen Besuch in Erlangen empfangen. Doch kurz darauf, am 17. Juli 2000, schreibt Peter Bertsch der Moskauer Institutsleitung, Siemens müsse sich von dem Vorhaben zurückziehen. Der Grund: Anders als bisher müsse sich Siemens, um eine von der deutschen Regierung zu finanzierende Hermes-Kreditgarantie zu erhalten, schärferen Kontrollen unterziehen. Insbesondere würde strenger überprüft, ob der Anteil an Produkten aus ostdeutscher Fertigung groß genug sei. Das war eine Grundbedingung für die Hermes-Förderung.

Der Hintergrund ist kompliziert. Die russischen Siemens-Kunden brauchen Bankkredite, um Anschaffungen finanzieren zu können. Die Banken verlangen Sicherheiten, dass die Kunden ihre Kredite abzahlen. Dafür vergibt die Bundesregierung von ihr mit Steuermitteln abgedeckte Hermes-Kreditgarantien. Die gibt es jedoch nicht ohne Auflagen: Vor allem bei größeren Geschäften mit Staaten der einstigen Sowjetunion muss in den neunziger Jahren ein Großteil des Exportwertes aus den neuen Bundesländern stammen.

Bertsch gibt der Moskauer Institutsleitung nun zu verstehen, dass Siemens die neue, verschärfte Kontrolle nicht überstehen würde: »Wie Sie genau wissen, hatte Ihr Projekt hier von Anfang an ein eingebautes Problem.« In der Tat sollte ein erhebliches Volumen der geplanten Lieferung überhaupt nicht aus Deutschland kommen, weder Ost noch West – sondern aus den USA. »Der hohe Anteil von Material aus den USA« sei einer der Gründe, warum Siemens den Auftrag nicht mehr selbst abwickeln wolle, schreibt der Bereichsvorständler Götz Steinhardt in einem Brief vom 30. April 2004.

Jetzt, so Bertsch, hätten »höhere« Managementebenen bei Siemens entschieden, Aufträge mit einer »bestimmten Lieferstruktur« nicht mehr von Siemens selbst als Vertragspartner abwickeln zu lassen. Hatte Siemens ursprünglich gehofft, die Hermes-Prüfung auch ohne hinreichende Ostquote zu überstehen? Der Konzern beantwortet die Frage nicht. Am Ende stattet die Thüringer AJZ Engineering GmbH, eine Tochterfirma von Carl Zeiss Jena, das Moskauer Institut mit den gewünschten Geräten aus – zum selben Preis und unter anderem mit Technik von Siemens. AJZ behauptet, man habe den Auftrag vollkommen unabhängig von Siemens bekommen.

Der Fall Burdenko beschäftigt schließlich auch Konzernchef von Pierer höchstselbst. Tsekhman sagt, er habe im April 2003 zweimal mit Pierer telefoniert und mit ihm über die noch ausstehenden Zahlungen für Papernick gesprochen. Am 26. Juni 2003 habe er Pierer ausführlich geschrieben. In dem Brieftext erwähnt Tsekhman die »Versprechen«, die er »im Namen von Siemens« vielen Personen in Russland gemacht habe: Sie würden die »Belohnung« dafür bekommen, dass sie Siemens geholfen hätten.

Wie im Fall Sipos geht Siemens nie rechtlich gegen die massiven und konkreten Anschuldigungen vor. Interne Untersuchungen hätten ergeben, dass an all den Vorwürfen nichts dran sei, versichert Siemens – aber erst nach der Veröffentlichung des Artikels. Für den damaligen Frankfurter Oberstaatsanwalt Wolfgang Schaupensteiner ist die laue Reaktion bezeichnend. Auf einer Fachtagung an der Verwaltungshochschule in Speyer stellt er im Oktober 2005 eine rhetorische Frage: Werde die Korruptionsbekämpfung bei Siemens ernst genommen? Nein, antwortete der Staatsanwalt gleich selbst, die bekannten Fälle zeigten, »dass es nicht so ist«.

Zu dem Zeitpunkt sind gerade weitere Korruptionsvorwürfe gegen Siemens bekannt geworden. Im Oktober 2005 beschuldigt eine Untersuchungskommission der Vereinten Nationen drei Siemens-Tochterfirmen, Lieferungen in den Irak mit 1,6 Millionen Dollar an Schmiergeldern erleichtert zu haben. Doch aus der Sicht des Chefs der Münchner Staatsanwaltschaft, Christian Schmidt-Sommerfeld, gibt es zunächst »noch keinen Anfangsverdacht«, der Ermittlungen gerechtfertigt hätte. Der Grund: Man habe keine Belege für eine Verbindung zum Münchner Mutterkonzern.

Man dürfe sich ja nicht, so Schmidt-Sommerfeld, »dem Vorwurf aussetzen, jemanden zu Unrecht an den Pranger gestellt zu haben«. Erst zwei Jahre später wird die Staatsanwaltschaft Nürnberg-Fürth die Vorwürfe der UN aufgreifen.

Die Fassade bleibt intakt

Von Pierers untadelige Aura scheint all die hässlichen Nachrichten zu überstrahlen. Zwar hatte Transparency International die Fördermitgliedschaft des Münchner Konzerns suspendiert, nachdem 2004 die Frankfurter Ermittlungen in Sachen Enel bekannt geworden waren. Aber erst Ende 2006 schließt die Organisation den Elektromulti vollständig von der Mitgliedschaft aus – dies wohlgemerkt, obwohl seit 2004 publik ist, dass gleich zwei deutsche Staatsanwaltschaften wegen möglicher Bestechung bei Kraftwerksprojekten von Siemens ermitteln und zahlreiche Insider öffentlich plausible Hinweise auf verbreitete Bestechungspraktiken präsentieren.

Selbst nach der Münchner Großrazzia im November 2006 ist der damalige Deutschlandchef von Transparency von der weißen Weste des Heinrich von Pierer überzeugt. Dieser habe – auch in seiner Zeit als langjähriger Vorstandschef – wohl eher nichts von den Praktiken in seiner Firma mitbekommen, sagt der TI-Vorsitzende Hansjörg Elshorst im Dezember 2006 in einem Interview. »Ich habe Siemens völlig vertraut«, gesteht der TI-Gründer Peter Eigen im Dezember 2007 ein. Er habe die Leute um Pierer für »Helden« gehalten, die sich ernsthaft um die Eindämmung der Korruption bemühten. Hatte man bei Transparency also einfach keine Zeitung gelesen? Oder wollte man schlicht nicht wahrhaben, was zu unglaublich klang?

Diese Gutgläubigkeit teilte Transparency freilich mit dem Bundeskriminalamt. Auch dessen Chef Jörg Ziercke glaubte noch Ende 2005 an das Gute im Multi. Dass Bestechung im Ausland »symptomatisch« sei für die Arbeit von Siemens, »das kann ich mir überhaupt nicht vorstellen«, sagte der Chefermittler in einem Interview. Da hatte der oberste deutsche Polizist gerade Pläne vorgestellt, mit den Sicherheitsdiensten deutscher Großkonzerne enger zusammenzuarbeiten, darunter auch mit dem von Siemens.

Dabei hätten schon pure Plausibilitätserwägungen dazu führen müssen, immer wieder neu aufkommende Korruptionsvorwürfe gegen den Konzern ernst zu nehmen. Dessen Mitarbeiter mussten, so sagt es Pierer selbst im November 2005, jeden Tag Aufträge in Höhe von 350 Millionen Euro akquirieren, um die Umsatzziele zu erreichen. Auf den Vertriebsmanagern des Konzerns lastete also ein enormer Druck. Hinzu kam: Siemens lieferte und liefert vor allem Produkte, die staatliche Stellen abnehmen – Eisenbahnen, Kraftwerke, Telefonvermittlungstechnik und medizinische Apparate.

Vor dem Untersuchungsausschuss, der die CDU-Parteispenden durchleuchtete, bekannte Pierer 2001 ganz offen, dass Siemens nun mal »in der Infrastruktur tätig« sei und so »ohne politische Unterstützung große Aufträge häufig gar nicht bekommen« könne. Dass da die Versuchung groß sein musste, mit Schmiergeld nachzuhelfen, lag auf der Hand. Besser gesagt: Es hätte auf der Hand liegen müssen, hätte Siemens nicht von einem blauäugigen Glauben vieler Deutscher gezehrt.

Der Glaube hält, bis die Zahl der Risse in diesem Schutzwall immer größer wird – und der Damm schließlich bricht. Schon in seiner Abschiedsrede als Vorstandchef findet Pierer auf der Hauptversammlung am 27. Januar 2005 ein paar erstaunlich selbstkritisch klingende Worte zum Thema Korruptionsbekämpfung: »Ich möchte bekennen, das ich in dieser Beziehung mit der Bilanz, die ich am Ende meiner Amtszeit als Vorstandsvorsitzender ziehe, nicht hundertprozentig zufrieden bin«, sagt der Konzernlenker. Es habe »Vorgänge gegeben – Gott sei Dank nur einige wenige –, bei denen Mitarbeiter ganz eindeutig gegen unsere Vorschriften gehandelt haben«. Dann lässt er optimistische Beschwörungen folgen: »Ich bin mir mit dem obersten Führungskreis einig, dass wir nicht locker lassen werden, um diese Probleme mit Stumpf und Stiel auszumerzen.«

Da ist es bereits zu spät. Pierers Uhr tickt. Schon im November 2004 hatte das Fürstliche Landgericht in Liechtenstein Vorerhebungen gegen zwei ehemalige Siemens-Manager begonnen, wegen des Verdachts auf Geldwäsche und Korruption. Im Juli 2005 lässt die Staatsanwaltschaft aus dem italienischen Bozen die Siemens-Zentrale in München durchsuchen – weil es Hinweise darauf gibt, dass Siemens-Manager beim staatlichen Telefonausrüster Italtel geschmiert haben.

Ein anonymer Brief schlägt Wellen

Die Ermittler finden nicht, was sie suchen. Aber nun schreibt ein Siemens-Mann im September 2005 einen anonymen Brief an die Münchner Staatsanwaltschaft. Die Ermittler seien bei der Durchsuchung ausgetrickst worden, behauptet er. Siemens-Mitarbeiter hätten es geschafft, rechtzeitig brisante Unterlagen aus dem Weg zu räumen und im Archiv zu verstecken.

Zunächst wissen Oberstaatsanwältin Regina Sieh und ihre Mitarbeiter und Mitarbeiterinnen in der Korruptionsabteilung der Münchner Staatsanwaltschaft mit dem Schreiben nichts anzufangen. Die Razzia im Sommer hatte eine andere Abteilung durchgeführt. Die gemeinsame Datenbank der Münchner Staatsanwaltschaften enthält nur Namen von Beschuldigten, nicht die der betroffenen Firmen. Eine Volltextsuche erlaubt die Datenbank nicht. Nur durch Zufall stoßen die Ermittler doch noch auf den Vorgang vom Juli.

Über ein Jahr lang sammeln die Staatsanwälte nun Hinweise, nehmen auch mit Rudolf Vogel und Sam Tsekhman Kontakt auf. Im Juli 2006 kommt überdies Post aus der Schweiz. Die dortige Bundesanwaltschaft wendet sich an die Münchner Kollegen mit einer sogenannten »unaufgeforderten Übermittlung von Informationen«. Thema: Vorwürfe, Geldwäsche und Korruption betreffend, gegen Siemens-Manager.

Die Vorermittlungen der Leute um Regina Sieh haben teilweise fast konspirativen Charakter. Sie tragen lange nicht einmal ein Aktenzeichen. War der Generalstaatsanwalt informiert, also der von der Landesregierung eingesetzte Aufseher über die Strafverfolger? Darüber sei er sich nicht ganz sicher, antwortet ein Ermittler später mit feinem Lächeln. Der Generalstaatsanwalt wolle ja »immer in alles eingebunden sein«, wenn es um große Firmen gehe. Gut möglich, dass man ihn über die Vorrecherchen zum Thema Siemens eine Weile im Unklaren gelassen habe.

Ein deutscher Staatsanwalt, der sich einen mächtigen deutschen Konzern vornehmen will, braucht Mut. Und er braucht anscheinend einen Anstoß aus dem Ausland. Der kam im Fall Siemens von den Ermittlern in Italien, der Schweiz und Liechtenstein. Sie hatten mit Rechtshilfeersuchen und der Übermittlung von Informationen die bayerische Justiz unter Zugzwang gesetzt.

Den Münchner Ermittlern kam noch ein zweiter Umstand zupass. Kurz zuvor hatte der Bundesgerichtshof ein wichtiges Urteil gegen den CDU-Politiker und ehemaligen Innenminister Manfred Kanther gefällt. Es betraf die CDU-Spendenaffäre und erlaubte es nun auch in Sachen Siemens, das Anlegen schwarzer Kassen wegen des Tatbestands der Untreue zu verfolgen. Der Vorwurf würde nicht auf Bestechung lauten, sondern auf Schädigung des eigenen Unternehmens. So konnten die Münchner Staatsanwälte das größte Problem jeder internationalen Korruptionsermittlung umgehen. Sie mussten nun nicht mehr nachweisen, wie die Geldströme über diverse Stationen in Steuerparadiesen an die Empfänger geleitet wurden.

Ein dritter Faktor kam hinzu. Ganz sicher hätte der Fall Siemens nie eine solch intensive öffentliche Debatte ausgelöst, hätten nicht vor allem Journalisten der *Süddeutschen Zeitung* um den Münchner Redakteur Klaus Ott exzellent recherchiert und dank guter Kontakte zur Ermittlerszene im Freistaat immer neue Details ans Tageslicht gefördert. Angesichts der Berichterstattung wären die bayerischen Justizbehörden in Erklärungsnot geraten, hätten sie die Arbeit leise einschlafen lassen.

Und noch ein vierter Umstand erleichterte die Ermittlungen. Weil die Korruptionspraktiken bei Siemens weit verbreitet waren, gab es viele Mitwisser, darunter auch einige, die frühzeitig Beweise beiseitegeschafft hatten, um sich selbst im Fall eines Strafverfahrens verteidigen zu können. Hätte etwa nicht der ehemalige Direktor Reinhard Siekaczek ausgepackt, wäre den Ermittlern die Beweisführung sehr viel schwerer gefallen.

Doch selbst die Münchner Nachforschungen beschränkten sich zunächst nur auf die Telekommunikationssparte des Konzerns. Mehr, so glaubten die Ermittler anfangs, könnten sie mit ihrem knappen Personalstamm gar nicht bewältigen. Damit habe man doch ein hinreichendes »Zeichen« gesetzt, meinte ein Ermittler noch im Mai 2007.

Druck aus den USA

Doch es kam erneut Druck aus dem Ausland, diesmal von der amerikanischen Börsenaufsicht SEC (Securities and Exchange Commission) und dem Justizministerium in Washington. Da das Unternehmen an der New Yorker Börse registriert war, unterlag es amerikanischem Recht. Ihm drohten von dort Strafzahlungen in Milliardenhöhe. Nach deutschem Recht hätte die Unternehmensführung ähnliche Sanktionen nicht zu befürchten gehabt.

Um den Schaden zu begrenzen, musste die Unternehmensführung umfassenden Aufklärungswillen zeigen. In ihrem Auftrag gingen nun Ermittler der US-Anwaltskanzlei Debevoise & Plimpton allen Hinweisen auf Korruption im Siemens-Reich nach. Weil die neue Siemens-Führung glaubwürdig ihren Aufklärungswillen demonstriert hat, kommt der Konzern in den USA schließlich glimpflich davon. Im Dezember 2008 wird bekannt, dass SEC und US-Justizministerium zusammen Strafen von 600 Millionen Euro verhängen. In der Münchner Konzernzentrale wird das mit Erleichterung aufgenommen.

Allein bis Sommer 2008 zahlte das Unternehmen 650 Millionen Euro an Honoraren für Anwälte und Wirtschaftsprüfer. Dabei waren die externen Ermittler rasch auf Belege gestoßen, die zeigten, dass die Siemens-Medizintechnik ebenso vom Korruptionsvirus befallen war wie die Telefonsparte, das Kraftwerksgeschäft und praktisch alle anderen Unternehmensbereiche.

Am 29. April 2008 macht Siemens dieses Ergebnis selbst publik: »Die Kanzlei hat in nahezu allen untersuchten Geschäftsbereichen und in zahlreichen Ländern Belege für Fehlverhalten im Hinblick auf in- und ausländische Antikorruptionsvorschriften gefunden. Solche umfassen nicht nur direkte Korruptionsvorfälle, sondern vielfach auch Verletzungen von Vorschriften, die sich auf die internen Kontrollen und die Korrektheit der Dokumentationen beziehen.«

Siemens-Mitarbeiter hatten Politiker und Beamte rund um den Globus bestochen. Ende 2008 listete der Konzern in seinem Jahresabschluss selbst Ermittlungsverfahren in Argentinien, Österreich, Bangladesch, China, Deutschland, Griechenland, Ungarn, Indonesien, Israel, Italien, Malaysia, Nigeria, Norwegen, Polen, Russland, der Schweiz, Vietnam und den USA auf.

Die Münchner Staatsanwaltschaft führte Mitte 2008 um die 300 Siemens-Manager als Beschuldigte. Noch im Dezember 2006 hatten Pierer und Kleinfeld behauptet, der Täterkreis sei auf vier Mitarbeiter begrenzt. Im Oktober 2007 brummte das Münchner Landgericht Siemens eine Geldbuße von einer Million Euro wegen der Bestechungspraktiken auf. Zusätzlich ließ das Gericht unrechtmäßige Gewinne in Höhe von 200 Millionen Euro abschöpfen. Transparency International bezeichnete die Summe als »unangemessen gering«. Aber nach deutschem Recht sind höhere Strafzahlungen nicht möglich. Die Obergrenze beträgt eine Million Euro – plus der abzuschöpfenden Gewinne. Auch die OECD hat Zweifel, ob solche Sanktionen hinreichend abschreckend sind.

»Kein Ruhmesblatt für die Justiz«

»Der Verlauf, den das Ermittlungsverfahren genommen hat, ist für das bayerische Rechtswesen kein Ruhmesblatt«, schreibt Klaus Ott im April 2008 in der *Süddeutschen Zeitung*. Die Staatsanwaltschaft habe »davon abgesehen, den vielen und zuletzt immer deutlicheren Hinweisen auf eine Verstrickung des einstigen Managements konsequent nachzugehen. Entweder in vorauseilendem Gehorsam gegenüber der CSU-Regierung oder aufgrund politischer Einflussnahmen.«

Gegen den ehemaligen Konzernchef Pierer selbst eröffnen die Münchner Ermittler lediglich ein Ordnungswidrigkeitsverfahren, wegen des Verdachts auf Verletzung seiner Aufsichtspflicht. Aus dem gleichen Grund erwägt der Konzern, von ihm wie von seinem Nachfolger Klaus Kleinfeld Schadenersatz zu verlangen. Beide weisen auch diese Vorwürfe zurück. Doch selbst wenn sie wirklich nie selbst korrupte Praktiken gebilligt oder gar angeordnet haben, scheint eines offensichtlich: Die beiden Konzernführer hatten keine hinreichend wirksamen Kontrollinstrumente installiert, um die flächendeckenden Gesetzesbrüche zu verhindern.

Ein hessischer Staatsanwalt zieht im Frühjahr 2007 Vergleiche, die sich früher keiner anzustellen gewagt hätte. »Ein solches Kontengeflecht in Liechtenstein zur Verschleierung von Zahlungsströmen haben wir bisher eher mit Drogen- und Waffenhandel und der organisierten Kriminalität assoziiert«, sagt der Frankfurter Oberstaatsanwalt Ulrich Busch im Mai 2007 vor dem Landgericht Darmstadt. Dort sind inzwischen diejenigen Siemens-Manager angeklagt, die im Verdacht stehen, dem Unternehmen mit Zahlungen an Enel-Mitarbeiter in Italien Aufträge für Gasturbinen verschafft zu haben.

In Darmstadt kommt auch ans Licht, wie viel Nachsicht der Konzern unter Pierer selbst dann gezeigt hatte, wenn dubiose Praktiken aufgeflogen waren. Siemens hatte dem ehemaligen Vorstand der Kraftwerkssparte, Andreas Kley, Mitte 2004 eine Abfindung von 1,7 Millionen Euro gezahlt, obwohl die Frankfurter Staatsanwaltschaft bereits gegen ihn wegen Bestechungsverdachts ermittelte. »Die finanziellen Regelungen irritieren uns«, sagte Richter Rainer Buss. »Siemens hätte die Zahlungen nicht leisten müssen.« Und Oberstaatsanwalt Ulrich Busch fragte, warum es nie Schadenersatzansprüche gegen den Manager gegeben habe. Immerhin hatte Siemens bereits im Jahr 2003 etwa 100 Millionen Euro Schadenersatz an Enel überwiesen. Warum machte der Konzern Kley dafür nicht haftbar, sondern belohnte ihn noch? Man habe nur die »vertraglichen Ansprüche« von Kley erfüllt, erklärte von Pierer.

Noch im Mai 2008 ließ er die *Süddeutsche Zeitung* wissen, es sei »absolut falsch, es hätte von Einzelfällen auf ein unternehmensweites System von sogenannten schwarzen Kassen geschlossen werden können«. Bei ihm liege »keine Pflichtverletzung« vor.

Schuldbewusstsein? Fehlanzeige. Noch im Amt als Aufsichtsratschef, Ende 2006, beschwerte sich der Manager sogar öffentlich darüber, dass Transparency International das Fördermitglied Siemens ausgeschlossen hatte: »Schließlich haben wir denen doch geholfen, hier in Deutschland Fuß zu fassen.«

Doch warum benannte erst sein Nachfolger Kleinfeld einen Ombudsmann, an den sich Firmenmitarbeiter seitdem auch unter dem Schutz der Anonymität wenden können, wenn sie Hinweise auf Gesetzesverstöße weitergeben wollen? Warum setzte Kleinfeld diesen Ombudsmann erst nach der Münchner Großrazzia Ende 2006 ein? Wollten Pierer und Kleinfeld es vorher einfach nicht so genau wissen?

»X-mal« habe er dem Siemens-Zentralvorstand über den Enel-Fall in Italien berichtet, sagt Albert Schäfer von der Siemens-Rechtsabteilung im Juli 2008 vor dem Münchner Landgericht aus. Er habe darauf hingewiesen, dass aus der Sicht der italienischen Justiz Korruption »Bestandteil der Unternehmensstrategie« von Siemens sei. Und er habe gewarnt, es dürfe nach US-Recht keine versteckten »nicht gebuchten Konten im Unternehmen geben«.

Der Mythos von der legalen Bestechung

Nie wieder wird die Siemens-Welt so sein wie vor dem großen Knall. Der neue Siemens-Vorstandschef Peter Löscher – ein Österreicher mit viel US-Erfahrung – muss gegenüber der amerikanischen Aufsicht neu gewonnene Integrität vorweisen. Und er bemüht sich, mit lang gehegten deutschen Mythen aufzuräumen. Etwa der Behauptung, wenn Manager schmierten, täten sie das aus selbstlosen Motiven und nur im Dienst der Firma.

Das sei falsch, sagt Löscher im Januar 2008 in einem Interview mit der *Frankfurter Allgemeinen Sonntagszeitung*. »Man muss nicht erst Geld für sich abzweigen, um sich zu bereichern. Da haben Leute ihre Boni aufgebessert, indem sie Aufträge holten, die sie mit unrechtmäßigen Mitteln ergattert haben. Auch Karrieren könnten dabei beflügelt worden sein.« Löschers Antikorruptionsbeauftragter Peter Y. Solmssen widerspricht auch der weitverbreiteten Überzeugung, ohne Bakschisch könne man in manchen Weltgegenden nichts bewegen: »Das stimmt einfach nicht.« Das Gleiche gelte für die Ansicht, vor 1999 sei Auslandsbestechung legal gewesen: »Nein, es war nie legal, etwa in Mexiko oder Italien zu bestechen. Die lokalen Gesetze haben das verboten.«

Doch unter einigen alten Siemensianern lebt der Geist der Verharmlosung bis heute. Sogar im Gesamtbetriebsrat von Siemens empfand man den unter dem neuen Vorstandsvorsitzenden Peter Löscher erlassenen Leitfaden zur Korruptionsbekämpfung als zu weitgehend – so berichtete es im Oktober 2007 die *Süddeutsche Zeitung*. Fortan waren nur noch Obstkörbe, Blumen, Bücher oder Werbegeschenke wie Kugelschreiber und Notizblöcke zulässig. Für aufwendigere Präsente müsse eine Genehmigung eingeholt werden. Bei Essenseinladungen seien keine »außergewöhnlich teuren Weine oder Delikatessen« zu bestellen, weil dies »den Anschein von Unredlichkeit wecken« könnte. Nach Auffassung des Konzerns setzen diese Regeln nur das geltende Recht um. Nicht alle im Haus sind davon überzeugt.

Bei Siemens hat Pierer weiterhin viele Freunde und Verehrer. Und auch in Berlin gibt es eine Frau, die dem Manager trotz aller Vorwürfe lange die Treue hielt. Die Rede ist von Angela Merkel. Bis ins Frühjahr 2008 blieb der Manager Vorsitzender ihres sogenannten Innovationsrates, mit dem sich die Regierungschefin regelmäßig traf. Er leiste dort »ganz vorzügliche Arbeit«, versicherte ihr Sprecher Thomas Steg noch im März 2007. Am Ende löste die Bundeskanzlerin das Beratergremium im April 2008 einfach auf.

Schon im Februar 2007 fragt die Bundestagsabgeordnete Gesine Lötzsch von der Linkspartei die Bundesregierung, welche Konsequenzen sie »aus den massiven Korruptionsvorwürfen gegenüber Siemens« ziehe – und zwar im Hinblick auf Regierungsverträge mit dem Konzern. Der Merkel-Vertraute Peter Hintze, parlamentarischer Staatssekretär im Bundeswirtschaftsministerium, antwortet: Zwar seien »vor der Vergabe öffentlicher Aufträge« neben der Leistungsfähigkeit des möglichen Lieferanten auch dessen »Zuverlässigkeit« zu prüfen. Anlass zu einer »Überprüfung von Verträgen mit Siemens« bestehe aber erst dann, »wenn der Verdacht vorliegt, dass Mitarbeiter von Siemens Bedienstete der Bundesregierung bestochen haben«.

Wasserscheide Siemens?

Dennoch, der Fall markiert eine Wasserscheide, zumindest in der öffentlichen Diskussion in Deutschland. »Es war wichtig, dass es den Fall Siemens gab«, sagt der Baseler Strafrechtsprofessor Mark Pieth, der einer der Väter des OECD-Korruptionsabkommens ist – also des internationalen Vertrags aus dem Jahr 1997, der dafür sorgte, dass es nun in allen westlichen Industriestaaten für Firmenmanager mit Strafe bewehrt ist, Aufträge außerhalb des Heimatlandes mit Schmiergeld einzuwerben.

»War noch vor einiger Zeit in der Wirtschaft sehr häufig zu hören, ohne ›nützliche Aufwendungen‹ und Provisionen sei insbesondere im Ausland kein Geschäftsabschluss möglich, haben insbesondere die Ermittlungen gegen Siemens die Wirtschaft aufgeschreckt«, schreibt die

Gießener Kriminologin Britta Bannenberg im Herbst 2007. Dieses »Erschrecken«, fügt sie hinzu, hänge aber weniger mit der deutschen Strafverfolgung zusammen, sondern »mehr mit den amerikanischen Strafgesetzen« und den Ermittlungen der US-Börsenaufsicht SEC.

Das erlaubt einen Umkehrschluss. Die Angst vor Korruptionsermittlungen dürfte in erster Linie in den deutschen Top-Unternehmen umgehen, die in New York an der Börse gelistet sind. Mittelständische Firmen hätten weniger Neigung, sich mit Korruptionsprävention zu beschäftigen, sagt Sylvia Schenk, die Vorsitzende des deutschen Zweigs von Transparency International. »Dort fehlen das Problembewusstsein und die Bereitschaft, gegen Bestechung vorzugehen.«

Immerhin, neun Jahre nachdem die Auslandsbestechung ihren Weg ins Strafgesetzbuch gefunden hat, beginnt nun auch die Justiz, häufiger zu ermitteln. Noch im Juni 2003 waren der OECD hierzulande nur zwei offene Ermittlungsverfahren wegen derartiger Delikte bekannt. Bis ins Jahr 2007 fielen deswegen nach einer Aufstellung von Transparency International in Deutschland gerade mal neun Gerichtsurteile.

Im Jahr 2006 verzeichnete die Bundesregierung immerhin 88 Ermittlungsverfahren. Damit werde, so die Regierung, Deutschland nur von den Vereinigten Staaten übertroffen. Deren Anteil am Weltexport lag freilich laut den Zahlen der Uno 2007 ähnlich hoch wie der deutsche. Und die Zahl der Ermittlungsverfahren sagt noch nichts über deren Erfolg aus, gerade bei komplizierten Korruptionsfällen. Zumindest die Zahl der Verurteilten lag in den USA in den vergangenen Jahren sehr viel höher. Transparency nannte 2007 insgesamt 67 Urteile für die vier vorausgegangenen Jahre. In Deutschland gab es dagegen selbst nach Angaben der Bundesregierung im Jahr 2006 – dem letzten, für das Daten verfügbar sind – nur eine einzige Anklage wegen Auslandsbestechung.

Allein 63 der 2007 bekannten 88 deutschen Ermittlungen betrafen laut Transparency den Komplex »Oil for Food« – also Ermittlungen gegen Mitarbeiter von Firmen, die Bestechungszahlungen an irakische Beamte geleistet haben sollen, um im Rahmen des UN-Programms »Öl für Nahrungsmittel« Waren an den damals noch verfemten Nahoststaat liefern zu dürfen. Der Anstoß für die »Oil for Food«-Ermittlungen war aus dem Ausland gekommen, in diesem Fall von einer Untersuchungskommission der Uno selbst.

Anders, als viele glauben, sind deutsche Ermittler und ihre US-Kollegen keineswegs die einzigen, die Fällen internationaler Korruption nachspüren. Als aktiv gilt auch die Justiz in den Niederlanden, in Schweden und der Schweiz. Lob von Transparency gibt es ebenfalls für Frankreich, wo – wie schon erwähnt – einige der größten Konzerne des Landes durchleuchtet werden.

Deutsche Staatsanwälte »waren früher ein bisschen zurückhaltend«, sagt der OECD-Experte Pieth. Er hofft, dass das Vorgehen der Münchner Staatsanwälte ihre Kollegen andernorts in Deutschland ermutigt, genauer hinzuschauen. Aber Pieth blickt auch zurück und fragt sich: »Was ist eigentlich in den anderen Fällen in Deutschland geschehen?«

Amerika macht es besser!

Wie deutlich markiert Siemens wirklich einen Traditionsbruch in der hiesigen Industrie und bei der Justiz? Nach wie vor scheinen US-Firmen bei der internen Korruptionsbekämpfung ihren deutschen Mitbewerbern weit voraus. Der ewige Siemens-Konkurrent General Electric verfolgt schon seit vielen Jahren eine energische Antikorruptionsstrategie. Angesichts des in den USA seit 1977 geltenden und von einer vergleichsweise wachsamen Börsenaufsicht kontrollierten Verbots der Auslandsbestechung hatte der Konzern wenig Alternativen. Glaubt man dem Chef des US-Unternehmens, Jeffrey Immelt, hat die Gesetzestreue den Geschäften nicht übermäßig geschadet. »Auch wir hatten unsere Skandale, und auch bei GE gibt es Leute, die sich nicht an die Regeln halten«, sagte Immelt im Oktober 2007 dem *Handelsblatt*. Aber sicher sei, dass die Sünder »keine Topmanager« waren. Hinzu komme, »dass wir 500 Spezialisten beschäftigen, die das ganze Unternehmen permanent durchleuchten. Die stehen unangemeldet vor der Tür unserer Mitarbeiter. Wer sich etwas zuschulden kommen lässt, der fliegt beim ersten Vergehen. Jedes Jahr feuern wir deshalb ein paar hundert Leute.«

Offen oder hinter vorgehaltener Hand werfen deutsche Manager ihren US-Konkurrenten gern ein doppeltes Spiel vor. Sie präsentierten sich als Saubermänner, aber ließen die Schmiergelder in Wahrheit über selbständige lokale Firmen fließen – quasi ein Outsourcing der

Bestechung. Zumindest bei General Electric verfolgt man nach Angaben des Unternehmens eine andere Politik. Auch »unabhängige dritte Beteiligte«, wie Beratungsfirmen oder Vertriebspartner, müssten die internen Regeln beachten, sagt Benjamin W. Heineman, Jr., der als Senior Vice President von General Electric lange Jahre für deren Korruptionsbekämpfungsprogramm verantwortlich war. Den Ruf und die Geschäftspraktiken von Consultingfirmen, die man beschäftige, nehme man genau unter die Lupe.

Das entspricht der geltenden Rechtslage in den USA. Der Foreign Corrupt Practices Act (FCPA) sagt explizit, man könne einem verdächtigen Manager dann die Kenntnis von Korruptionspraktiken unterstellen, wenn ihm bekannt sei, dass es eine hohe Wahrscheinlichkeit für solche Manöver gebe – etwa durch das Outsourcing der Bestechung.

In Deutschland sagten noch 2002 bei einer Umfrage des Forsa-Instituts 14 Prozent aller befragten Manager, sie hätten bereits Bestechungszahlungen geleistet, um Aufträge zu bekommen, sei es im In- oder Ausland. Im selben Jahr publizierte die weltweit operierende britische Sicherheitsfirma Control Risks eine Studie, die die deutschen Firmen ebenfalls schlecht aussehen ließ. Nur jede zweite praktizierte damals förmliche Verfahren, um Vertriebspartner oder andere Vertreter zu überprüfen. Bei den Briten taten das bereits 80, bei US-Firmen 74 Prozent.

Bei einem Vergleich der »international business attitudes to corruption« im Jahr 2006 stellte Control Risks fest, deutsche Unternehmer und Manager gingen besonders häufig davon aus, dass Firmen aus ihrem Land »Vermittler« zumindest manchmal benutzten, um Antikorruptionsgesetze zu umgehen. 94 Prozent der deutschen Befragten stimmten dieser Aussage zu, aber nur 80 Prozent der Niederländer und 76 Prozent in den USA. Zumindest nach dem Stand von 2006 mussten nur 14 Prozent der deutschen Manager jedes Jahr sogenannte *compliance statements* unterschreiben und damit bestätigen, dass sie die Antikorruptionsregeln einhalten. In den USA galt das für 56 Prozent, in Großbritannien für 42 und in den Niederlanden für 34 Prozent.

In Deutschland kommt auch nach dem Siemens-Schock das Wort »Korruption« in dem Corporate-Governance-Kodex guter Unternehmensführung nicht vor, den eine Regierungskommission vorgelegt hat.

Tabuthema Korruption

Im Juni 2008 beschloss die weltweit operierende Prüfungsfirma Ernst & Young, eine globale Korruptionsstudie zwar in Frankreich, aber nicht in Deutschland öffentlich zu präsentieren. Sie ist für die Bundesrepublik nicht schmeichelhaft. Es gelte in einigen hiesigen Firmen nach wie vor als üblich, in ärmeren Ländern Bestechungsgelder zu zahlen, heißt es in dem Report. Korruption werde in manchen deutschen Firmen immer noch unter den Teppich gekehrt, resümiert Jean-Michel Arlandis von Ernst & Young: »Es ist ein Tabuthema.«

Erstaunliche Erkenntnisse fördert im September 2007 eine Umfrage der Beratungsfirma Claus Goworr Consulting GmbH (CGC) unter 600 deutschen Führungskräften zutage. 50 Prozent fanden, Korruption könne ein »Mittel zum Zweck« im harten Kampf um Aufträge sein. Und 44 Prozent betonten den Unterschied zwischen Korruption zur privaten Bereicherung einerseits und dem Schmieren zur »Sicherung von Aufträgen und damit Arbeitsplätzen« andererseits.

Die Autoren dieser Studie äußern die Sorge, ob nicht in Deutschland »eine pauschale Abschreckungsjustiz betrieben« werde. Die Beratungsfirma beklagt, dass man sich hierzulande »sofort in einer Verteidigungsposition« befinde, wenn man über die »Praxis von Zuwendungen in anderen Kulturkreisen« spreche. Gerade für ein Exportland sei »das Thema Korruption zu wichtig, um es allzu ehrgeizigen Staatsanwälten, Richtern, Politikern und der Boulevardpresse zu überlassen«. Eine erstaunliche Aussage. Soll man also das Thema Korruption den Korrumpierenden überlassen?

Stehlen für die Rendite?

Und soll die Justiz den Verstoß gegen geltende Gesetze etwa nicht verfolgen, nur weil dies dem Exportgeschäft schadet? Der OECD-Korruptionsexperte Mark Pieth antwortet auf solche Argumente gern mit einer Gegenfrage: »Warum nicht gleich Geld stehlen? Das erhöht die Profitabilität doch ebenfalls.«

Doch selbst manche deutschen Wirtschaftswissenschaftler propagieren die Wiederzulassung des Rechtsbruches. Im Januar 2008 stellt der Bremer Professor Jochen Zimmermann in der *Zeit* den deutschen

Korruptionsbekämpfern die Sinnfrage: »Ist Bestechung moralisch so verwerflich, dass wir solche Zahlungen dem Strafrecht unterwerfen sollten? Und: Müssen wir wirklich deutsche Staatsanwälte monatelang in Unternehmen schicken, um Bestechungsfälle in China, Russland oder Indonesien aufzuklären?« Nein, gibt der Ökonom zu verstehen. Eine solche Politik sei »teuer, weil bei uns die Aufträge wegfallen, während andere die Geschäfte machen«.

Nach wie vor halten viele Korruption für ein Kavaliersdelikt, und dies, obwohl die Argumentation der Schmiergeldlobby einige offenkundige Schwächen hat. Immerhin sollte es auch im Interesse der meisten Unternehmer sein, wenn es beim Wettbewerb um Aufträge in erster Linie um die Qualität ihrer Produkte geht – nicht um die Höhe der Schmiergelder.

Zweitens ist Korruption nie kostenlos zu haben. Bestechungsgelder müssen durch die bestechende Firma refinanziert werden. Dies geschieht, indem sie den Betrag der Kickbackzahlungen auf die Rechnung aufschlägt. Schmiert ein deutscher Manager den Potentaten eines afrikanischen Staates, damit der bei ihm ein Kraftwerk bestellt, zahlen die Bürger dieses Landes mit ihren Steuern den überhöhten Kaufpreis. Der Potentat bereichert sich privat, das Land verarmt weiter. Unter Umständen unterminiert das auch noch die Entwicklungshilfe, die mit den Geldern der deutschen Steuerzahler geleistet wird.

Tatsächlich haben einige einstmals für ihre Korruption verrufene Staaten den Kampf gegen die Bestechung intensiviert. In Indonesien zum Beispiel bezuschusst das deutsche Entwicklungshilfeministerium die Arbeit der Antikorruptionseinheit KPK. Umso peinlicher ist es, wenn diese sich auch mit Korruptionsvorwürfen gegen deutsche Firmen oder ihre lokalen Vertriebspartner beschäftigen muss – was bereits geschehen ist.

Aber Zimmermann bringt noch ein weiteres Argument vor, warum allzu scharfe Ermittlungen gegen deutsche Firmen nicht opportun seien. Engagierten sich »Länder wie Brasilien, Russland, Indien und China« nicht ebenfalls im Exportgeschäft, fragt er, und seien dort auch auf der Geberseite »aktiv«?

Damit hat er nicht ganz unrecht. In der Tat steigt beim Weltexport der Anteil der Länder, die das OECD-Korruptionsabkommmen nicht unterschrieben haben. Zwar gehört Brasilien – was dem Bremer Professor vielleicht entgangen ist – zu den Unterzeichnern. Aber China, Indien und Russland sind keine Mitglieder dieses Clubs und müssen sich somit nicht an seine Regeln gebunden fühlen.

Die Speerspitze ist stumpf

Ob die erfolgreichen Ermittlungen im Fall Siemens künftig die Regel sind oder nicht doch eher die Ausnahme – diese Frage scheint jedenfalls offen. Denn die Speerspitze in der Schlacht gegen die Korruption ist stumpf. Die Rede ist von den deutschen Staatsanwaltschaften.

Aus der Sicht der Bundesregierung besteht kein Grund zur Sorge – so jedenfalls die beruhigende Nachricht, die sie regelmäßig der OECD übermittelte. Wegen der geringen Zahl der Fälle von Auslandsbestechung reiche das für Korruptionsermittlungen verfügbare Personal aus, teilte Berlin der in Paris ansässigen Organisation 2003 mit. Zwei Jahre später die gleiche Botschaft: Keines der 16 Bundesländer habe »ungenügende Ressourcen« für die Ermittlung in Fällen von Auslandsbestechung vermeldet, informierte die Bundesregierung die OECD im Jahr 2005.

Das sieht selbst der nicht als aufrührerisch geltende Bundesgerichtshof etwas anders. Unter der heutigen Generalbundesanwältin Monika Harms kritisierte der Gerichtshof im Dezember 2005 scharf die schlechte Ausstattung der Ermittlungsbehörden hinsichtlich der Verfolgung von Wirtschaftskriminalität: »Nach der Erfahrung des Senats kommt es bei einer Vielzahl von großen Wirtschaftsstrafverfahren dazu, dass eine dem Unrechtsgehalt adäquate Bestrafung allein deswegen nicht erfolgen kann, weil für die gebotene Aufklärung derart komplexer Sachverhalte keine ausreichenden justiziellen Ressourcen zur Verfügung stehen.«

Die Konsequenz seien überlange Ermittlungsverfahren, die dazu führten, dass die Beschuldigten nur vergleichsweise geringe Strafen zu befürchten hätten. Allein »wegen des Zeitfaktors« schieden dann mehrjährige Freiheitsstrafen oder die Versagung einer Bewährung aus, monierte der damalige Harms-Senat.

Nur mit mehr Personal werde es möglich sein, »dem drohenden Ungleichgewicht zwischen der Strafpraxis bei der allgemeinen Kriminalität und der Strafpraxis in Steuer- und Wirtschaftsstrafverfahren entgegenzutreten«, warnten die Richter. Kaum verhüllt beklagten sie eine Zweiklassenjustiz. Und sie mahnten, dass »unangemessen milde Sanktionen« für Wirtschaftskriminelle das Vertrauen der Bürger in die »Unverbrüchlichkeit des Rechts« erschüttern könnten.

Die Zweiklassenjustiz

Dieses vernichtende Resümee zog der Gerichtshof Ende 2005 anlässlich des Falls des ehemaligen SPD-Politikers Karl Wienand. Damals ging es um Schmiergeldzahlungen beim Bau einer Müllverbrennungsanlage in Köln. Wesentliches gebessert hat sich seitdem nicht.

Im Jahr 2007 gab auch Transparency International der Bundesrepublik schlechte Noten wegen des Personalmangels in den Staatsanwaltschaften. »Status und Trend« des verfügbaren Personals seien »unbefriedigend«. Selbst in Mexiko, aber auch in Frankreich, Großbritannien und den USA seien die Ermittlungsbehörden besser ausgestattet.

Zwar widmen sich inzwischen in vielen Bundesländern spezialisierte Schwerpunktstaatsanwaltschaften schwierigen Korruptionsfällen, allen voran die Münchner Staatsanwaltschaft, die mit dem Fall Siemens auf sich aufmerksam machte. Ein Beleg für einen durchgreifenden Wandel ist dies aber noch nicht.

Ausgerechnet der vielleicht bekannteste deutsche Korruptionsjäger, der Frankfurter Oberstaatsanwalt Wolfgang Schaupensteiner, verließ 2007 den Justizdienst und ging als Chief Compliance Officer zur Deutschen Bahn. Zuvor hatte man ihm in Hessen die Bildung einer größeren und schlagkräftigeren Schwerpunktstaatsanwaltschaft verweigert. Noch im selben Jahr beklagte er in einem gemeinsam mit der Kriminologin Britta Bannenberg verfassten Buch die »unzureichenden personellen Kapazitäten der Staatsanwaltschaften«. Diese seien die Ursache für die vergleichsweise geringe Zahl an Korruptionsermittlungen – die wiederum ihrerseits benutzt werde, »um das Problem herunterzuspielen«.

Wer ist dafür verantwortlich, dass Straftaten von Tätern mit weißem Kragen aus Personalmangel nicht verfolgt werden? Es sind die Landesjustizminister, also die Politik. Die geringe Zahl von Staatsanwälten ist dabei nur das eine Problem. Das andere ist ihre Qualifikation. Hier mögen die Mängel gar nicht in schlechter juristischer Ausbildung oder fehlendem Arbeitseifer liegen. Eher schon fehlt es an spezialisierten Kenntnissen, ohne die hochintelligenten Wirtschaftskriminellen nun einmal nicht beizukommen ist – zum Beispiel in forensischer Buchprüfung, mit deren Hilfe sich herausfinden lässt, welche Geldströme in einer Firmenbilanz versteckt sind.

Man spricht nur Deutsch

Und es hapert an den für Ermittlungen mit Auslandsbezug unverzichtbaren Sprachkenntnissen. Im November 2005 trafen sich deutsche Staatsanwälte aus mehreren Bundesländern beim Zollkriminalamt (ZKA) in Köln, um ihr Vorgehen abzustimmen, nachdem eine Untersuchungskommission der Vereinten Nationen eine große Zahl deutscher Unternehmen beschuldigt hatte, im Rahmen des irakischen »Oil for Food«-Programms dubiose Zahlungen geleistet zu haben. Einer der Teilnehmer beklagte sich anschließend hinter vorgehaltener Hand. Da habe es Kollegen gegeben, die kritisiert hätten, niemand habe ihnen den UN-Bericht zugeschickt. Dabei war der auf der UN-Website abrufbar. Ein Ermittler habe allen Ernstes geklagt: »Der Bericht ist ja auf Englisch! Unsere Gerichtssprache ist aber Deutsch!« Resignierter Kommentar des Teilnehmers: »Ich war so desillusioniert und frustriert über die deutsche Justiz.«

»Wir haben eine globalisierte Wirtschaft«, betont der OECD-Fachmann Mark Pieth. »Wenn Staatsanwälte sich mit Wirtschaftskriminalität beschäftigen und nicht Englisch können, müssen sie Kurse nehmen.«

Ein weiteres Problem kommt hinzu. Die deutschen Staatsanwaltschaften sind zersplittert und arbeiten häufig zu wenig Hand in Hand. Denn Justiz ist hierzulande Ländersache. Transparency International kritisierte im Juni 2008 sowohl das Fehlen einer zentralen Ermittlungsinstanz als auch die »unbefriedigende Koordination« zwischen den Staatsanwaltschaften. Die fehlende Zentralisierung erschwert es, qualifiziertes Personal auf die national wichtigsten Ermittlungen zu konzentrieren. Falls so etwas überhaupt gewünscht ist.

Deutsche Staatsanwälte agieren nicht unabhängig, sondern unter der Aufsicht der von den Landesjustizministern ernannten Generalstaatsanwälte. Die Ermittler sind weisungsabhängig und damit selbst Teil des Machtapparates, gegen deren Angehörige sie in Fällen der Korruption vorgehen müssten. Dass dies keine leichte Aufgabe ist, leuchtet unmittelbar ein.

Die Klagen deutscher Ermittler über Einflussnahmen von oben sind so zahlreich, dass es erstaunen muss, wie gering die öffentliche Empörung über diese noch im Absolutismus wurzelnde Praxis ist.

Am bekanntesten wurde der Fall des Augsburger Staatsanwaltes Winfried Maier, der mit großer Energie den schwarzen Kassen der CDU nachspürte – bis er im Jahr 2000 zum Richter am Oberlandesgericht München befördert wurde.

Ermittler unter der Fuchtel der Politik

Maier führte öffentlich wiederholt Klage darüber, wie Staatsanwälten in heiklen Fällen das Leben schwergemacht werde. »Gestützt auf das Weisungsrecht und die Dienstaufsicht bei internen Dienstbesprechungen oder aufgrund von ›Bitten‹ der Vorgesetzten« könne »umfassender Einfluss« auf die Staatsanwälte ausgeübt werden, sagte Maier. Eine offizielle schriftliche Anordnung sei gar nicht nötig. Es genüge, dass von den Ermittlern regelmäßige Berichte verlangt würden. Das könne Staatsanwälte regelrecht lähmen: »Anstatt zu ermitteln, berichtet der Staatsanwalt.«

Gerade bei Ermittlungen gegen »Persönlichkeiten« wolle das Landesjustizministerium unterrichtet werden. Währenddessen gewinne der Täter Zeit, die er nutzen könne, sich aus dem Staub zu machen, auf Zeugen Einfluss zu nehmen oder Beweismittel zu vernichten.

Für Schlagzeilen sorgte der Fall Ludwig-Holger Pfahls (CSU), einst Staatssekretär im Bundesverteidigungsministerium. Er hatte Geld von dem Lobbyisten Karl-Heinz Schreiber genommen und sollte dafür die beschleunigte Lieferung von Thyssen-Panzern an Saudi-Arabien befördern. Am 22. April 1999 erließ das Landgericht Augsburg gegen Pfahls einen Haftbefehl. Doch der Generalstaatsanwalt in München setzte den Vollzug der Verhaftung vorerst aus. Derweil setzte sich Pfahls nach Taiwan ab. Fünf Jahre lang mühten sich Zielfahnder des Bundeskriminalamtes, ihm nachzuspüren. Erst im Juli 2004 nahmen ihn Polizisten in Paris fest.

Dass Pfahls einen Tipp bekommen hatte, lässt sich ebenso wenig beweisen wie der »vorauseilende Gehorsam« mancher Staatsanwaltskollegen, den Winfried Maier konstatierte. Obwohl es eine Vielzahl von Formen möglicher Einflussnahme auf die Ermittlungsarbeit gebe, lese man nur wenig über sie, klagte der ehemalige Augsburger Ermittler in einem Zeitschriftenaufsatz. »Denn es handelt sich um ein gesetzlich angeordnetes verschwiegenes Thema.«

Heribert Prantl zitierte im September 2008 in der *Süddeutschen Zeitung* den früheren Düsseldorfer Justizminister Wolfgang Gerhards (SPD), dem zufolge acht Bundesländer von ihrer Weisungsmacht gegenüber Staatsanwälten »exzessiv« Gebrauch machten. Ob das stimmt und welche Bundesländer gemeint sind, kann kein Bürger nachprüfen. Nicht einmal Parlamentarier haben Zugriff auf Details dieser Weisungspraxis. Deutsche Staatsanwälte haben keine Bücher veröffentlicht, in denen sie in ähnlich ehrlicher Weise über ihre Erfahrungen mit offizieller Pression Auskunft gäben wie die französische Untersuchungsrichterin Eva Joly. Die aus Norwegen stammende Juristin und Autorin mehrerer Bücher war für die Ermittlungen beim Ölkonzern Elf Aquitaine verantwortlich. Trotz aller Schwierigkeiten gelang es ihr und ihren Kollegen am Ende, mehrere Konzernbosse vor Gericht zu bringen und sie wegen Betrug und Korruption zu Gefängnisstrafen verurteilen zu lassen. Claude Chabrol drehte über Jolys Erfahrungen sogar einen Spielfilm – der der Juristin freilich missfiel, weil er ihr allzu viel Machttrunkenheit unterstellte.

Solch ein Spielfilm ist in Deutschland einstweilen nicht zu erwarten – nicht aus Mangel an Stoff, sondern aus Mangel an Transparenz. Selbst schriftliche Weisungen, nach denen sich hierzulande Staatsanwälte zu richten haben, bleiben stets unter Verschluss, so Maier, weil sie »nur in der Dritten nicht zugänglichen Handakte oder in Berichtsheften dokumentiert sind«. Den Ermittlern ist es sogar unter Strafandrohung verboten, Details über solche Weisungen weiterzugeben. In einer Demokratie sei aber eigentlich »kein Platz für Geheimnistuerei, für nicht transparente Einflussnahmen, die vor dem Bürger qua Gesetz geheim gehalten werden«.

Denn das Ergebnis liegt auf der Hand: Es gibt keine Gleichheit vor dem Gesetz. »Die Strafverfolgung hängt letztlich von der politisch herrschenden Exekutive ab«, sagt Maier. Die Sonderbehandlung sogenannter Persönlichkeiten sei jedenfalls »ein ins Auge stechender Verstoß gegen den Gleichheitsgrundsatz«.

In einem Aufsatz in der Zeitschrift *Betrifft Justiz* äußerte sich der Frankfurter Oberstaatsanwalt Klaus Pförtner im September 2004 ganz ähnlich: »Heute hat auf jeder Hierarchie-Senkrechten jeder Vorgesetzte das Recht, jedes Verfahren zu sehen, es zu begleiten, Informationen anzufordern (Berichtswesen), Handlungsabsicht zu erfahren und von seiner Billigung abhängig zu machen.« Diese Praxis sei freilich »nur in politischen Verfahren oder Verfahren gegen Prominente bekannt«.

Die Staatsanwaltschaft, so Pförtner, sei als eine von Regierung und Parteipolitik beherrschte Institution »schon im Ansatz kaum fähig, sich mit Macht der politischen Macht zur Durchsetzung des Rechts entgegenzusetzen«. Immer wieder sei so »zu beobachten, dass Staatsanwaltschaften hochbrisante Sachverhalte mit politischem Bezug – wenn schon überhaupt – dann nur unter dem Motto behandeln, die Befassung so gering als möglich zu gestalten«.

Die Rücksichtnahme kann natürlich auch lokalen Großunternehmen gelten. Manfred Nötzel war bis 2003 Chef der Antikorruptionsabteilung der Münchner Staatsanwaltschaft. Er schrieb 2007 über Ermittlungen in Sachen Bestechung: »Verfahren dieser Art führen nicht selten zu politischen Äußerungen, sie stiften Unruhe und stören, schnell sind negative Auswirkungen zu befürchten bis hin zu der zunehmend häufiger thematisierten ›Standortfrage‹.«

Das Antikorruptionskomitee GRECO des Europarates verlangt von Deutschland seit langem, die Unabhängigkeit der Staatsanwälte sicherzustellen. Dieser Forderung, die auch Richterverbände und Staatsanwälte unterstützt haben, ist die Berliner Politik bis heute nicht nachgekommen.

Die Front der Verteidiger des Status quo reicht bis zu Justizministerin Brigitte Zypries (SPD) und den Grünen. »Das ist kein Thema im Bundestag«, sagt selbst der Grünen-Rechtsexperte Jerzy Montag. »Bei keiner Partei und bei keiner Fraktion gibt es da eine vorbehaltlose Zustimmung.« Montag untermauert seine Haltung mit einer rosigen Schilderung der Realität. Sogar die Staatsanwaltschaft Augsburg habe doch im Fall Schreiber »konsequent ermittelt«, glaubt Montag. Zwar habe es bei dem bayerischen Verfahren »einzelne Punkte« gegeben, »die befremdlich waren, die dann aber auch öffentlich diskutiert wurden«. Montag ist sich sogar sicher, dass sich die Länderjustizminister »gegenüber den Staatsanwaltschaften sehr zurückhalten«.

Aufgrund der geheimen Weisungspraxis lässt sich weder diese Behauptung noch das Gegenteil beweisen. Ein positives Gegenbeispiel ist Italien. Hier sind die Staatsanwälte unabhängig und haben sich selten gescheut, gegen Minister und Ministerpräsidenten vorzugehen. Selbst über ihre Karrieren entscheidet kein vom Ministerium abhängiger Generalstaatsanwalt, wie hierzulande, sondern überwiegend ein unabhängiger oberster Richterrat. »Der Erfolg der unabhängigen Staatsanwälte in Italien im Kampf gegen Regierungskorruption ist jedenfalls beispiellos«, urteilt Maier.

»Ivo, wie ischt es?«

In unserem Nachbarland Schweiz wird ein Teil der Staatsanwälte sogar von den Bürgern des jeweiligen Kantons gewählt. Ein Weisungsrecht gibt es auch gegenüber denjenigen Ermittlern nicht, die der Regierungsrat einsetzt. Er sei als Staatsanwalt natürlich »nicht weisungsgebunden« gewesen, berichtet der ehemalige Züricher Ermittler Ivo Hoppler im März 2008 auf einer Tagung in Berlin, vor den Augen von Generalbundesanwältin Monika Harms. Nur alle sechs Monate sei der Generalstaatsanwalt vorbeigekommen und habe gefragt: »Ivo, wie ischt es?«

Dass bei uns gerade Untersuchungen von Korruptionsverdachtsfällen außergewöhnlich häufig nicht zu einem Gerichtsverfahren führen, muss darum nicht überraschen. Den weisungsabhängigen deutschen Staatsanwälten sei klar, so Manfred Nötzel, dass es »schwer zu verkaufen« sei, wenn sie nach spektakulär gestarteten Ermittlungen – etwa gegen prominente Firmen oder Personen – Vorwürfe dann doch nicht belegen könnten. Daher rühre wohl die »unterschiedlich ausgeprägte Neigung, nach gründlicher Überprüfung des Anfangsverdachts nochmals zu prüfen, ob auch enorm arbeitsaufwendige Ermittlungsverfahren mit hohem Kosten- und Personaleinsatz durchzuführen« seien oder ob man nicht doch besser das Verfahren im Frühstadium einstelle – entweder sang- und klanglos, weil »die Schuld des Täters als gering anzusehen« sei, oder gegen Geldauflage. Und auf jeden Fall ohne öffentliche Anklage.

Das alles mag dazu beitragen, dass Ermittlungen wegen Korruptions-delikten in Deutschland so häufig schon im Frühstadium scheitern. »Bei struktureller Korruption«, so die Kriminologin Bannenberg, do-minierten entweder Einstellungen des Strafverfahrens nach Paragraph 170 II der Strafprozessordnung, weil kein genügender Anlass zur An-klageerhebung bestehe, oder es komme zu Deals und Absprachen. Er-gehe ein Urteil, dann bleibe es »vielfach« bei Gefängnisstrafen bis zu zwei Jahren und zur Bewährung.

Bei den Delikten der Vorteilsannahme und Vorteilsgewährung liege die Verurteilungswahrscheinlichkeit mit nur 5,2 Prozent deutlich un-ter dem Durchschnitt von etwa 30 Prozent, heißt es im schon erwähn-ten Zweiten Periodischen Sicherheitsbericht der Bundesregierung 2006.

Bestochener – Bestechender: 1:0

Merkwürdigerweise überstehen die wegen Korruptionstaten angeklag-ten Angehörigen des öffentlichen Dienstes ihre Verfahren besonders gut – und vor allem sehr viel besser als die der aktiven Bestechung Be-schuldigten. »Die Verurteilungswahrscheinlichkeit des Amtsträgers« sei mit neun Prozent »deutlich geringer« als die des Bestechungsini-tiators mit 29 Prozent. Auch das vermerkt der Sicherheitsbericht aus dem Jahr 2006.

Diese Diskrepanz ist Fachleuten schon mehrfach aufgefallen. In den Jahren 1988 bis 1992 seien je zweieinhalb- bis fast viermal so viele Ge-ber verurteilt worden wie Nehmer, notierten zum Beispiel die beiden BKA-Mitarbeiter Vahlenkamp und Knauß im Jahr 1997. »Verwun-dert« äußerten sie sich darüber schon deshalb, weil doch bei Korrup-tion »beide Seiten« zu Tätern würden. Deshalb dürfte es eigentlich keine »derart große Diskrepanz geben«. Dafür finde sich »augen-scheinlich keine Erklärung«.

Die deutsche Strafjustiz in Sachen Korruption bleibt ein Myste-rium.

Kapitel 8   Betrugsmetropole Brüssel

*Wie deutsche Politiker die Korruption in Brüssel
befördern, statt sie zu bekämpfen. Wie der deutsche
Chef der EU-Betrugsbekämpfungsbehörde Missstände
ignoriert und herunterspielt. Wie er dafür von den
Brüsseler Mächtigen, von Kanzlerin Merkel und
Italiens Silvio Berlusconi Unterstützung erhält.*

Sie sind die beiden mächtigsten Deutschen im Europäischen Parlament, doch als Charaktere könnten Hans-Gert Pöttering und Martin Schulz nicht gegensätzlicher sein. Der Osnabrücker Christdemokrat Pöttering tritt als Parlamentspräsident stets mit ausgesuchter Höflichkeit auf. Schulz, Rheinländer und Chef der sozialdemokratischen Fraktion im EU-Parlament, mag es dagegen öfter mal ruppig. Im März 2008 sind sich beide trotzdem vollkommen einig: Ein Skandalfeuer muss ausgetreten werden, und zwar schnell.

Gerade hat der britische *Daily Telegraph* Details aus einem brisanten Prüfbericht enthüllt. Es geht um den Missbrauch von Geldern, die das Parlament den Europaabgeordneten jeden Monat zur Bezahlung ihrer Mitarbeiter überweist. Eine ganze Reihe von Volksvertretern steht nun im Verdacht, sich aus dem 136-Millionen-Topf selbst bedient oder Gelder an Freunde und Familie geschleust zu haben. Einige Parlamentarier müssten wegen der Verstöße sogar die »Inhaftierung« fürchten, sagt der britische Liberale Chris Davies. Im Europaparlament geht die Angst um.

Für die Parlamentsoberen wäre dies eine gute Gelegenheit, aufzuklären und Besserung zu geloben. Doch von Zerknirschung ist wenig zu spüren, als sich die sogenannte Konferenz der Präsidenten des hohen Hauses am 6. März 2008 hinter den verschlossenen Türen des Saals 06B01 im Brüsseler Parlamentsbau trifft, unter Pötterings Vorsitz.

»Warum«, fragt Schulz in der Runde, sei »der Bericht des Internen Prüfers an den Haushaltskontrollausschuss überwiesen« worden? Nur das habe es dem Ausschussmitglied Davies erlaubt, Journalisten zu informieren. Das Parlament, wettert der SPD-Mann weiter, hätte »der einseitigen Darstellung des Berichts« durch den britischen Abgeordnetenkollegen »energischer« entgegentreten müssen.

Als sich danach Christdemokrat Pöttering, als Parlamentspräsident oberster Repräsentant aller 785 EU-Abgeordneten, an die Öffentlichkeit wendet, äußert er sich vage. Es gebe eben »höchst unterschiedliche Kulturen« in der europäischen Volksvertretung, erläutert er. Einige Kollegen fänden es einfach normal, ihre Ehefrauen als Assistentinnen zu beschäftigen.

Bei den Missetätern handle es sich nur um ein paar »schwarze Schafe« unter den Abgeordnetenkollegen, assistiert Pötterings Parteifreund Hartmut Nassauer, ein Europaabgeordneter aus Hessen. Diese Sünder müsse man jetzt »gnadenlos« verfolgen.

Wirklich nur ein paar schwarze Schafe? Das weiß man beim Europäischen Rechnungshof in Luxemburg besser. Seit Jahren drängen die Prüfer das Parlament, die Abgeordnetenausgaben strenger zu kontrollieren. Einen ersten Erfolg, so scheint es jedenfalls, erringen sie 2004. Von nun an soll die Parlamentsverwaltung die Abgeordneten zwingen, Unterlagen vorzulegen, die beweisen, dass sie alle Gelder korrekt verwendet haben.

Eine sorgfältige Kontrolle scheint geboten. Immerhin geht es um beträchtliche Summen. Schon im Jahr 2004 verfügt jeder Parlamentarier über monatlich 12 576 Euro, um Mitarbeiter zu bezahlen. Bis 2007 hebt das Parlament diese Summe sukzessive auf 16 914 Euro an. Das ist eine Steigerung um 34 Prozent, weit über der Inflationsrate.

Die Zahlungen an die Abgeordneten klettern überdurchschnittlich, doch wo bleiben die seit 2004 geforderten Belege? Eigentlich sollten die Parlamentsmitglieder die Unterlagen für die Ausgaben des Jahres 2005 bis zum 1. November desselben Jahres einreichen. Doch nur ein Bruchteil kommt in der Parlamentsverwaltung an.

Mahnt die Administration die säumigen Abgeordneten nun ab? Zieht sie Gelder wieder ein? Nein, die Parlamentsverwaltung tut etwas anderes. Sie verlängert die Frist zur Einreichung der Unterlagen – zuerst auf März 2006 und als das nichts hilft, um neun weitere Monate.

Der Rechnungshof schlägt Alarm

Am 14. Februar 2006 schlägt der Rechnungshof Alarm. Dessen dänisches Mitglied Morten Levysohn schickt einen Brandbrief an den Generalsekretär des Parlaments. Ein Großteil der Abgeordneten habe es im Jahr 2005 versäumt, die Regeln einzuhalten, klagt Levysohn in dem vertraulichen Brief. »Weniger als 20 Prozent« hätten bis November 2005 die geforderten Papiere vorgelegt, rechnet der Däne vor. Im Jahr 2005 habe man folglich die Vorschrift schlicht »nicht umgesetzt«.

Levysohn versucht es mit einem Appell an die Gesetzestreue der Volksvertreter. Schon nach der EU-Haushaltsordnung, schreibt er, sei es »nicht ausreichend«, wenn sie nur »Kopien der Arbeitsverträge« vorlegten und keine weiteren Zahlungsnachweise.

Der Hinweis sollte die Europaparlamentarier nachdenklich stimmen. Die neue, schärfere Haushaltsordnung hatte der Ministerrat der EU vier Jahre zuvor eingeführt, auch auf Wunsch des Parlaments. Es war eine Reaktion auf eine Serie von Betrugs- und Korruptionsskandalen in der EU-Kommission. Die Kontrolle des über 100 Milliarden Euro schweren EU-Haushalts gehört seit je zu den Kernaufgaben des Europäischen Parlaments. Sollten die Parlamentarier darum nicht alles tun, um selbst untadelig dazustehen?

Nicht nach Ansicht der Parlamentsführung. Kaum wird im Juni 2006 der Brief des Rechnungshofes publik, bringt SPD-Mann Martin Schulz das Thema in der Konferenz der Präsidenten auf die Tagesordnung. Eilfertig verspricht der Generalsekretär der Volksvertretung, man werde versuchen, die »Quelle« solch »irreführender Informationen« zu »identifizieren«.

Aber die Story war nicht irreführend. Und die Parlamentsführung tut weiterhin wenig, um auf die Ablieferung der fehlenden Papiere zu bestehen. Nach den eigenen Berechnungen der Parlamentsverwaltung fehlen noch Ende Dezember 2007 für über 76 Millionen Euro an angeblichen Mitarbeitergehältern die geforderten Unterlagen – und damit der Nachweis, dass die Gelder tatsächlich für diesen Zweck ausgegeben wurden. Belege im Wert von weiteren 40 Millionen haben die Abgeordneten zwar eingereicht, doch die Verwaltung hat sie nicht vollständig als valide anerkannt. Trotzdem lassen die Beamten im Jahr 2007 lediglich 750 000 Euro wieder einziehen, und auch das nur auf

»freiwilliger Basis«, wie es im Januar 2008 in einem internen Schreiben heißt.

Schon im November 2007 rügt der EU-Rechnungshof in seinem öffentlichen Jahresbericht das von Pöttering geführte Parlamentspräsidium scharf. Das Gremium habe »nicht sichergestellt«, dass die Abgeordneten die Regeln befolgten. Nicht etwa ein kleiner Prozentsatz, sondern »der größte Teil des Betrages für die Sekretariatszulagen der EP-Mitglieder« war laut Rechnungshof »nicht mit angemessenen Unterlagen« belegt. Es sei also nicht bewiesen, dass die Abgeordneten wirklich – wie behauptet – Assistenten beschäftigt und die angeblich bezahlten Dienstleistungen erhalten hätten. Der Rechnungshof verlangt drastische Konsequenzen. Den säumigen Volksvertretern könne man Gelder sperren und gezahlte Beträge zurückfordern.

Eine Mehrheit für den Missbrauch?

Ein Großteil der EU-Abgeordneten steht nun unter dem Verdacht, Steuergelder missbraucht zu haben. Man stelle sich vor, der Bundesrechnungshof hätte der Mehrheit der Bundestagsabgeordneten unterstellt, sie hätten womöglich ihre Assistentengehälter unterschlagen. In Berlin würde die Erde beben. In Brüssel hingegen bleibt alles ruhig.

Die Brüsseler Korrespondenten der großen Tageszeitungen greifen die scharfe Kritik des Rechnungshofes nicht auf. Im Parlament scheinen Pöttering und seine Kollegen die Ermahnung zu ignorieren. Schlimmer noch: Statt die Kontrollen zu verschärfen, tun der deutsche Parlamentspräsident und seine Entourage das Gegenteil. Sie lassen die Zügel lockern.

Schon im September 2006 hatten die Parlamentsoberen eine erste zweifelhafte Konsequenz aus dem Mangel an Zahlungsnachweisen gezogen. Die lästige Belegpflicht wurde aufgehoben. Fortan müssen die Abgeordneten die ordnungsgemäße Verwendung der Mitarbeiterpauschale nicht mehr vollständig dokumentieren. Listen solcher Belege sollen in den allermeisten Fällen reichen.

Zunächst gilt das nur für die Zeit ab 2006. Im Dezember 2007 – nach wie vor fehlt ein Großteil der geforderten Unterlagen für 2004 und 2005 – geht das Parlamentspräsidium noch einen Schritt weiter. Nun dekretiert es, dass die laxeren Regeln auch rückwirkend für 2004 und

2005 gelten sollen. Statt die Abgeordneten an ihre Pflichten zu erinnern, entscheiden die Parlamentsoberen, sie zu streichen. Den Vorsitz führt Parlamentspräsident Pöttering.

Warum hat er so entschieden? Als er im März 2008 gefragt wird, gibt seine Sprecherin keine konkrete Antwort. Sie sagt nur so viel: »Entscheidungen dieser Organe sind Entscheidungen von Kollektivorganen, die das gesamte Haus repräsentieren.« Ein anderer Angehöriger des Kollektivorgans, der deutsche Präsidiale Ingo Friedrich (CSU), verweist als Antwort auf die Frage nach der Kritik des Rechnungshofs darauf, dass er dessen Bericht »nicht gelesen« habe.

Das hindert ihn nicht daran, am 10. Dezember 2007 im Präsidium an einer Debatte über genau diesen Rechnungshofbericht teilzunehmen und für die Lockerung der Kontrollen zu stimmen. Andere hätten ihn »kursorisch« über die Kritik des Rechnungshofs informiert, sagt Friedrich. Das musste genügen. Genauso wie er votiert offenkundig die SPD-Parlamentarierin Mechtild Rothe. Sie argumentiert, Abgeordnete müssten ja weiterhin »Unterlagen und Rechnungsbücher für Zahlungsbelege« archivieren, womit »Transparenz« gewährleistet sei. Aber wenn die Abgeordneten diese Belege ohnehin selbst archivieren – warum können sie sie bisher so häufig nicht vorweisen?

Der einzige Abgeordnete, der im Dezember 2007 im Parlamentspräsidium ausdrücklich dafür plädiert, zu den schärferen Kontrollstandards zurückzukehren, ist der französische Grüne Gérard Onesta. »Ich musste zweimal darauf bestehen, dass das ins Protokoll aufgenommen wurde«, sagt Onesta. Erst habe die Verwaltung seine Bitte ignoriert.

Ein brisanter Prüfbericht

Doch während die Parlamentsbosse die Kontrollen lockern, ist der Innenrevisor des Parlaments dabei, einen beunruhigenden Prüfreport fertigzustellen. Er hatte 188 größtenteils zufällig ausgewählte Zahlungen aus der Sekretariatszulage überprüft, aus den Jahren 2004 und 2005. Es ist nur eine kleine Stichprobe, aber die Zahl der Unregelmäßigkeiten ist erschreckend hoch. Im Januar 2008 liegt der 92 Seiten lange Prüfbericht vor. Das Dokument ist derart brisant, dass es nur ausgewählten Abgeordneten in einem speziell geschützten Datenraum zugänglich gemacht wird – Mitnehmen ausgeschlossen. Im März 2008 gelangt trotzdem eine komplette Kopie an Journalisten. Das Studium des Dokuments zeigt: Hohe Zahlungen ohne ausreichende Belege und weitgehend unkontrollierte Geldströme scheinen im EU-Parlament nicht die Ausnahme, sondern fast schon die Regel zu sein.

Da bezahlte ein Abgeordneter aus dem EU-Topf zwei Manager seiner eigenen Investmentfirma. Eine Parlamentarierin leitete das Geld an eine Holzhandelsfirma weiter. Ein dritter hatte überhaupt keinen angemeldeten Assistenten und ließ stattdessen die volle Mitarbeiterpauschale an eine Kinderbetreuungsfirma überweisen, die von einem Parteifreund des Abgeordneten geführt wurde.

Zuvor hatte ein Parlamentssprecher behauptet, der Geheimbericht nenne »keine individuellen Betrugsfälle«. Der Bericht selbst liest sich etwas anders. So ließen zwei Abgeordnete jeden Monat über 12 000 Euro an eine Dienstleistungsfirma überweisen – angeblich für Assistentendienste. Die beiden hatten aber gar keine akkreditierten Assistenten. Drei der geprüften Parlamentarier zahlten EU-Gelder für angebliche Dienstleistungsaufträge an Dritte. Aber das Geld landete auf dem Konto der Abgeordneten. Einer beschäftigte anscheinend nicht nur seine Frau, was in Brüssel damals noch unbeschränkt zulässig war, sondern erließ ihr offenbar auch die dazugehörige Arbeit.

Überdies entdeckt der Prüfer häufige Fälle eines Phänomens, das in deutschen Verwaltungen als Dezemberfieber bekannt ist – das eilige Ausschöpfen eines Budgets, bevor es zum Jahreswechsel verfällt. Zahlreiche EU-Abgeordnete, so vermerkt der Innenrevisor, beglückten ihre Mitarbeiter zum Jahresende mit hohen Einmalgratifikationen. Die entsprachen oft dem Maximalbetrag dessen, was die Volksvertreter bis zum Jahreswechsel noch aus ihrem Budget für Assistenten ausschöpfen konnten. Eine Dienstleistungsfirma kassierte Ende 2004 stolze 44 223 Euro, ohne dass sie eine angemessene Leistung erbracht hätte. Ein Mitarbeiter erhielt eine Sonderzahlung, die 19,5-mal so hoch war wie sein normales Monatsgehalt.

In 18 von 22 derartigen Fällen bekommt der Prüfer »keine zufriedenstellende Erklärung« für die Transfers, mit denen die Abgeordneten das Konto abräumten, bevor die Gelder verfallen wären. Der Revisor äußert leise Zweifel daran, ob diese Summen wirklich stets in den Taschen der Mitarbeiter landeten. Die Kontrollen, verlangt er, müssten deutlich verschärft werden.

Der Report ist alarmierend. Doch auch viele deutsche Abgeordnete tun so, als sei nicht viel passiert. Die beiden CDU-Parlamentarier Ingeborg Grässle und Werner Langen verbreiten in einer gemeinsamen Erklärung, sie könnten zwar »in Einzelfällen« möglichen Missbrauch erkennen. Es sei jedoch »absolut unzulässig«, das »gesamte System in Verruf zu bringen«.

Aber sind nicht das Parlamentspräsidium und der CDU-Mann Pöttering für ein System verantwortlich, dass den Missbrauch leicht machte? Hätte man den Skandal nicht vermeiden können, indem man rechtzeitig gegen diejenigen Parlamentsmitglieder vorgegangen wäre, die sich über Jahre weigerten, die verlangten Belege für ihre Ausgaben vorzulegen? Pöttering selbst scheint das anders zu sehen. Die Ursache der Missbrauchsfälle bestehe »insbesondere« darin, dass »das bestehende System mit 27 Mitgliedstaaten zu komplex und kompliziert geworden« sei, schreibt seine Sprecherin.

Empörung über den Enthüller

Es ist ein bisschen so, als entschuldige man die Steuerhinterziehung mit dem Hinweis auf das umständliche Steuerrecht. Trotzdem scheinen in den Augen mancher Parteifreunde Pötterings diejenigen – wenigen – Parlamentskollegen die größte Empörung zu verdienen, die die Missstände anprangern. »Hier profilieren sich einige Abgeordnete, indem sie Dreck auf ihre eigene Institution werfen«, schimpft die CDU-Parlamentarierin Grässle im Februar 2008.

Der Prüfer hat die Missbrauchsfälle anonymisiert. Nicht einmal die Nationalität der Betroffenen lässt sich herauslesen. Doch dank der Recherchen einiger Journalisten kommen nun nach und nach Namen ans Licht. Der britische Konservative Chichester hatte über die Jahre insgesamt 445 000 Pfund an die Firma Francis Chichester Ltd. überwiesen. Die trägt nicht zufällig seinen Namen. Gegründet vom Vater des Abgeordneten, gibt sie Karten und Reiseführer heraus.

Kaum hat die *Sunday Times* die Story im Juni 2008 enthüllt, tritt Chichester als Vorsitzende der Tory-Gruppe im EU-Parlament zurück. Der Druck kam nicht aus Brüssel, sondern aus London. David Cameron, der Vorsitzende der britischen Konservativen, fürchtete um das Antikorruptionsimage, das er seiner Partei geben will.

Er habe »in gutem Glauben« gehandelt und keine Gelder missbraucht, versichert Chichester trotzdem. Schon 18 Monate zuvor habe ihm ein Parlamentsbeamter mitgeteilt, dass es eventuell einen Interessenkonflikt wegen der Firma gebe. Aber dann habe er nie wieder etwas von ihm gehört.

Viel Geld für die Familie

Zuvor hatte schon Chichesters Parteifreund Den Dover seinen Job als Geschäftsführer der EU-Torys verloren. Er hatte im Laufe von sieben Jahren 758 000 Pfund an eine Firma namens MP Holdings überwiesen, die seine Frau und seine Tochter führten. Zusammen hatten beide von ihr 272 000 Pfund erhalten.

»Ich habe die Regeln vollständig beachtet«, versicherte Dover. Er selbst habe keine Anteile an der Firma, sei nicht für sie tätig und habe von ihr kein Geld bekommen, anders als Ehefrau Kathleen und Tochter Amanda. Die wiederum arbeiteten für ihn als Sekretärinnen.

Auch Sir Robert Atkins, ein anderer prominenter britischer Konservativer, beschäftigte schon im Jahr 2002 seine Gattin auf EU-Kosten als Sekretärin. Laut einer offiziellen, internen Liste bekam sie bereits damals ritterliche 8332 Euro im Monat – eine Summe, die Atkins bestreitet. Sein Sohn James kassierte dieser Liste zufolge zeitweise 3180 Euro, als Assistent des Vaters. Und auch als der Filius im November 2006 in den USA heiratete, musste der stolze Dad nicht allzu tief in die Privatschatulle greifen. Die Hochzeit ließ sich glänzend mit einem Parteitermin bei den US-Republikanern verbinden, und so zahlte das Parlament 2500 britische Pfund für Flug und Hotelrechnungen. Laut Atkins stand das vollkommen im Einklang mit den Regeln.

Auch ein weiterer britischer Konservativer geriet in die Schlagzeilen. Er heißt David Sumberg und galt manchen Landsleuten als Großbritanniens faulster Europaabgeordneter. Zwischen den Europawahlen im Juni 2004 und Mai 2008 hatte er nur zwei Reden im Parlament zuwege gebracht. Laut der internen Parlamentsaufstellung ließ er seiner Frau Carolyn Ann Rae schon 2002 monatlich astronomische 11 724,90 Euro als Assistentinnengehalt überweisen. Das ist weit mehr als das, was Sumberg selbst an Diäten erhält. Er bestritt den Betrag, räumte aber im April 2008 ein, der Gattin ein Jahresgehalt von damals immer noch beeindruckenden 54 000 britischen Pfund zu zahlen.

Der Mafia-Anwalt und das Geld

Auch der italienische Abgeordnete Francesco Musotto geriet in ein schiefes Licht. Er ist ein Parteifreund von Premier Silvio Berlusconi und war seit April 2007 der offiziell vom Haushaltskontrollausschuss benannte Berichterstatter für den alljährlichen Betrugsreport, der sich mit der Unterschlagung von EU-Geldern und der Frage beschäftigt, wie man sie wirksamer bekämpft. Musotto selbst überwies zumindest im Jahr 2002 regelmäßig die komplette Mitarbeiterpauschale von damals 12 052 Euro an eine Firma namens Euro Mediterranean Services Ltd. Bei einer Datenbankrecherche im März 2008 war dieses Unternehmen europaweit nicht in den Registern auffindbar. Fragen dazu ließ der Italiener unbeantwortet.

Dass Musotto es überhaupt auf den Posten des Betrugsberichterstatters gebracht hat, darf als erstaunlich gelten. Als Präsident der Provinz Palermo auf Sizilien hatte Musotto laut *Weltwoche* auf sich aufmerksam gemacht, indem er eine Zivilklage gegen die Attentäter ablehnte, die 1992 den Anti-Mafia-Richter Giovanni Falcone in die Luft gesprengt hatten. Musottos Zurückhaltung bei der Mafia-Bekämpfung kam nicht vollkommen überraschend, denn im Zivilberuf hatte er Mafia-Verdächtige als Anwalt vertreten. Im November 1995 war er sogar selbst in Handschellen abgeführt worden, weil er in Verdacht gestanden hatte, einem Mafia-Boss in der eigenen Villa Unterschlupf gewährt zu haben – keinem Geringeren als dem Schwager des Cosa-Nostra-Paten Toto Riina.

Aber Musotto kam wieder frei, da man ihm nicht nachweisen konnte, was ihm zur Last gelegt worden war. Im Jahr 2007 schlug ihn seine deutsche Fraktionskollegin Grässle als Berichterstatter für die Betrugsbekämpfung vor. Sie könne sich ihre Fraktionskollegen »nicht schnitzen«, rechtfertigte sich die CDU-Abgeordnete. Weil der Italiener »seine Region« gut kenne, erwarte sie von Musotto »besonders ausgefeilte Vorschläge« zur besseren Korruptionsbekämpfung.

Im Sommer 2008 forderte die Parlamentsbürokratie auch Musotto auf, sich zu der Verwendung seiner Mitarbeiterpauschale zu äußern. Kurz darauf legte er sein EU-Mandat nieder.

Vor der Verwaltung der Volksvertretung mussten sich unehrliche EU-Abgeordneten bis dahin kaum fürchten. Schon im Februar 2001 hatte der damalige EP-Generalsekretär Julian Priestley seine Beamten angewiesen, sich auf eine rein »formale« Kontrolle der Zahlungen an die Abgeordneten zu beschränken. Aber selbst die wurde offenkundig nicht ernst genommen. Die Beamten glichen nicht einmal ab, ob die von den Parlamentariern genannten Mehrwertsteuernummern ihrer angeblichen Dienstleistungsfirmen überhaupt existierten – was oft nicht der Fall war, wie der interne Prüfer des Parlaments nun beklagte.

Eigentlich sahen die Regeln auch vor, dass das Parlament die Zahlungen an Abgeordnete suspendiert, wenn diese keine formelle Bescheinigung über die Sozialversicherung vorlegen. Öffentlich hatte ein Parlamentssprecher noch im Mai 2007 behauptet, »alle Mitglieder« erfüllten diese Bedingung. Doch das stimmte nicht. Noch 24 Monate nach Vertragsbeginn, so der Innenrevisor im Januar 2008, fehlten die Zertifikate zur Sozialversicherung in »26 Prozent aller Fälle«. Das stelle einen »ernsthaften Verstoß« gegen die Regeln dar. Die Parlamentsbeamten hatten die Gelder offenkundig trotzdem freigegeben.

Im Mai 2008 beschloss das Parlament eine Reform der Mitarbeiterbesoldung, und im September 2008 einigte sich das Präsidium der Volksvertretung auf das »Prinzip«, künftig zumindest durch Stichproben zu prüfen, ob die Abgeordneten ihre Ausgaben ordnungsgemäß belegen können. Der Grüne Gérard Onesta scheiterte mit einem weiter gehenden Antrag. Sein Vorschlag, auch rückwirkend Ausgaben seit Anfang 2007 kontrollieren zu lassen, fand keine Mehrheit. Die meisten Präsidiumsmitglieder schienen die Sünden der Vergangenheit ruhen lassen zu wollen.

Jekyll und Hyde

Offenkundig hatten die laxen Auszahlungspraktiken zum Missbrauch regelrecht eingeladen. »Viele Europaabgeordnete arbeiten hart«, analysierte der britische Parlamentarier Chris Davies im Juni 2008 in der *Daily Mail*. »Aber wenn es um ihre Zulagen geht, werden sie wie Jekyll und Hyde. Die Versuchung ist einfach zu groß, es wie alle anderen zu tun und mit den Kostenerstattungen zu schummeln.«

Wie alle anderen? Im Juli 2008 sprach Parlamentsvize Ingo Friedrich von immerhin 20 Abgeordnetenkollegen, für die es nun »kein Pardon« geben dürfe. Da sei sich das Parlament mit dem EU-Betrugsbekämpfungsamt Olaf einig.

Hatte Olaf also gegen 20 EU-Abgeordnete Untersuchungen eingeleitet? Offensichtlich nicht. Noch im Januar 2009 hieß es in einem offiziellen Bericht der Parlamentsverwaltung, nach ihrer Kenntnis habe das Betrugsbekämpfungsamt bisher keinerlei »formellen Untersuchungen« gegen einzelne Abgeordnete eingeleitet.

Lag wirklich kein ernsthafter Betrugsverdacht vor? Hielt Olaf-Chef Franz-Hermann Brüner seine Ermittler womöglich zurück? Immerhin hatte er schon in der Vergangenheit Spesenskandale der Volksvertreter heruntergespielt. »Im Parlament wurde teilweise extensiv von den legalen Möglichkeiten Gebrauch gemacht, aber es wurde kein Missbrauch und damit Rechtsbruch begangen«, versicherte er etwa im September 2006 öffentlich.

Brüner, ein ehemaliger Münchner Oberstaatsanwalt, steht bei einigen schon lange im Verdacht, Untersuchungen je nach politischer Wetterlage zu forcieren – oder schleifen zu lassen. Er selbst bestreitet das. Doch seine Wiederernennung im Februar 2006 war hoch umstritten. Damals nannte der für die Betrugsbekämpfung zuständige EU-Kommissar Siim Kallas öffentlich zwei Männer, die besonders energisch auf die erneute Berufung des deutschen Chefermittlers gedrängt hätten: die beiden mächtigen deutschen Europaabgeordneten Hans-Gert Pöttering und Martin Schulz.

Der Chefermittler und der Betrug

Brüner ist eine Zentralfigur im Brüsseler Politdschungel. Denn Korruption und Betrug sind Reizwörter in der EU-Hauptstadt. Eine Serie von Betrugs- und Korruptionsskandalen hatte im März 1999 den Rücktritt einer kompletten zwanzigköpfigen Kommission unter dem damaligen Präsidenten Jacques Santer ausgelöst. Es war ein bis dahin unerhörter Vorgang für die machtgewohnte europäische Exekutive.

Das Betrugsbekämpfungsamt, dem Brüner seit März 2000 vorsteht, ist eine Antwort auf diese Krise. Nicht zuletzt auf Druck der Bundesregierung wurde es im Sommer 1999 geschaffen. Das deutsche Interesse schien eindeutig. Als größter Financier der Europäischen Union musste die Bundesrepublik besonders daran interessiert sein, Verschwendung und Misswirtschaft zu stoppen.

Olaf folgte der diskreditierten Vorgängerorganisation Uclaf nach, die allzu häufig Hinweisen auf Unregelmäßigkeiten nicht nachgegangen war. Anders als Uclaf sollte die neue Behörde nun in voller Unabhängigkeit ermitteln, auch wenn sie organisatorisch weiter in die EU-Kommission eingebunden ist. Ein sogenannter Überwachungsausschuss aus Betrugs- und Ermittlungsexperten wachte seit 1999 über die Unabhängigkeit von Olaf, darunter der ehemalige Generalsekretär von Interpol, der erfahrene britische Kriminalbeamte Raymond Kendall.

Auch der neue Chefermittler Brüner sollte diese Unabhängigkeit garantieren. Unter 449 Bewerbern hatte sich der bärtige Jurist durchgesetzt. Die Kommission setzte ihn früh auf eine »short list« von vier aus ihrer Sicht besonders geeigneten Kandidaten. Als einziger Deutscher auf der Liste hatte Brüner leichtes Spiel, als im stark von Deutschen dominierten Haushaltskontrollausschuss des Europaparlaments über die Kandidaten abgestimmt wurde.

Viele in Deutschland glaubten, Brüners Ernennung sei eine gute Nachricht. Korruption in den Brüsseler Behörden gilt vielen in der Bundesrepublik als Folge des südländisch-romanischen Einflusses. Wer könnte also besser gegen verdächtige Franzosen oder Italiener vorgehen als ein Deutscher?

Brüner jedenfalls beteuerte, seine Unabhängigkeit sei schon deshalb gesichert, weil er vermögend sei. Der Zögling des vornehmen Bodensee-Internats Salem, am 14. September 1945 als Sohn eines Professors für Luftfahrtmedizin in Bad Nauheim geboren, konnte einen beeindruckenden Lebenslauf vorweisen. Er hatte schon in Sachen DDR-Regierungskriminalität und gegen Erich Honecker ermittelt, die Korruptionsabteilung der Münchner Staatsanwaltschaft geleitet sowie zuletzt in Bosnien einer kleinen internationalen Antikorruptionseinheit vorgestanden. Erfahrung beim Führen großer Behörden hatte er allerdings nicht.

Ein Mörder kommt davon

1989 stellte Brüner als Staatsanwalt in München ein Ermittlungsverfahren gegen einen mordverdächtigen Arzt ein. Der Mediziner hatte zwei Jahre zuvor einen Konventsbruder aus seiner schlagenden Verbindung umgebracht, offenbar um auf dessen Namen abgeschlossene Lebensversicherungen zu kassieren. Aber für den damaligen Mittvierziger Brüner war das »Motiv für die Tat nicht ersichtlich«. Vier Jahre später erstickte der Arzt eine 71-Jährige, um auch an deren Vermögen zu kommen. Wegen Doppelmordes verurteilte ihn ein Gericht 1996 zu lebenslanger Haft. Dass ihn die Ermittler nach der ersten Tat hatten laufenlassen, war nun für den Richter »nicht nachvollziehbar«.

Ob man in der EU-Kommission von dieser aus Presseberichten bekannten Vorgeschichte wusste? Öffentlich diskutiert wurde sie bei Brüners Amtsantritt im März 2000 nicht. Nun gelobte der ehemalige Oberstaatsanwalt, »nichts« zu beschönigen und zu verschweigen. Schon nach hundert Tagen Einarbeitungszeit wollte er richtig durchstarten. »Der Kater Olaf wird Mäuse fangen«, versprach Brüner, »er stellt nicht auf Kitkat um.«

Dumm nur, dass viele in den EU-Institutionen das Mausen partout nicht lassen mochten – und den Kater lieber draußen vor der Tür auf Mäusefang gehen sahen. »98 Prozent« der Olaf-Arbeit werde außerhalb Brüssels in den Mitgliedsstaaten stattfinden, verkündete eine Vertraute des Kommissionspräsidenten Romano Prodi offen. Olaf dürfe »keine Skandalgenerierungsmaschine« werden, hieß es unter mächtigen Europaabgeordneten. Ihr Motto: Betrugsermittlungen ja, aber nicht bei uns.

Das passte zu dem heimlichen Konsens, der in Brüssel regiert: Über Europas Missstände öffentlich zu reden schade der Völkerverständigung und dem historischen Einigungsprojekt. Diese Überzeugung teilen in der EU-Hauptstadt Beamte wie Abgeordnete und sogar viele Journalisten.

Hauptstadt der Korruption

Die Folgen dieser Haltung fasst der *Spiegel* im Frühjahr 2007 in einem prägnanten Satz zusammen: »Europas Regierungszentrum gilt als idealer Nährboden für Vetternwirtschaft, Selbstbedienung und Korruption.«

Seit 1994 verweigert der Europäische Rechnungshof dem von der Kommission verwalteten EU-Budget Jahr für Jahr das Testat für ordnungsgemäße Haushaltsführung. Dabei überprüfen die europäischen Haushaltskontrolleure lediglich die Rechtmäßigkeit der Zahlungen aus dem inzwischen etwa 130 Milliarden schweren Topf, nicht auch deren Sinn, wie es der Bundesrechnungshof jedes Jahr tut.

Erst seit 1999 ist in Belgien die Bestechung von EU-Beamten überhaupt strafbar. Selbst ein hochbezahlter deutscher Kommissionsdirektor ist hier gegen ein Essen im Dreisternerestaurant »Comme chez soi« rasch bereit, Lobbyisten Dienstgeheimnisse zu verraten – so enthüllt es noch im Jahr 2008 die *Sunday Times*. Und der Nepotismus war bis Ende der neunziger Jahre Politik des Hauses: Sommerjobs gingen ausschließlich an die Kinder von Kommissionsbeamten.

Brüssel kennt keine Oppositionsabgeordneten, die den Finger in die Wunde legen, wenn es nötig ist. Die wenigen Volksvertreter, die sich für die Korruptionsbekämpfung engagieren, geraten leicht schon bei ihren eigenen Kollegen unter Druck. Kritiker stehen, so die CSU-Europaabgeordnete Gabriele Stauner aus eigenem Erleben, »ganz rasch als Nestbeschmutzer da«. Wo es keine politische Kontroverse gibt, fehlt auch die kritische Berichterstattung, und wo die sich nicht Gehör verschafft, gedeihen Korruption und Kungelei umso besser.

Franz-Hermann Brüner muss das rasch gespürt haben. Die Kommission habe die Gründung von Olaf ja gar nicht gewollt, stellt er rasch fest. Die Behörde habe die verschärfte Betrugsbekämpfung vielmehr gezwungenermaßen hinnehmen müssen, weil die Behörde nach einer Welle von Skandalen »geschwächt« gewesen sei. Jetzt versuchten Teile des Apparats, »das Terrain wieder zurückzugewinnen«, klagt der Deutsche wenige Monate nach seinem Amtsantritt vor einem Ausschuss des Europaparlaments. »Teile der Kommission« führten gar einen »Kampf mit juristischen Argumenten«, um Olaf das Leben schwerzumachen. Das führe zu »Schwierigkeiten und Verzögerungen beim Aufbau des Amtes« – etwa bei der Rekrutierung von Personal.

Die öffentliche Klage findet praktisch keinen Widerhall. Wer von Betrug spricht und ihre konsequente Bekämpfung einfordert, macht sich in der EU-Kapitale keine Freunde. Im Gegenteil, er macht sich unbeliebt.

Brüner hält nicht dagegen, sondern konzentriert seine Arbeit fortan auf den Kampf gegen Zigarettenschmuggler und Zollbetrüger – obwohl Olaf dort wenig mehr tun kann, als den Justizbehörden der Mitgliedsstaaten zu assistieren.

Der österreichische Sozialdemokrat und Korruptionsexperte Herbert Bösch, einer der Väter von Olaf, drängt darauf, dass die Behörde der Aufgabe nachgehen soll, für die sie in erster Linie geschaffen wurde: dem Schutz der EU-Institutionen vor Missetätern in den eigenen Reihen. Es sei schlicht »Blödsinn«, wenn die Olaf-Leute glaubten, sie könnten »die Arbeit der Mitgliedsstaaten machen«, schimpft Bösch im Dezember 2003.

Trotzdem scheint man bei Olaf illegal eingeführtes Sperrholz aus Estland oder den »betrügerischen Import gefrorener Shrimps aus Bangladesch« oft wichtiger zu finden als die internen Korruptionsfälle, deretwegen das Amt gegründet wurde. Für die stellt Brüner bis Anfang 2003 wenig mehr als ein Dutzend Mitarbeiter ab. Es ist damit die kleinste aller Ermittlergruppen. Die Nebenfolge: Für heikle Fälle fehlt nun nicht nur der politische Mut, sondern auch das Personal.

Mafia-Butter im Bayernland?

Im Sommer 2000 brüstet sich Olaf eines erfolgreichen Schlags gegen die Mafia. Tonnen gepanschter Butter seien in Italien, Belgien und Frankreich komplett beschlagnahmt worden, verbreitet Brüners Behörde. Von der Camorra kontrollierte Betriebe in Süditalien hatten die Pampe produziert, die mit Chemikalien und möglicherweise BSE-trächtigem Rindertalg verseucht war. In Belgien beschlagnahmen die Behörden sogar eine Mischung, die überhaupt keine Butterbestandteile enthält. Bis zu 100 000 Tonnen sind in Umlauf gekommen und offenbar vor allem bei der Herstellung von Backwaren, Süßigkeiten und Speiseeis verwendet worden. Nebenbei haben die Schieber mindestens 45 Millionen Euro EU-Subventionen kassiert.

Aber die Erfolgsmeldung von Olaf war an mindestens einem Punkt falsch. Erst im Dezember 2000 gesteht Olaf-Sprecher Alessandro Butticé ein, dass keineswegs alle Chargen der Panschbutter beschlagnahmt wurden – nachdem Recherchen von Journalisten genau dies ergeben hatten. Und die Pampe war – wie Butticé nun einräumt – auch nach Deutschland geliefert worden. Das hatte Olaf bis dahin verschwiegen.

Im Visier der Öffentlichkeit steht nun auch die bayerische Firma Bayernland. Auch gegen sie richten sich jetzt Vorwürfe, Mafia-Butter aus Italien importiert zu haben. Die Firma dementiert. Und Brüner versichert in einem Interview, die Panschbutter habe keine Gefahr für die Gesundheit der Verbraucher dargestellt. Die Mitglieder des Olaf-Überwachungsausschusses sind darüber einigermaßen erstaunt. Welche Kompetenz habe denn Olaf in Gesundheitsfragen?, wollen sie in einer Sitzung im September 2001 von Brüner wissen. Der argumentiert laut Protokoll, er habe das »Risiko« gesehen, dass »auf dem deutschen Markt« ein Problem für die Hersteller von »traditionellem Gebäck« auftrete, wenn weiter öffentlich über den Verdacht diskutiert werde, dass in den Weihnachtsplätzchen Panschbutter stecke.

Noch im Mai 2000 hat er im Europaausschuss des Bundestages versprochen, er werde nie sagen: »Es ist ja halb so wild.« Jetzt verharmlost er im Einklang mit dem Interesse eines deutschen Unternehmens eine peinliche Affäre. Deren Vorstandsvorsitzender war und ist übrigens der CSU-Politiker Albert Deß. Früher saß er im Bundestag, 2004 wird er Mitglied des Europaparlaments.

Schwarze Kassen bei Eurostat

Brüner hat im März 2000 gerade sein Amt angetreten, da bahnt sich, von vielen unbemerkt, ein Skandal an, der die Prodi-Kommission drei Jahre später schwer erschüttern und auch den Olaf-Chef in Bedrängnis bringen wird. Es geht um Eurostat, das in Luxemburg residierende Statistikamt der EU-Kommission. Mit seinen etwa 750 Mitarbeitern ist es weit mehr als nur eine Stelle zur Sammlung und Auswertung von Daten. Hier laufen alle wichtigen statistischen Informationen über die EU-Wirtschaft zusammen. Von Eurostat hängt es ab, in welche Regionen Milliardensubventionen fließen und welchen Ruf zum Beispiel die deutsche Volkswirtschaft im Vergleich zu anderen europäischen Ländern genießt.

Der Chef von Eurostat ist ein mächtiger Mann, und so tritt er auch auf. Yves Franchet, 1939 in Paris geboren, hatte seiner Heimatregierung im Jahr 1996 einen enormen Dienst erwiesen. Ohne das Fachvotum eines Ausschusses von Statistikern und Zentralbankern der Mitgliedsstaaten abzuwarten, genehmigte er ein umstrittenes Haushaltsmanöver, das das französische Defizit von 3,5 auf drei Prozent drückte und damit erst Frankreichs Teilnahme an der Währungsunion möglich machte. Ohne diese Operation, so zitierte der *Figaro* französische Beamte, »hätte Frankreich keine Aussicht besessen, die Kriterien von Maastricht zu erfüllen«. Ohne Frankreich jedoch hätte es keine Währungsunion und damit keinen Euro gegeben.

Franchet ist also ein Mann, der sich um Europa verdient gemacht hat, und entsprechend wird er in Brüssel behandelt. Verwaltungskommissar Neil Kinnock lässt ihn noch im Jahr 2002 als vorbildlichen Behördenchef loben, der »total quality management« praktiziere.

Eigentlich hätte der Kommissar es besser wissen müssen – oder zumindest seine deutsche Kollegin Schreyer. Die ihr unterstellte Finanzkontrolle der Kommission verfasst seit 1999 eine Reihe alarmierender Prüfberichte. Es geht um dubiose finanzielle Praktiken bei Eurostat, um schwarze Kassen und möglichen Betrug.

Früh liegen diese Berichte auch der Antibetrugsbehörde vor. Stets geht es um Verträge, die Eurostat-Manager mit externen Dienstleistungsfirmen wie auch mit angeblich nicht gewinnorientierten Vereinen schließen, die Eurostat-Manager um Franchet mitgegründet und zeitweise selbst geführt haben.

EU-Geld für den Reitclub

Im März 2000 schicken Schreyers Beamte – ohne ihr Wissen, wie sie später beteuert – einen Prüfbericht über die sogenannten Datashops der Statistikbehörde an Olaf. Der Inhalt ist hochbrisant. Danach speisten EU-Beamte drei versteckte Konten in Brüssel, Luxemburg und Madrid mit den Einnahmen aus dem Verkauf amtlicher Statistiken und nutzten die Konten für allerlei Unternehmungen. Mit Hilfe der Schwarzkonten, so im Juni 2000 ein weiterer Bericht aus der Feder von Schreyers Finanzexperten, seien Beamten Reisen finanziert worden, die nach den Regeln der Behörde nicht hätten erstattet werden dürfen. Eurostat sponserte mit dem Geld Reitclubs und zahlte Flugzeugtickets für das Volleyballteam der Kommission, ganz so, als könnten die EU-

Beamten die Kosten solcher Vergnügungen nicht aus der eigenen Tasche aufbringen.

Seit Ende 2001 wissen Brüners Leute aus einem weiteren Kontrollreport, dass der Schaden der dubiosen Finanzmanöver bei Eurostat in die Millionen ging. Doch lange geschieht nichts.

Schon am 18. Juni 1999 hatte die Finanzkontrolle der Kommission Olaf schriftlich auch auf »Unregelmäßigkeiten« bei einem weiteren Dauerauftragnehmer von Eurostat hingewiesen. Die britisch-luxemburgische Statistikfirma Eurogramme reiche Fehlinformationen über ihren Umsatz ein und präsentiere Lebensläufe angeblicher Mitarbeiter, die in Wahrheit für ein anderes Unternehmen arbeiteten. Olaf beginnt im September 1999 eine Auswertung des Materials, kommt aber zu keinem Ergebnis. Zwei Jahre später, im November 2001, wendet sich eine dänische Eurostat-Beamtin namens Dorte Schmidt-Brown an die Betrugsbekämpfer. Auch sie schickt Unterlagen über Eurogramme. Eurostat-Beamte hätten der Firma trotz der gefälschten Umsatzzahlen Aufträge in Millionenhöhe zugeschanzt – obwohl das Unternehmen miserable Arbeit abliefere. Olaf beschließt, eine Untersuchung einzuleiten, und stuft diese als Fall »hoher Priorität« ein, tut aber einstweilen weiterhin nichts.

Im August 2001 übermittelt der als Whistleblower berühmt gewordene niederländische EU-Beamte Paul van Buitenen den Betrugsbekämpfern ein weiteres dickes Dossier über nicht aufgearbeitete Korruptionsfälle in der Kommission. 1999 hatten seine Enthüllungen zum Sturz der Kommission beigetragen. Nun listet er auf mehreren Seiten auch Hinweise auf Misswirtschaft und schwarze Kassen bei Eurostat auf.

Brüners Hausjuristen werten van Buitenens Dossier aus und kommen im Januar 2002 zu einer erschreckenden Schlussfolgerung. Obwohl Olaf in Sachen Eurostat bereits seit längerem »wichtige Informationen vorlagen, die Ermittlungen wegen Betrug und Unregelmäßigkeiten rechtfertigten, gab es nicht die notwendigen Konsequenzen«, schreiben sie. Obwohl »schwere Betrugsvorwürfe« gegen Eurostat-Mitarbeiter aktenkundig seien, hätten die eigenen Kollegen die Dokumente nicht einmal »ordentlich abgeheftet«.

Der Olaf-Chef selbst scheint weniger beeindruckt von dem Dossier als seine Juristen. »Insgesamt haben die Ausführungen von Herrn van Buitenen zu keinen wesentlichen neuen Erkenntnissen geführt«, schreibt Brüner am 19. Februar 2002 an die CSU-Abgeordnete Gabriele Stauner.

Bevor Brüner die Ermittlungen in Sachen Eurostat forciert, geschieht noch etwas anderes. Ende Februar 2002 macht der *stern* Auszüge aus van Buitenens Papieren und dem Olaf-Auswertungsbericht publik. In der Kommission bricht Unruhe aus, denn nun werden auch Vorwürfe gegen den Chefsprecher der EU-Kommission, den mächtigen britischen Beamten Jonathan Faull, bekannt. Er habe offenbar an einem Vertuschungsmanöver teilgenommen, das einen anderen hohen Beamten der Kommission entlastete, schreibt der *stern*. Um den Kollegen in Schutz zu nehmen, hätten Faull und vier Kollegen sogar das Beamtenstatut falsch angewendet, so die vom *stern* zitierte Kritik der Olaf-Juristen im Januar 2002.

Daraufhin stellt sich der Olaf-Chef öffentlich vor seinen Beamtenkollegen Faull. Der *stern* habe »faktisch inkorrekt« berichtet, erklärt Brüner. Tatsächlich hätten die Olaf-Experten festgestellt, »dass die gegen Herrn Jonathan Faull vorgebrachten Anschuldigungen unberechtigt waren«.

Brüner sagt nicht die Wahrheit. Zwei Jahre später wird seine Behörde dem *stern* bescheinigen, dass er die Vorwürfe vollkommen korrekt zitiert hat. Nun, im März 2002, lässt der Olaf-Chef aber auch erste zaghafte Ermittlungen bei Eurostat beginnen. Zwei seiner Männer studieren die Prüfberichte, treffen die Autoren interner Eurostat-Prüfberichte und führen einige Gespräche.

Im Mai 2002 macht das Online-Portal *stern.de* den Fall publik, über den die Dänin Schmidt-Brown Olaf bereits im November des Vorjahres informiert hat. Jetzt beginnt man sich auch bei Olaf zu erinnern, dass der Fall im Haus bereits bekannt ist, und startet erste Ermittlungsschritte in Sachen Eurogramme.

Im Juli 2002 übermittelt Brüner zwei offenkundig hastig formulierte Dossiers an die Luxemburger Justiz. Eines davon betrifft Eurogramme. Das zweite Schreiben enthält persönliche Anschuldigungen gegen Eurostat-Generaldirektor Franchet. Allerdings haben die Ermittler den Franzosen nicht einmal angehört. Dieses Versäumnis wird Olaf sechs Jahre später eine schwere Niederlage einbringen.

Bis Ende des Jahres ist die Zahl der Eurostat-Untersuchungen bei

Olaf auf sechs geklettert. Doch nach wie vor hat das Betrugsbekämp-fungsamt nicht einmal Durchsuchungen in den Büros des Statistik-amts veranlasst. Die Befugnis dazu hat Brüner. Aber er nutzt sie nicht. Nach draußen verbreitet er widersprüchliche Signale. Obwohl er die Eurostat-Vertragsfirma Eurogramme am 4. Juli 2002 bei der Luxem-burger Justiz wegen – so Brüner schriftlich – »betrügerischer Manö-ver« angezeigt hat, beruhigt er noch am 12. Februar 2003 den SPD-Europaabgeordneten Helmut Kuhne, es gebe »keine Elemente, die es rechtfertigen würden, die Geschäftsbeziehungen mit dieser Firma nicht fortzusetzen, zumindest für neue Verträge«.

Diese sanfte Tour scheint ganz im Sinne der EU-Kommission. Sie müht sich nach Kräften, die Vorwürfe gegen die Statistiker herunter-zuspielen. Es gebe »keinerlei Betrug« bei Eurostat, versichert Kom-missionspräsident Romano Prodi bei einer Pressekonferenz im Mai 2002. Noch im April 2003 lässt Prodi durch seinen Sprecher den Eu-rostat-Chef Franchet als »sehr proaktiv« handelnden Reformer prei-sen. Die Brüsseler Exekutive hat Glück, dass über ein Jahr lang nur ganz wenige Journalisten den Spuren nachgehen. Der öffentliche Druck, Licht ins Dunkel zu bringen, ist also gering.

Spesen aus der schwarzen Kasse

Doch einige Abgeordnete im Europaparlament werden unruhig. Tut Olaf genug, um den Fall aufzuklären? Nun geht Brüner einen Schritt weiter. Am 19. März 2003 übermittelt er der Staatsanwaltschaft in Pa-ris endlich die Erkenntnisse über die schwarzen Kassen, über die Olaf größtenteils seit drei Jahren verfügt. Der französische Eurostat-Direk-tor Daniel Byk persönlich habe von Zahlungen aus einer von ihm mit-angelegten »schwarzen Kasse« profitiert, schreiben Brüners Ermittler den französischen Behörden. Byk habe sich für »Reisespesen, Restau-rant- und Hotelrechnungen« bedient – was dieser später bestreiten wird.

Byk selbst habe das Anlegen von versteckten Fonds in Höhe von fast 922 500 Euro autorisiert, halten die Olaf-Ermittler im März 2003 fest. Später wird Brüner sogar von über einer Million sprechen. Das Geld stamme aus Verkäufen von Eurostat-Datenmaterial in den von der französischen Firma Planistat betriebenen Datashops. »Zwischen 50 und 55 Prozent« der Erlöse, notierten die Ermittler, seien in die schwarze Kasse geflossen.

Auch Franchets Name wird in dem Dossier erwähnt, das nach Paris geht. Aber erneut verzichten die Olaf-Ermittler darauf, Franchet und Byk vorab mit den Verdachtsmomenten zu konfrontieren. Stattdessen benutzen Brüners Männer starke Worte. Von einer »groß angelegten Plünderung des Gemeinschaftshaushaltes« ist in dem Schreiben an die Pariser Justiz die Rede.

Zwei Monate später landet das Dokument bei der *Financial Times* – und die macht daraus den Aufmacher auf der Titelseite. Auf der Stelle greifen auch alle anderen großen europäischen Blätter die Geschichte auf. Gemessen an Eurostat erscheinen dem Pariser Blatt *France Soir* die Skandale unter Expräsident Jacques Santer nun »wie eine Petitesse«.

Jetzt bricht der Damm der offiziellen Dementis. Eilig stellt die Kommission eigene Untersuchungsteams zusammen, die die von Olaf versäumten Ermittlungen nachholen sollen. Jetzt – erst jetzt – bildet auch Brüner eine eigene Eurostat-Taskforce mit 20 Mitarbeitern. Dies werde nun die Zahl der Olaf-Ermittler, die sich mit internen Korruptionsfällen befassen, »mehr als verdoppeln«, schreibt Brüner am 11. Juli 2003 in einem Rundbrief an Mitarbeiter. Bisher arbeiteten in diesem Personalpool ganze 13 von damals insgesamt 340 Olaf-Bediensteten.

Rasch stoßen die Prüfer der Kommission auf Hinweise, dass Franchet den ihm vorgesetzten Kommissar Pedro Solbes über problematische Finanzpraktiken in der Statistikbehörde im Unklaren gelassen hat. Franchet und Byk werden noch am 21. Mai 2003 versetzt. Einige Wochen später werden alle anderen sechs Direktoren der verschiedenen Abteilungen von Eurostat ebenfalls von ihren bisherigen Funktionen entbunden. Ein solch radikaler Schritt hat bis dahin noch keine EU-Behörde getroffen.

Im Juli 2003 muss Verwaltungskommissar Neil Kinnock seinen Kollegen ein peinliches Eingeständnis machen. Manipulationen, Betrug und schwarze Kassen beim EU-Statistikamt Eurostat seien nicht das Werk einzelner Missetäter gewesen, sondern eine offenbar »weit verbreitete« Praxis.

Selbstbedienung im Shoppingzentrum

Kinnock lässt nun Archivräume über Nacht versiegeln und Zahlungen an die verdächtige Firma Planistat stoppen. Nun wird offiziell, dass die Statistikstelle, im Seitentrakt eines Luxemburger Shoppingzentrums untergebracht, zum Selbstbedienungsladen verkommen war. Die Beamten hatten Kontrakte an einen kleinen Kreis bevorzugter Beratungsfirmen vergeben, die oft von ehemaligen Eurostat-Beschäftigten geführt wurden. Die wiederum reichten überhöhte Rechnungen ein und fütterten mit den Überschüssen schwarze Konten. Über diese konnten anschließend die Eurostat-Funktionäre verfügen.

Die Gelder seien ausschließlich für statistische Aufgaben verwendet worden, beteuerte der ehemalige Behördenchef Yves Franchet im Frühjahr 2003. In Wahrheit finanzierten die Beamten aus den Schwarzkonten offenkundig auch Cocktailpartys – oder sie ließen die Vertragsfirmen ihre Ehepartner und Geliebte anheuern.

Manche so mit Aufträgen und Geld versorgte Firmen hatten nahezu Narrenfreiheit. Qualität schien Nebensache. Die Firma Eurogramme beispielsweise reichte bei Bewerbungen immer wieder die Lebensläufe hochqualifizierter Experten ein. Tatsächlich wurde die Arbeit von Praktikanten gemacht.

Integrität war bei Eurostat offenkundig zum Karrierehindernis geworden. Ehrliche Mitarbeiter wurden aus dem Haus gemobbt, so wie die Dänin Dorte Schmidt-Brown, die vergebens versucht hatte, überhöhte Zahlungen an Eurogramme zu verhindern.

Das Kontrollniveau in der Kommission sei generell »zu niedrig«, klagt nun bald der Chefrevisor der Kommission, der Niederländer Jules Muis, im EU-Parlament. Er wird im Jahr 2004 seinen Dienst quittieren, weil er den Eindruck hat, dass seine Vorschläge für ein besseres Finanzmanagement bei der deutschen Kommissarin Schreyer und ihren Kollegen auf stetigen Widerstand stoßen. Doch zuvor – am 22. Oktober 2003 – legt der von Muis geführte Internal Audit Service (IAS) einen detaillierten Bericht über die Lage bei Eurostat vor. Muis unterzeichnet ihn persönlich.

Der erfahrene Wirtschaftsprüfer kennt als ehemaliger Vizepräsident der Weltbank die Stärken und Schwächen internationaler Organisationen. Sein Bericht bestätigt, dass ein ungewöhnlich kleiner Kreis von

Firmen besonders von den Eurostat-Millionen profitierte. In 28,5 Prozent aller Fälle seien die Ausschreibungen so angelegt gewesen, dass es »wenig oder keinen Wettbewerb« zwischen den Anbietern gegeben habe. Nur in einem Fünftel der Fälle seien die Aufträge an den preisgünstigsten Anbieter gegangen. Eurostat habe weiche Kriterien bevorzugt, die mehr Spielraum ließen. Offensichtliche Betrügereien seien ignoriert worden: etwa der Fall, in dem zwei Firmen ihre Angebote mit denselben zehn identischen Lebensläufen von Experten untermauerten. Um »als umständlich angesehene Vergabeverfahren zu umgehen«, hätten die Beamten sogar Tricks benutzt, zum Beispiel Aufträge auf dem Umweg über Privatfirmen an dritte Firmen vergeben, um nicht an das für Eurostat geltende EU-Vergaberecht gebunden zu sein.

Die Spur führt auf die Bahamas

Muis und seine Mitarbeiter stießen auf bizarre Fälle. Zwei Firmen, die 1996 bis 2002 insgesamt Aufträge über 9,2 Millionen Euro von Eurostat erhielten, wurden von einem Mutterunternehmen kontrolliert, das seinen Sitz auf den Bahamas hatte. Dort haben Firmen das Recht, keine Auskunft über die Namen ihrer Eigentümer zu geben. Bereits einige Jahre zuvor hatte die Olaf-Vorgängerorganisation Uclaf einen anonymen Brief erhalten, in dem behauptet wurde, hinter der Bahamas-Firma verbärgen sich Eurostat-Mitarbeiter. Uclaf schloss den Fall im Juni 1999, ergebnislos. Im Juni 2000 wurde das nun in Olaf umbenannte Amt von der Finanzkontrolle der Kommission erneut auf die Offshore-Connection hingewiesen. Doch offenkundig griffen die Ermittler die Geschichte nicht auf.

Ein Beamter unterzeichnete Aufträge für eine Firma, die offenbar seine Freundin als Eurostat-Beraterin bezahlte. Trotzdem bescheinigte er sich selbst in einer schriftlichen Erklärung, dass er unparteiisch sei – obwohl er dem Evaluierungskomitee vorsaß, das die Auftragsvergabe vorbereitete. Bei sage und schreibe 29 Prozent aller untersuchten Kontrakte fanden die Revisoren Hinweise auf potenzielle »Interessenkonflikte« zwischen Beamten und Unternehmen.

Mögliche »Vetternwirtschaft«, so die Prüfer, gab es auch in einem weiteren Fall. Ein Verwandter eines inzwischen versetzten Eurostat-

Direktors erhielt einen Auftrag – und noch bevor dieser freie Mitarbeiter selbst einen Zwischenbericht vorgelegt hatte, autorisierte der Direktor die volle Auszahlung der Vertragssumme. »Die Untersuchung dieses Vertrages ergab eine Fülle von Unregelmäßigkeiten«, zitiert der Muis-Bericht die Erkenntnisse interner Revisoren bei Eurostat. Sie hatten laut IAS-Report bereits im Juli 2003 Recherchen des *stern* bestätigt.

Dessen Online-Dienst hatte im Herbst 2002 über die ungewöhnliche Häufung von Forschungsaufträgen an griechische Firmen berichtet – unter der Ägide des griechischen Eurostat-Direktors Photis Nanopoulos. Im Juli 2003 bekräftigten die Prüfer, man könne nicht »behaupten, dass der Evaluierungsprozess« bei diesen Vergaben »transparent (dokumentiert) und unabhängig war«. Die Sprecher von Kommissionspräsident Romano Prodi und Verwaltungskommissar Neil Kinnock hatten diese Vorwürfe noch im November 2002 in Bausch und Bogen zurückgewiesen.

Dokumente verschwinden

Muis und seine Revisoren hatten es bei ihren Recherchen nicht leicht. Erschreckend oft seien Unterlagen unauffindbar gewesen, klagen sie – oder die Dokumente seien möglicherweise bewusst »vernichtet« worden. Bei fast jedem zehnten Auftrag und jeder fünften von Eurostat vergebenen Subvention habe man, so Muis, vergeblich nach Papieren gesucht. Was genau mit den Geldern der schwarzen Kasse geschehen sei, lasse sich nicht mehr vollständig rekonstruieren: »Eurostat bewahrte nicht einmal Kopien der Kontoauszüge zu den Datashops auf«. Für die Zeit ab 1998 seien »Umfang, Ursprung und Verwendung« der Gelder nicht mehr nachzuvollziehen. Für die Jahre vor 1998 gebe es nur »bruchstückhafte« Informationen.

Im Europaparlament wundern sich einige Abgeordnete. Wieso gelang es dem Revisionsdienst von Jules Muis, innerhalb weniger Monate solch detaillierte Kenntnisse zusammenzutragen? Warum hatten die jahrelangen Ermittlungen von Brüners Leuten nicht mehr zutage gefördert? Hätte Olaf mit »der gleichen Geschwindigkeit gehandelt« wie Muis' IAS, hätte die von Olaf beklagte Plünderung des EU-Haushaltes viel früher gestoppt werden können, beschwert sich die britische

EU-Abgeordnete und Labour-Politikerin Arlene McCarthy im Oktober 2003.

Erst im Juni 2003 befragen Olaf-Beamte unter Führung des Belgiers Philippe Ullmann die beiden führenden Eurostat-Hierarchen Yves Franchet und Daniel Byk zu den Vorwürfen. Wie aus den Protokollen hervorgeht, stellen sie kaum eine Frage, die nicht auch ein mittelmäßig informierter Zeitungsleser hätte formulieren können. Auch die Mitglieder des Überwachungsausschusses wollen in ihrer Sitzung im Oktober 2003 wissen, »welchen Mehrwert die Olaf-Untersuchung gegenüber den Ergebnissen des ersten Audit aufweist«. Die Lektüre der Olaf-Fallberichte scheint zu bestätigen, dass die Brüner-Leute wenig mehr taten, als Prüfberichte zusammenzufassen, die die Innenrevisoren von Eurostat und EU-Kommission ihnen zuvor zugeleitet hatten – Ermittlungsarbeit mit dem Ärmelschoner.

Für den Überwachungsausschuss unter Raymond Kendall ist der Fall Eurostat ein Beleg für Brüners »Unfähigkeit«, Prioritäten festzulegen und dafür das nötige Personal zu mobilisieren. Erst »unter dem Druck der Aktualität« habe das Amt reagiert, resümieren die Überwacher in ihrer Sitzung Anfang September 2003.

Ermittlungen nur, wenn die Presse Druck macht?

Der dänische Abgeordnete Fredy Blak führt in einer Plenarsitzung des Europaparlaments im Dezember 2003 eine ganz ähnliche Klage. Er habe wegen des Falls Eurogramme und der Geschichte seiner Landsmännin Schmidt-Brown im Frühjahr 2002 bei Olaf angerufen. Dort habe ihm ein Ermittler erklärt, man habe »weder die Neigung noch das Personal«, sich um diesen Fall zu kümmern. »Nach ihren Worten war Dorte Schmidt-Brown eine hysterische Frau, die versuchen sollte, etwas zu entspannen«, berichtet Blak. Er findet es »sehr beunruhigend, dass Olaf nur dann Untersuchungen vorrangig angeht, für die sich das Parlament oder die Presse interessieren«.

Selbst Mitarbeiter des Kommissionspräsidenten sind nun darüber verärgert, dass Brüner die Vorwürfe gegen Eurostat so lange hat liegen lassen. Das kratzt am selbstdeklarierten Antikorruptionsimage der Prodi-Truppe. Nicht jede Kritik der Kommission ist berechtigt. Immerhin hatte Brüner bereits im Juni 2002 Prodis Generalsekretär

David O'Sullivan schriftlich über den Verdacht der »Korruption« bei Eurostat informiert. Doch an der Kommissionsspitze wollte man die Vorwürfe lange nicht wahrhaben.

Als O'Sullivan im Jahr 2003 endlich den Prüfbericht über Planistat und die schwarzen Kassen liest, der Olaf seit drei Jahren vorliegt, ruft er nach eigener Auskunft Brüner an: »Der Bericht ist erschreckend. Warum konntest du da nicht früher drauf reagieren?« Drei Jahre habe »Funkstille« geherrscht, »und dann geht es plötzlich an die Staatsanwaltschaft«, erregt sich der Generalsekretär bei einem Treffen mit den Mitgliedern des Überwachungsausschusses im September 2003.

Auch für die Prüfer des IAS um Jules Muis ist die Kooperation mit der Brüner-Behörde nicht sehr fruchtbar. Zwar schickt die den Kollegen eine Zusammenfassung »vertraulicher Informationen«. Doch die hätten »in den meisten Fällen« nur bestätigt, so der Muis-Report, »was dem IAS bereits aus den erwähnten Prüfberichten und anderen Quellen bekannt war«. Große Geheimnisse hatte Olaf folglich nicht enthüllt. Trotzdem wenden sich die Ermittler nach einem Treffen mit den IAS-Kollegen »aus Vertraulichkeitsgründen« sogar gegen eine »formale Dokumentation des Protokolls der Sitzung«.

Warum so viel Geheimnistuerei bei so wenig Ertrag? Tatsächlich investiert das Betrugsbekämpfungsamt in den folgenden Monaten beträchtliche Ressourcen, um zu einem überraschenden Ergebnis zu kommen: Einiges an den Vorgängen in dem Statistikamt sei gar nicht so dramatisch, wie das die Revisoren bei IAS und Eurostat festgestellt hätten.

Im September 2004, elf Monate nachdem der IAS-Report bekannt wurde, bemühen sich Brüners Leute gar um die Ehrenrettung eines der von Muis zitierten Eurostat-Direktoren. Anders, als die Innenrevisoren von Eurostat behauptet hätten, sei dem griechischen Beamten Photis Nanopoulos nichts vorzuwerfen. Auf den ersten Blick vermittelt der Olaf-Fallbericht den Eindruck, die Ermittler hätten gründlich gearbeitet. Insgesamt 39 Zeugen haben Brüners Leute befragt, ein Vielfaches dessen, was sie in andere Fälle investiert haben.

Das Ergebnis entlastet Nanopoulos. Es sei zwar wahr, dass die Evaluationsprozeduren »nicht immer den formalen Anforderungen entsprachen«, schreiben die Ermittler. Der Vorwurf der Begünstigung sei jedoch »nicht erwiesen«. Der Olaf-Report enthält ausführliche Erklärungen, die klingen, als habe man wortwörtlich die Verteidigungslinie des ehemaligen Eurostat-Managements übernommen.

Die Bilanz wird geschönt

Bis Mai 2008 hat Brüners Behörde 14 Abschlussberichte zu Eurostat-Fällen vorgelegt. In fünf Fällen gehen die Akten an die Staatsanwaltschaften in Luxemburg, Frankreich und Portugal. Aber selbst acht Jahre nachdem Olaf erstmals ausführlicher von den Unregelmäßigkeiten informiert wurde, haben die Ermittlungen zu keinerlei Anklagen oder auch nur Disziplinarstrafen gegen beschuldigte Kommissionsbedienstete geführt.

Sowohl EU-Kommission als auch Olaf versuchen im Nachhinein sogar, die Geschichte des Falls Eurostat umzuschreiben. Erst »im Frühjahr 2003« seien die Vorwürfe gegen das Statistikamt publik geworden, worauf die Kommission »sofort« gehandelt habe, heißt es in einem Bericht, den der Vizegeneralsekretär der EU-Kommission, Eckart Guth, im April 2006 an das Europaparlament übermittelt.

Mit ähnlichen Flunkereien versuchen auch Brüners Leute, nachträglich ihre Bilanz zu schönen. Der Eurostat-Skandal sei ja »erstmals« 2003 ein Thema der öffentlichen und politischen Debatte geworden, lässt Brüner im Sommer 2006 in seinem Jahresbericht verbreiten. Olaf dagegen habe bereits seit dem Jahr 2000 an dem Fallkomplex gearbeitet, brüsten sich die Betrugsbekämpfer. Beide Aussagen sind offenkundig irreführend.

Im Juli 2008 sind die Ermittlungen der Staatsanwaltschaften in Paris und Luxemburg immer noch nicht abgeschlossen. Doch nun erringen die einstigen Eurostat-Direktoren Yves Franchet und Daniel Byk einen Sieg gegen Olaf. Das Betrugsbekämpfungsamt habe die Rechte der beiden Beamten verletzt, indem Brüner sie bei den Staatsanwaltschaften angezeigt habe, ohne sie zuvor anzuhören, urteilt das EU-Gericht Erster Instanz in Luxemburg. Beide bekommen 56 000 Euro Schadenersatz zugesprochen. Die Gerichtsentscheidung kann diejenigen bestärken, die im Europäischen Gerichtshof vor allem ein Bollwerk der europäischen Beamtenschaft sehen. Aber es ist auch eine peinliche, weil vermeidbare Niederlage für Brüner.

Mauscheleien mit Meeresblick

Eurostat bleibt nicht der einzige Fall, in dem die Revisoren des IAS den Kollegen bei Olaf auf die Sprünge helfen müssen. Ähnliches geschieht bei einer EU-Agentur in Thessaloniki, die den drolligen Namen Cedefop trägt. Das ist die französische Abkürzung für das Europäische Zentrum für die Förderung der Berufsbildung.

Seit Herbst 2001 kennen Brüners Mitarbeiter ein detailliertes Dossier über ein mögliches »korruptes Netzwerk« von Firmen im Umfeld der EU-Agentur. Der EU-Rechnungshof war auf besorgniserregende Hinweise gestoßen und hatte Olaf alarmiert. Es ging um überhöhte Zahlungen und möglicherweise manipulierte Ausschreibungen. Doch als die Vorwürfe im April 2004 bekannt werden, wehrt sich Cedefop-Direktor Johan van Rens, die Anschuldigungen seien alle »unbegründet«. Sein Argument: Auch das EU-Betrugsbekämpfungsamt Olaf habe die Ermittlungen längst wieder eingestellt.

In diesem Punkt hatte van Rens recht. Aber die Olaf-Ermittler waren bei ihrer Suche anscheinend an der Oberfläche steckengeblieben. Der Rechnungshof hatte das Betrugsbekämpfungsamt zwar bereits im Oktober 2001 um eine »forensische« – also kriminaltechnische – Untersuchung des E-Mail-Verkehrs zwischen Cedefop-Beamten und Firmenvertretern gebeten. Doch erst am 7. Mai 2002, sieben Monate nachdem der Rechnungshof sein Dossier übermittelt hatte, begannen die Ermittler nachzuforschen. Dabei untersuchten sie laut Cedefop nur einen einzigen Vergabevertrag und stellten das Verfahren dann bald wieder ein. Olaf-Sprecher Jörg Wojahn war trotzdem der Meinung, der Vorwurf der Schlamperei sei »nicht fundiert«.

Erst im Jahr 2006 wurde publik, dass die Missstände bei Cedefop weit größer zu sein schienen als bisher bekannt. Herausgefunden hatten das erneut die Prüfer des Revisionsdienstes IAS. Ihr vertraulicher Prüfbericht vom Dezember 2005 enthält zahlreiche beunruhigende Informationen. Demnach ging es in dem EU-Zentrum, dessen über 130 Mitarbeiter von ihrem Amtsgebäude direkt auf das Ägäische Meer blicken können, drunter und drüber.

Die Prüfer untersuchten 37 Ausschreibungen, die das Cedefop zwischen 2002 und 2004 organisiert hatte. Nur bei einem einzigen dieser Verfahren hatten die EU-Beamten die Regeln eingehalten –

36 dagegen waren »unregelmäßig«. Immer wieder war es, so der IAS-Bericht, zu »schweren Verstößen« gegen geltende Verordnungen gekommen.

Es ging um gut dotierte Verträge für Firmen, die Dienstleistungen für die EU-Agentur erbringen sollten – zum Beispiel für den Aufbau von Websites. Mal trafen die Beamten bei der Auswahlprozedur unzulässige Absprachen, mal wurden Dokumente einfach zurückdatiert. In anderen Fällen splitteten die Cedefop-Leute die Vertragssumme so auf, dass sie die strengen Wettbewerbsregeln umgehen konnten.

Der IAS-Bericht spricht offen von »möglichem Betrug«, der beim Cedefop mit seinem Jahreshaushalt von 16 Millionen Euro passiert sei. »In mehreren Fällen« entdeckten die IAS-Experten Hinweise auf einen »möglichen Interessenkonflikt« und auf den »Missbrauch von Insiderinformationen«. Die Verfahrenstricks wurden offenkundig auch benutzt, um Familienmitgliedern von Cedefop-Mitarbeitern lukrative Kontrakte zuzuschanzen.

Zum Beispiel gingen 202 940 Euro an eine Firma, die von einem Verwandten eines »erfahrenen früheren Beamten« geführt wurde. Der Firmenmanager besaß sogar das Passwort für die vertrauliche Intranetseite, zu der eigentlich nur Mitglieder des Cedefop-Verwaltungsrats Zugang haben sollten. Auf dem Computer des Beamten wiederum entdeckten die Prüfer Entwürfe der Firmenangebote des Familienunternehmens.

Die Revisoren finden die Ergebnisse so alarmierend, dass sie Ende 2005 das »Einfrieren« aller neuen Verträge für die betroffenen Firmen und Organisationen fordern. Außerdem verlangen sie Ermittlungen des Betrugsbekämpfungsamtes Olaf – das diese nun auch erneut aufnimmt.

Aber warum mussten sich die mit weitreichenden Befugnissen ausgerüsteten Ermittler erneut von den Revisoren des IAS vorführen lassen?

Nichts als »Scheinuntersuchungen«?

Schon drei Jahre nach Brüners Amtsantritt, im März 2003, ziehen Mitarbeiter des Olaf-Überwachungsausschusses ein deprimierendes Fazit. Olaf sei offenbar zu wenig mehr in der Lage als zu puren »Scheinuntersuchungen«, schreiben sie in einer internen Vorlage. Zum Beleg zählen sie gleich mehrere Fälle auf. Da hatte die Verwaltungsspitze des Europaparlaments zum Beispiel einem hohen belgischen Beamten – genannt »Mister X« – möglicherweise unzulässige Gehaltsaufschläge zugeschanzt.

Mister X hatte sich von Brüssel nach Luxemburg versetzen lassen und kassierte so eine Auslandszulage von 16 Prozent, zusätzlich zu seinem Gehalt von etwa 7500 Euro. Innerhalb eines Jahres verbrachte er jedoch nur 15 Arbeitstage an seinem angeblichen neuen Wohnsitz in Luxemburg. Für »einen wirklichen Umzug« fehlte »der Beweis«, bemängelte der Hauskontrolleur des Parlaments. Als neuen Wohnsitz meldete der Beamte einfach die Adresse eines Kollegen.

Doch dann kam Brüner und ließ den Mann im Frühjahr 2002 von jedem Vorwurf freisprechen. Dieses Ergebnis »stützte sich auf nichts«, klagen nun die Experten des Überwachungsausschusses. Brüners Ermittler seien auf keinen Beweis für Betrug gestoßen, aber ihre Recherche habe sich offenbar auf die Lektüre der Akten beschränkt. Sie hätten sich nicht einmal die Mühe gemacht, den Parlamentsbediensteten oder seinen angeblichen Mitbewohner zu den Vorwürfen zu befragen und Belege für angebliche Dienstreisen zu erbitten.

»Bestimmte Verantwortliche« von Olaf, so zitieren es Mitarbeiter des Überwachungsausschusses, versuchten Fehlschläge wie den um Mister X damit zu rechtfertigen, dass bei »bestimmten Dossiers, bei denen die politischen Autoritäten zerstritten seien«, Olaf »keinerlei Untersuchung führen« könne. Diese Argumentation sei »unakzeptabel«, konstatieren die Ausschussmitarbeiter.

In der Tat. Kann es sein, dass die Wahrheit davon abhängt, was die Mächtigen wollen? Das Problem der Unabhängigkeit von Olaf stelle sich »täglich«, resümieren die Mitarbeiter des Überwachungsausschusses. Brüner sieht das anders. Niemand bezweifle seine Unabhängigkeit, versichert er immer wieder. Der Vorwurf, sein Amt veranstalte Scheinuntersuchungen, sei schlicht »verleumderisch«.

Ein Gericht beklagt »Illegalität«

Kritische Fragen stellt der Überwachungsausschuss aber auch wegen einer weiteren, offensichtlich gescheiterten Untersuchung. Es geht um das EU-geförderte Institut Irela. Es residierte in Madrid und hatte die Aufgabe, die Beziehungen zwischen der EU und Lateinamerika zu verbessern. Doch bei den Finanzen ging es drunter und drüber. Am Ende sind 3,5 Millionen Euro, die die Kommission zugeschossen hatte, verschwunden – auf Nimmerwiedersehen.

Der Fall ist politisch sensibel, denn der langjährige Institutspräsident ist ein einflussreicher SPD-Europaabgeordneter aus Stuttgart namens Rolf Linkohr. Über Vorwürfe gegen Irela-Mitarbeiter ist er spätestens seit 1997 informiert, doch bestreitet er beharrlich, dass ein finanzieller Schaden entstanden sei. Noch im Jahr 1998 beginnt die Olaf-Vorläuferorganisation Uclaf, den Fall zu untersuchen. Am 10. Oktober 2000 verspricht ein Olaf-Mann in einer internen Kommissionsrunde, man werde nun auch die »Verantwortung des Exekutivgremiums« untersuchen, dem Linkohr vorstand und dem drei weitere Europaabgeordnete angehörten. Doch in dem Abschlussbericht, den das Amt im Oktober 2002 vorlegt, wird Linkohrs Rolle kaum problematisiert. Er trifft sich schon mit den Olaf-Ermittlern, bevor die Ermittlungen beginnen, und erscheint diesen »sehr besorgt«, wie es in einem internen Protokoll heißt. Regelrecht vernommen wird er jedoch offenbar nur ein einziges Mal, und dies gegen Ende der Ermittlungen – als wolle ihm Brüner das letzte Wort lassen. In ihrem Abschlussbericht vom 17. Oktober 2002 kommen die Olaf-Ermittler zu dem Schluss, dass Linkohr und seine Abgeordnetenkollegen über die »Unregelmäßigkeiten in der Verwaltung« der Irela-Finanzen »auf dem Laufenden« gewesen sein müssten, wenn auch nicht über deren »technische Details«. Konkrete Vorwürfe gegen Linkohr erheben die Ermittler jedoch nicht.

Auch der Institutsleiter, der unter Linkohr arbeitete, kommt ungeschoren davon. Er ist ebenfalls ein Deutscher, heißt Wolf Grabendorff und ist ein ehemaliger ARD-Korrespondent und späterer Mitarbeiter der SPD-nahen Friedrich-Ebert-Stiftung.

Er hatte nachweislich Zusatzzahlungen eingestrichen, die vertraglich nicht vorgesehen waren – ein überhöhtes Gehalt und einen kräftigen Mietzuschuss. Grabendorffs Verwendung von Institutsgeldern »zu privaten Zwecken« könne eine strafbare Handlung darstellen, heißt es auf Seite 50 des vertraulichen Olaf-Abschlussberichts. Überdies werfen ihm mehrere Kommissionsbeamte vor, mit »falschen

Erklärungen« überhöhte Kommissionszahlungen erlangt zu haben, um auf diese Weise einen Reservefonds für das Institut zu schaffen.

Grabendorff verteidigt sich, er habe dies auf Anraten des Exekutivgremiums getan, in dem auch die EU-Abgeordneten um Linkohr saßen. Die Schlussfolgerungen der Olaf-Ermittler bleiben widersprüchlich. Grabendorffs Gehaltszuschlag und Mietzuschuss seien ja vom Vorstand genehmigt worden, entschuldigen ihn die Ermittler – ohne nun ihrerseits die Vorstandsmitglieder um Linkohr haftbar zu machen. Diese hätten zwar die Schwächen in der Finanzverwaltung »zugelassen« und damit dem Gemeinschaftshaushalt geschadet. Doch allein die beteiligten Kommissionsbeamten hätten die »operationellen Details« gekannt, heißt es in dem Abschlussbericht.

Die Betrugsbekämpfer wollen es den Justizbehörden überlassen, ob sich echte Beweise für Straftaten finden lassen. Doch als sie ihren Report an die Justiz in Spanien und Belgien übermitteln, ist es zu spät. Etwaige Straftaten sind bereits verjährt.

Stattdessen versucht Olaf nun, drei Kommissionsbeamte für die Misswirtschaft bei Irela verantwortlich zu machen. Gegen sie seien disziplinarische Maßnahmen zu ergreifen. Doch dort sind die Belege so dünn, dass die Kommission schließlich eine eigene zusätzliche Untersuchung startet, um »eine vollständigere Sicht der Situation zu erlangen«, wie ein Sprecher sagt.

Der Olaf-Überwachungsausschuss unter Raymond Kendall übt im Februar 2003 scharfe Kritik. Olaf habe vier Jahre lang ermittelt und am Ende nichts Neues herausgefunden. »Nichts rechtfertigt, warum eine Verwaltungsuntersuchung von insgesamt durchaus banalem Charakter derart viel Zeit in Anspruch nimmt«, heißt es in einer Ausschussnote vom 1. Februar 2003. Olaf müsse aber mehr leisten als die »Kompilation« der Untersuchungsergebnisse anderer Prüfbehörden.

Im April 2006 wird amtlich, dass Olaf im Fall Irela rundweg illegal agiert hat. Einer der drei beschuldigten Beamten obsiegt vor dem EU-Gericht Erster Instanz gegen Olaf. Grund: Das von Brüner geführte Amt hatte geduldet, dass der Abschlussbericht zu Irela entscheidend von einem Ermittler geprägt war, der selbst in einem Interessenkonflikt steckte. Dieser Mann hatte zuvor als Beamter der EU-Finanzkontrolle persönlich mit die Gelder bewilligt, die an das Institut flossen. Wie durch Zauberhand war im Olaf-Abschlussbericht eine Passage gestrichen, in der der Finanzkontrolle des späteren Olaf-Ermittlers eine »schwache Kontrolle« der Irela-Gelder angekreidet wurde. Der Gerichtshof Erster Instanz bescheinigt der Antikorruptionseinheit darum nackte »Illegalität« und eine »schwere und offensichtliche Verletzung des Prinzips der Unparteilichkeit«. Die Kommission muss dem betroffenen Beamten 10 000 Euro Schadenersatz zahlen.

Als ihn der Überwachungsausschuss im Februar 2003 mit den Schwächen der Irela-Ermittlungen konfrontiert, reagiert Brüner mit einer merkwürdigen Entschuldigung: Fälle wie dieser weckten »große Erwartungen«. Das setze sein Amt unter »schweren Druck«.

Gratis auf Gran Canaria

Nicht nur die Mächtigen des Europaparlaments scheinen davon zu profitieren, sondern auch Unternehmen und Politiker des EU-Gastlandes Belgien. Ende 2003 entkommt sogar der damalige Vizepräsident der Region Brüssel, Jos Chabert, dank Brüners Intervention einer möglichen Strafverfolgung.

Es geht um den sogenannten Ausschuss der Regionen der EU (AdR), ein seinerzeit auf Wunsch des bayerischen Ministerpräsidenten Edmund Stoiber (CSU) geschaffenes Gremium, in dem sich in Brüssel etwa Vertreter der deutschen Bundesländer und der spanischen Provinzen treffen. Beamte des AdR hätten mit Hilfe »gefälschter Angebote« Ausschreibungen für Druckaufträge manipuliert, heißt es in einem vertraulichen Olaf-Abschlussbericht im Oktober 2003. Bei einem französischen AdR-Mitglied fanden die Ermittler Hinweise auf die mögliche »Fälschung« von Spesenerklärungen. Der Brüsseler Regionalpolitiker Jos Chabert habe sich drei Tage auf Gran Canaria aus der EU-Kasse bezahlen lassen. Gearbeitet wurde offenbar nur an einem. Der Report spricht gar von »ernsthaften Zweifeln« am »Wahrheitsgehalt« mehrerer Spesenerklärungen des Belgiers. Dies könnte, so der Bericht, nach belgischem Recht mit »zwischen acht Tagen und einem Jahr Gefängnis« bestraft werden.

Doch Chabert weist die Vorwürfe der Ermittler als völlig unbegründet zurück und beruft sich dabei auf Brüner. Nicht einmal der habe irgendeine »Strafverfolgung« gefordert. In der Tat: Der Olaf-Chef, der bei Amtsantritt noch »null Toleranz« versprochen hatte, will den

AdR-Fall partout nicht an die Justiz weitergeben. Dafür seien die Vorwürfe »ungenügend«, schreibt er am 8. Oktober 2003 an den AdR-Präsidenten Albert Bore. Reinhold Bocklet (CSU), damals bayerischer Europaminister und AdR-Vizepräsident, verbreitet anschließend, was ihm Brüner gesagt habe: Man habe es eher mit »administrativen Fehlern« zu tun.

»Meine belgischen Mitarbeiter sagten mir, das sei kein Fall für die belgische Justiz«, sagt Brüner im Juli 2005 in einer Sendung der britischen BBC, in der Olafs Arbeit unter die Lupe genommen wird. In anderen Fällen wird er später argumentieren, er sei verpflichtet, jeden Verdacht auf eine Straftat bei den Staatsanwaltschaften anzuzeigen. Offenbar ist Brüner bei der Anwendung dieser Regel flexibel.

Olaf, ein Instrument der EU-Machthaber?

Manchmal hingegen zeigt er ungewöhnliche Härte. So geschieht es im Fall des ehemaligen Chefs der Pariser Kommissionsvertretung. Wegen mutmaßlicher Spesenschummelei in Höhe von etwa 1700 Euro zeigt Brüner den Beamten im Mai 2003 bei der Staatsanwaltschaft in Paris an – er habe sich »betrügerischer Machenschaften« verdächtig gemacht.

Gemessen an den Vorgängen bei Eurostat erscheint das als minderschwerer Fall. Ursprünglich sollte Olaf in der Tat weit schwerwiegenderen Vorwürfen gegen den Mann nachgehen: einer Beteiligung an der Finanzierung »fiktiver Projekte« im Maison de l'Europe im südfranzösischen Avignon. Prodis Chefsprecher Jonathan Faull, dem die Kommissionsvertretungen unterstehen, hatte deshalb am 6. November 2002 Olaf alarmiert. Im Gegensatz zu anderen Fällen scheint Brüner geradezu darauf versessen, eine Untersuchung zu eröffnen. Nur neun Tage nachdem Faull geschrieben hat, ist es so weit. Am 21. November machen sowohl der Kommissionssprecher als auch die Olaf-Pressestelle die Vorwürfe publik – zwar ohne Namensnennung, aber für jeden Journalisten sind die Verdächtigen leicht identifizierbar, wie das Gericht für den öffentlichen Dienst der EU später rügen wird.

Normalerweise hält sich die Kommission bei internen Olaf-Untersuchungen bedeckt. Doch hier hängt die EU-Behörde den Fall an die große Glocke. Kaum hat Olaf die Untersuchungen aufgenommen, lässt Chefsprecher Faull sogar öffentlich die Versetzung des verdächtigen Franzosen verkünden. Tatsächlich erweist sich rasch, dass dieser mit den angeblichen fiktiven Projekten nichts zu tun hatte. Was bleibt, ist der Spesenschmu, den Olaf offenbar zufällig bei einer Durchsuchung des Pariser EU-Büros entdeckt hat.

Habe man, so fragt die französische Zeitung *Libération*, den Mann schlicht loswerden wollen, um seine gut dotierte Stelle neu besetzen zu können? In der Tat kündigt Faull im März 2003 an, die Stelle werde neu ausgeschrieben. Auch die Mitarbeiter des Überwachungsausschusses sprechen im März 2003 in einer internen Note von einem »Fall der Manipulation von Olaf durch die Kommission«.

Der beschuldigte Franzose zieht vor das Gericht für den öffentlichen Dienst in Luxemburg und gewinnt den Prozess. Die Kommission muss ihm 15 000 Euro Schadenersatz zahlen. Eine peinliche Niederlage nicht nur für Brüner, sondern auch für Faull. Er hat in der Kommission inzwischen Karriere gemacht und ist als Generaldirektor nun zuständig für Fragen der Justiz.

Enthusiastisch gegen EU-Kritiker

Der Fall des österreichischen EU-Abgeordneten Hans-Peter Martin erweckt den Eindruck, dass das EU-Betrugsbekämpfungsamt besonders enthusiastisch vorgeht, wenn es gegen einen EU-Kritiker geht. Der frühere *Spiegel*-Redakteur Martin wird europaweit bekannt, als er im Frühjahr 2004 enthüllt, wie seine Abgeordnetenkollegen Tagegelder für Sitzungstage im Europaparlament ergattern, an denen sie gar nicht im Parlament gearbeitet haben. Der deutsche Staatsrechtler Hans Herbert von Arnim preist ihn dafür als mutigen Whistleblower. Bei seinen Abgeordnetenkollegen hingegen, auch den deutschen, macht sich Hans-Peter Martin damit keine Freunde. Viele von ihnen hat Martin mit einer verdeckten Kamera gefilmt, wie sie morgens früh rasch ihre Unterschrift im Anwesenheitsregister hinterließen – und dann prompt abreisten, den Rollkoffer hinter sich herziehend.

Das ist für das EU-Betrugsbekämpfungsamt Olaf kein Grund zum Eingreifen. Obwohl selbst der Europäische Gerichtshof die von den Abgeordneten systematisch praktizierte Übererstattung von Reisespesen als illegal einstuft, wird Brüner nicht aktiv, auch dann nicht, als im

März 2004 ein weiterer möglicher Spesenskandal bekannt wird. Die Parlamentsverwaltung, so kommt jetzt heraus, verdächtigt Abgeordnete, sich Tagegelder zu erschleichen, indem sie Strohmänner schicken, um in ihrem Namen im Anwesenheitsregister zu unterschreiben – während der betreffende Abgeordnete selbst gar nicht in Brüssel oder Straßburg weilt.

Es »stellen sich gelegentlich Fragen in Bezug auf die Konformität verschiedener Unterschriften im Vergleich mit den Originalunterschriften der Abgeordneten, vor allem auf den Zahlungsanweisungen«, hält der hohe Parlamentsbeamte Roger Vanhaeren Ende 2003 in einem Papier fest. Obwohl damit der Verdacht des Betruges im Raum steht, sieht Olaf keinen Grund, tätig zu werden. Der SPÖ-Abgeordnete Herbert Bösch findet zwar, das sei »ein klarer Fall« für Olaf. Er weist die Betrugsbekämpfer im März 2004 nach eigenen Worten noch einmal ausdrücklich auf den Vanhaeren-Vermerk hin. Doch dort heißt es, es sei kein Schreiben von Bösch eingegangen.

In einem Fall aber ermittelt Olaf dann doch wegen des Verdachts der Unterschriftenfälschung – gegen niemand anders als den Nestbeschmutzer Hans-Peter Martin. Er habe an einer Ausschusssitzung im Parlament, für die sich seine Signatur in der Anwesenheitsliste findet, in Wahrheit womöglich gar nicht teilgenommen, wirft ihm sein Abgeordnetenkollege Bösch in einem Schreiben an Olaf im Juni 2004 vor.

Ungewöhnlich rasch wird die Untersuchung publik. Auch Brüner selbst äußert sich dazu öffentlich und erwähnt gegenüber der österreichischen Zeitung *Standard* am 24. November 2004 die »angeblich gefälschte Unterschrift«. Tatsächlich hatte bereits am 21. Juni 2004 ein vom Parlament eingeschalteter Graphologe konstatiert, er könne »keine Unterschriftenfälschung« feststellen. Doch merkwürdig: Olaf will diese Martin entlastende Information erst am 29. November 2004 »erhoben« haben, also fünf Tage nach Brüners Interview mit dem *Standard*.

Als der Olaf-Chef im Dezember 2004 die Staatsanwaltschaft in Wien über die Vorwürfe gegen den unbequemen Abgeordneten informiert, spielt der Verdacht der Unterschriftenfälschung jedenfalls schon keine Rolle mehr. »Auf eigene Initiative«, wie es im Abschlussbericht der Betrugsbekämpfer vom September 2006 heißen wird, untersucht Olaf dafür nun auch andere Vorwürfe gegen den Österreicher.

Die neuen Anschuldigungen, die das Skandalfeuer um Martin am Lodern halten, klingen brisant. Der österreichische Abgeordnete stehe im Verdacht, Gelder »betrügerisch herausgelockt« zu haben, die für Mitarbeiter bestimmt waren, schreiben Brüners Ermittler in einem Zwischenbericht vom 6. Dezember 2004. Olaf spricht vom Verdacht auf »schweren Betrug« und »Bereicherungsvorsatz«. Dem Europaparlament empfiehlt das Betrugsbekämpfungsamt, von dem Österreicher 192 151 Euro zurückzufordern. Für verschiedene Zahlungen zwischen 1999 und 2004 habe der Abgeordnete die nötigen Belege »nicht innerhalb der vorgesehenen Fristen vorgelegt«.

Aber warum hatte das Parlament die Gelder dann überhaupt je ausgezahlt? Vielleicht deshalb, weil der Österreicher erst im Jahr 2004 als Kronzeuge gegen seine Kollegen auftrat? Wäre ihm andernfalls sein Versäumnis, Zahlungen zu dokumentieren, gar nicht angekreidet worden – ebenso wenig wie den vielen Kollegen, die sich desselben Deliktes schuldig gemacht hatten, wie der Rechnungshof im November 2007 feststellen wird?

Würden alle Abgeordneten nach denselben Maßstäben wie Martin behandelt, »die Hälfte aller Abgeordneten hätte da Probleme«, sagt der dänische Abgeordnete Jens Peter Bonde. Er ist Euroskeptiker und darum wie Martin ein Außenseiter in Brüssel. Der damalige *FAZ*-Korrespondent Hajo Friedrich spricht offen von dem »Eindruck, dass sich Olaf einspannen lässt, wenn es gegen missliebige Abgeordnete geht«. Gegen »vermeintlich mächtige Abgeordnete« wage die Olaf-Führung hingegen »offensichtlich nicht vorzugehen«.

Martin selbst fühlt sich »konfrontiert mit der Willkür eines Politbeamtenapparates«. Die Olaf-Ermittler hören ihn nicht mal an, bevor sie ihn anzeigen. »Aus ermittlungstechnischen Gründen« sollte er »über die Verdachtslage« zunächst nicht informiert werden, schreiben sie. Dabei ist der Parlamentarier längst informiert. Die Presse wird ja anders als in anderen Fällen regelmäßig mit Details aus den Olaf-Ermittlungen gefüttert – von wem auch immer.

Hätte er Gelegenheit zur Stellungnahme gehabt, hätte er die Sache »innerhalb kürzester Zeit« aufklären können, versichert Martin. 7168 Euro zahlt Martin zurück. Aber der Rest der Summe sei in der Tat wie vorgeschrieben an Mitarbeiter geflossen, legt er dar. Das überzeugt auch die Staatsanwaltschaft in Wien. Im Jahr 2007 stellt sie ihre

Ermittlungen ein. »Unser Untersuchungsergebnis muss wasserdicht sein«, hatte Brüner dem *Standard* gesagt, bevor er Martin anzeigte. Es war nicht wasserdicht – das zumindest hatten die Ermittlungen gegen den Abgeordneten mit vielen anderen Olaf-Untersuchungen gemeinsam.

»Ehrenhaft, unparteiisch, professionell«

Die Selbstdarstellung des Betrugsbekämpfungsamtes ist eine andere: Stets handle man, so heißt es auf der Website der Behörde, »ehrenhaft, unparteiisch und professionell, unter Wahrung der persönlichen Rechte und Freiheiten sowie in völliger Übereinstimmung mit den Rechtsvorschriften«. Doch die Praxis sieht offenkundig oft anders aus, zumindest im Umgang mit Beamten und Politikern, deren politischer Einfluss gering ist.

Bei EU-Ombudsmann Nikiforos Diamandouros häufen sich die Beschwerden von Olaf-Opfern. Mehrfach prangert der Bürgerbeauftragte die Bedenkenlosigkeit der Betrugsbekämpfungsbehörde an. »Schwere Verletzungen von Grundrechten« beklagt selbst ein Untersuchungsbericht der französischen Nationalversammlung. Olaf veröffentliche Vorwürfe, ohne Beweise zu liefern, und ziehe Schlussfolgerungen, ohne die Beschuldigten zu befragen.

In aller Eile hatten der EU-Ministerrat und Europaabgeordnete im Frühjahr 1999 die Rechtsverordnung verfasst, auf deren Basis das Betrugsbekämpfungsamt später arbeiten sollte. Die Formulierungen ließen einige gravierende Lücken. Oberstes Ziel war eine größtmögliche Unabhängigkeit der Behörde, um den Ermittlern eine starke Stellung zu geben. Die Mütter und Väter von Olaf vergaßen, ein Gegengewicht zu schaffen – in Gestalt eines starken Kontrolleurs. Einen Europäischen Staatsanwalt, der die Ermittler unter Aufsicht halten könnte, gibt es nicht. Es fehle »eine angemessene gerichtliche Kontrolle«, kritisierte im April 2004 das französische Parlament.

Waffen tragen Brüners Betrugspolizisten nicht, aber sie treten oft auf, als seien sie niemandem Rechenschaft schuldig – es sei denn den Mächtigen in den Brüsseler Behörden. Olaf habe sich zu einer veritablen Polizeitruppe entwickelt, sorgt sich ein EU-Abgeordneter Ende 2003. Und er fragt: »Wie bringen wir die unter Kontrolle?«

Es ist die Zeit, in der die Kritik an Brüner einen Höhepunkt erreicht. Manche in Brüssel treibt die Angst um. Prodis Generalsekretär David O'Sullivan beklagt sich am 3. September 2003 vor dem Überwachungsausschuss offen über das Risiko des »Missbrauchs«: Was, wenn Brüner auf dünner Faktenbasis einfach mal ein Ermittlungsverfahren gegen ihn eröffne? »Oder gegen Herrn Prodi?«

Im Dezember 2003 verlangt das EU-Parlament auf Betreiben der Mitglieder des Haushaltskontrollausschusses eine baldige öffentliche Ausschreibung von Brüners Posten, bevor sein Mandat im Februar 2005 ausläuft. Man brauche eine »starke, unbeeinflussbare Führungspersönlichkeit« an der Spitze von Olaf, fordert die in der Korruptionsbekämpfung engagierte CSU-Abgeordnete Gabriele Stauner.

Energisch gegen Kritiker

Brüner reagiert auf seine Weise. Er sucht die Kritiker zu diskreditieren. Und ihm kommen Freunde in den oberen Etagen des EU-Parlaments, in der Kommission und einigen Mitgliedsstaaten zu Hilfe.

Früh beginnt Brüner, dem Olaf-Überwachungsausschuss den Zugang zu Informationen zu erschweren. Schon im April 2002 weist er leitende Mitarbeiter an, keinen Kontakt mit dem Ausschuss aufzunehmen, ohne ihn zu informieren. Alle Ersuchen des Komitees wiederum »müssten zunächst an Herrn Brüner gerichtet werden«, schreibt eine Olaf-Mitarbeiterin im Mai 2002 an den Ausschuss.

Später wird Brüner öffentlich beklagen, aus dem Überwachungsgremium seien »gezielte Indiskretionen« und »Missinformationen« lanciert worden. Es sei ihm »nicht gelungen«, mit dem Ausschuss »ein Arbeitsverhältnis zu bekommen«, das »fruchtvoll« gewesen wäre, bedauert Brüner Ende 2005. Das klingt, als ginge es um Beziehungskrisen und nicht darum, reale Probleme zu lösen.

Die Väter und Mütter von Olaf hatten den Überwachungsausschuss ausdrücklich mit dem Ziel geschaffen, die Unabhängigkeit von Olaf zu sichern. Doch angesichts der Kritik der Aufseher sucht Brüner nun Hilfe ausgerechnet bei denen, gegen die er eigentlich ermitteln soll.

Als der Online-Dienst *stern.de* und dann auch andere europäische Medien im November 2003 über die Kritik des Überwachungsausschusses und Planspiele berichten, den Olaf-Chef zu entmachten oder auszuwechseln, scheint in der Brüner-Behörde regelrechte Panik auszubrechen. Auf der Suche nach Hilfe wenden sich die Betrugsbekämpfer nun ausgerechnet an Kommissionsboss Prodi. Olaf-Sprecher Alessandro Butticé lässt seine Kontakte spielen und telefoniert – nach eigenen Worten – »auf höchster Ebene« mit der Kommissionsspitze. Anschließend verbreitet er beruhigende Nachrichten. Meldungen über Brüners angebliche Absetzung seien »vollkommen falsch und unbegründet«. Prodi habe »vollkommenes Vertrauen« in seinen obersten Korruptionsermittler.

Welch ein Rollentausch! Dreieinhalb Jahre zuvor hatte Brüner angekündigt, die Medien zu Hilfe zu rufen, sollte die Kommission seine Unabhängigkeit in Frage stellen. Nun bezweifeln Journalisten, ob Brüner wirklich unabhängig von den EU-Mächtigen agiert – und der Olaf-Chef ruft die Kommissionsspitze um Beistand an. Der Ermittler bittet den Untersuchten um Rückendeckung. Der Kater, der Mäuse fangen wollte, bettelt bei ihnen um Kitekat.

Ein SPD-Mann ergreift Partei

Auch im Europaparlament findet Brüner Verbündete, die sich gegen seine Kritiker in Stellung bringen. Mit an vorderster Front engagiert sich SPD-Mann Martin Schulz. Der ist zwar gar kein Mitglied des für die Betrugsbekämpfung zuständigen Haushaltskontrollausschusses, nutzt aber seine Position als Fraktionschef der europäischen Sozialdemokraten. Er habe »sehr genau den Aufbau« von Olaf »verfolgt«, schreibt er am 16. Juni 2005 an den zuständigen Kommissar Siim Kallas. Schulz beklagt sich nicht etwa über die mangelnde Effizienz von Olaf, die der Überwachungsausschuss immer wieder anprangert – nein, er äußert seine »große Besorgnis« über die in seinen Augen »zunehmende Politisierung des Überwachungsausschusses«.

Die Mitglieder des Komitees sollten Brüner nicht öffentlich kritisieren, findet der SPD-Mann, sondern ihn unterstützen. »Öffentliche Äußerungen, die in der Vergangenheit von Mitgliedern des Überwachungsausschusses erfolgt sind«, ließen »leider nicht den Willen erkennen, diesem Auftrag des Gesetzgebers nachzukommen«, beschwert sich Schulz.

Auch die baden-württembergischen CDU-Abgeordneten Ingeborg

Grässle und Daniel Caspary springen in die Bresche, im Verein mit einem italienischen EU-Parlamentarier: Lorenzo Cesa, der Generalsekretär der kleinen christdemokratischen Partei UDC.

Die sieht sich selbst als »Verteidiger der christlichen Identität Europas«, ist aber laut dem britischen *Economist* dafür bekannt, dass ihre Repräsentanten besonders häufig unter Mafia-Verdacht geraten. Auch Cesa selbst ist den italienischen Ermittlungsbehörden kein Unbekannter. Im Juni 2001 verurteilt ihn ein Gericht wegen der Annahme von Schmiergeld. Die zweite Instanz hebt das Urteil später – auch wegen Formfehlern – wieder auf.

Im Sommer 2004 wird Cesa EU-Abgeordneter, geht in den Haushaltskontrollausschuss und setzt sich im Namen der christdemokratischen Fraktion, der auch die CDU angehört, vehement für Brüner ein. Er lobt dessen »große Führungskraft« und attackiert die Brüner-Kritiker in der Presse und im Überwachungsausschuss. Häufig wettert er über Fälle, in denen Journalisten interne Olaf-Dokumente publik machen konnten. Solche Lecks seien unakzeptabel, findet Cesa. Sein Motto lautet: »Wir müssen die positiven Aspekte der Arbeit von Olaf herausstellen.«

Olaf wiederum verbreitet Erklärungen und Anfragen des Europaabgeordneten auf seiner offiziellen Website.

Cesa wird wissen, was er tut – und warum. Im Juli 2005 bestätigt der Europäische Rechnungshof die Olaf-Kritiker in geradezu dramatischer Weise. Ein Dreivierteljahr lang hatten Prüfer des Hofes die Arbeit der Olaf-Ermittler unter die Lupe genommen. Nun legen sie einen Prüfbericht vor, der nach fünf Jahren Brüner eine vernichtende Bilanz zieht.

Ein vernichtender Prüfbericht

Die »tatsächliche Untersuchungsarbeit« der über 300 Olaf-Beamten sei »häufig recht begrenzt geblieben«, schreiben sie. Der Rechnungshof bemängelt »schwer erkennbare Ergebnisse« und den Missstand, dass die EU-Ermittler »nur ausnahmsweise« wirklich ermittelten.

Die Mängelrügen gleichen in vielen Punkten dem, was der Überwachungsausschuss immer wieder moniert hatte. Der Rechnungshof bescheinigt Brüners Betrugsbekämpfern Pfuscharbeit in großem Stil.

Die »Vorlage von wenig schlüssigen Berichten« rügen die Prüfer ebenso wie rätselhafte »erhebliche Verzögerungen« bei der Untersuchungsarbeit. Die Kontrolleure kritisieren, dass »nicht immer« sichergestellt wurde, ob die Ermittler die »übliche Sorgfaltspflicht« wahrten, und sie entdecken ein internes Archivsystem, das sich als derart unzuverlässig erwiesen habe, dass die gespeicherten Informationen »mit größter Vorsicht« zu genießen seien. Ins Visier geraten auch Brüner und seine Führungsmannschaft: Die »von der Managementebene des Amtes ausgeführte Aufsicht über die Untersuchungen« sei im Allgemeinen schlicht »unzulänglich« geblieben. Der Rechnungshof verlangt nun nichts weniger als eine »Neuausrichtung der Tätigkeiten des Amtes«.

Das Jahresbudget der Betrugsbekämpfungsbehörde beträgt inzwischen 50 Millionen Euro. Es ist so groß wie der Haushalt des Europäischen Menschengerichtshofs in Straßburg. Aber wo sind die Ergebnisse?

Diese Frage scheint in Brüssel kaum einen zu kümmern. Als Rechnungshofmitglied Lars Tobisson den verheerenden Sonderbericht am 12. Juli 2005 im Haushaltskontrollausschuss des EU-Parlaments vorstellt, ignorieren die Abgeordneten die Kritik einfach. Was sie hier gehört habe, sei doch »sehr positiv«, lässt sich die CDU-Abgeordnete Ingeborg Grässle allen Ernstes vernehmen. So ähnlich äußert sich ihr Fraktionskollege Cesa. Kein Abgeordneter stellt wegen der massiven Rechnungshofkritik Nachfragen an Brüner.

Es ist ein typisches Beispiel für die Fähigkeit Brüsseler Politiker, sich Missstände schönzureden. Was ihnen auch hier hilft, ist die Komplizenschaft mancher Journalisten. Zwar greift die englische *Financial Times* den Report des Rechnungshofs in einem größeren Artikel auf. Doch das Blatt steht damit ziemlich allein.

Obwohl es um die Arbeit eines der bedeutendsten deutschen EU-Beamten geht, erfahren deutsche Zeitungsleser so gut wie nichts über die massive Kritik an Brüner. Die *Süddeutsche Zeitung* vermeldet den Prüfbericht immerhin auf einigen Zeilen, verzichtet aber darauf, die vernichtendsten Kritikpunkte zu nennen. Die *Zeit* erwähnt die Parlamentsanhörung, auf der die Schelte des Rechnungshofs vorgestellt wurde, unterschlägt aber dessen Kritik – und kommt zu dem überraschenden Schluss, das Hearing habe gezeigt, dass bei Olaf die Arbeit »immer besser gelingt«.

Scheitert die Berichterstattung womöglich an Platzmangel? Kaum, denn davor und danach erscheinen in vielen deutschen Blättern immer wieder ausführliche Artikel über Brüners Arbeit. Nur seine zahlreichen Kritiker kommen kaum zu Wort.

Das Thema ist aktuell, denn nun steht die Frage an, wer Brüner an der Spitze von Olaf nachfolgt – oder ob er selbst sein eigener Nachfolger wird. Er selbst hat nie ein Hehl daraus gemacht, dass er ein zweites Mandat von fünf Jahren anstrebt. Dass eine zweite Amtsperiode überhaupt möglich ist, gehört zu den schwerwiegendsten Konstruktionsfehlern der Antikorruptionseinheit.

Denn ausgerechnet die EU-Organe, die der Olaf-Chef bei seinen Ermittlungen ins Visier nehmen soll, entscheiden über seine Wiederernennung. Der Direktor sei damit abhängig von EU-Kommission, Europaparlament und Ministerrat, moniert der Überwachungsausschuss.

Und rasch wird klar, dass Brüner hier eine Menge Fürsprecher hat. Zu ihnen gehört auch seine Landsmännin Michaele Schreyer. Obwohl sie die wiederholten fundierten Rügen etwa des Überwachungsausschusses kennt, stellt sie sich immer wieder schützend vor Brüner. Unter ihm habe sich Olaf als ein »wirksames und schlagkräftiges Instrument« erwiesen, behauptet sie. Brüner wiederum versucht, der Kommissarin aus der Patsche zu helfen, als die im Fall Eurostat in Bedrängnis gerät. Als sie erklären soll, warum sie als für Finanzkontrolle zuständige Kommissarin so lange unwissend und untätig blieb, lässt Brüner seinen Sprecher eine öffentliche »Klarstellung« herausgeben, dass die deutsche Politikerin keinen »privilegierten Zugang zu Olaf-Informationen« gehabt habe.

Brüner verbreitet Nebel. Die Kritik an Schreyer hatte sich ja daran entzündet, dass sie nach ihren eigenen Worten nicht einmal die vernichtenden Prüfberichte gelesen hatte, die von den ihr direkt unterstehenden Finanzkontrolleuren seit 1999 erstellt worden waren. Auf die hätte sie sehr wohl Zugriff haben können – wenn sie es gewollt hätte.

Echte Frünnde stonn zusamme

»Echte Fründe stonn zusamme!« So singt man es in Schreyers Heimat-stadt Köln nicht nur im Karneval. Als das EU-Parlament im Dezember 2003 eine baldige Neuausschreibung von Brüners Posten fordert, ignoriert die Grünen-Politikerin den Wunsch der Volksvertreter. Bis sie im November 2004 abtritt, geschieht nichts, obwohl doch Brüners reguläre Amtszeit schon im Februar darauf abläuft. »Jetzt ist schlicht-weg nicht rechtzeitig«, wehrt Schreyer noch im Juli 2004 die Frage ab, wann sie sich um die Neubesetzung kümmern will.

Im November 2004 übernimmt ihr estnischer Amtsnachfolger Siim Kallas die Geschäfte. Noch in seiner Vorstellungsrede im Europapar-lament beklagt er, dass es Olaf nicht gelungen sei, in der Öffentlichkeit mehr Vertrauen in das Finanzgebaren der EU schaffen. Gleich darauf tut Kallas selbst einiges, um das Misstrauen noch zu vergrößern. Unter ihm entwickelt sich die Frage der Brüner-Nachfolge zu einer veritab-len Seifenoper, mit mehreren burlesken Akten.

Kallas lässt den Posten nun zwar ausschreiben – aber dies zwei Tage vor Weihnachten und nur für Mitarbeiter der EU-Institutionen. Selbst Angehörige der europäischen Polizeibehörde Europol dürfen sich nicht bewerben. Der Ausschreibungstext verlangt von den Kandidaten Erfahrung in der Betrugsbekämpfung und bei der Leitung einer Be-hörde. Wer in EU-Kommission oder EU-Parlament käme da in Frage? Das Ergebnis: nur einer. Brüner ist in der Tat der einzige Bewerber.

Die nächste Merkwürdigkeit entdeckt die Luxemburger Monats-zeitschrift *Forum*: Sogar der Text der Ausschreibung entstand in Brü-ners Büro. In der elektronischen Fassung ist Brüner als Autor des Dokuments gespeichert – angeblich nur, weil seine Sekretärin bei der Abfassung eines Entwurfs beteiligt war. Mit wenigen Änderungen – etwa Korrekturen von Fehlern in französischer Rechtschreibung und Satzbau – gelangt diese Fassung ins EU-Amtsblatt.

Immerhin lässt Kallas die Direktorenstelle nun doch öffentlich aus-schreiben. Bis zum 12. März 2005 melden sich 181 Bewerber. Doch schon wenige Wochen darauf, am 6. April, lässt sich Kommissar Kallas in der *Süddeutschen Zeitung* zitieren, Brüner habe »gute Chancen«, wie-der ernannt zu werden.

Tatsächlich ist Brüner kurz darauf fast aus dem Rennen. Nachdem er es zunächst unter die aussichtsreichsten elf Bewerber geschafft hat, scheitert er im Juni 2005 beinahe an der nächsten Hürde. Die verbliebenen elf Anwärter soll nun ein dreiköpfiges Gemium bewerten, darunter der ehemalige Präsident des EU-Rechnungshofs Jan Karlsson und Brüners alter Verbündeter und Generaldirektorenkollege Jonathan Faull. Doch die drei Männer qualifizieren von den elf Kandidaten nur sieben als uneingeschränkt empfehlenswert. Brüner ist nicht unter ihnen. Die Entscheidung des Gremiums fällt einstimmig.

Die drei Prüfer sind, wie sie im Juli 2005 schreiben, bei Brüner schlicht »nicht vollständig überzeugt von seiner Beschreibung der Situation und seiner Vision für die Zukunft«. Brüner bekommt nur 75 Punkte, sieben weniger als die Bestplatzierten. Karlsson und Co. verweisen ihn in eine zweite Kategorie von Bewerbern, die laut Schlussbericht ebenfalls »in Erwägung gezogen werden könnten«.

Kurz darauf setzt die Kommission Brüner trotzdem auf eine sogenannte »short list« mit nur noch fünf Kandidaten. Auch einige, die eben noch besser abgeschnitten hatten, scheiden gleichzeitig aus.

Überraschend zieht Kommissar Kallas schließlich am 7. Oktober 2005 einen der letzten fünf Kandidaten zurück. Wenige Tage vor der entscheidenden Parlamentsanhörung hat Brüner nun nur noch drei Mitbewerber. Erst jetzt habe man bemerkt, dass der belgische Kriminalbeamte Johan Denolf nicht die notwendigen Jahre an Berufserfahrung mitbringe, begründet die EU-Behörde ihre Entscheidung. Doch Denolfs Lebenslauf lag der Kommission schon seit Monaten vor.

Schließlich setzt Kommissar Kallas im Februar 2006 in einer Sitzung mit Vertretern von Europaparlament und EU-Ministerrat Brüners Wiederernennung durch. Beide Institutionen hätten zugestimmt, verbreitet der Este. Doch zuvor hatten sowohl Europaparlament als auch Ministerrat nach ausführlichen Anhörungen zwei Männer empfohlen, die auch beide auf Karlssons Liste deutlich mehr Punkte erhalten hatten. Die Vertreter der Mitgliedsstaaten hätten den Franzosen Alain Gilette oder den Schweden Björn Eriksson bevorzugt. Das Parlament hatte Eriksson, einen ehemaligen Interpol-Präsidenten, auf Platz eins gesetzt.

Verärgert fragt der französische EU-Botschafter Pierre Sellal hinterher, warum der Ministerrat überhaupt seine eigene Meinung formuliere – wenn die Kommission diese postwendend ignoriere.

Der Ermittler in der Hand der Kommission?

Gleich nach der Entscheidung für Brüner vermutet der konservative britische Europaabgeordnete Chris Heaton-Harris versteckte Motive. Jetzt habe die EU-Kommission »Brüner in der Hand«. Ähnlich äußert sich der österreichische Sozialdemokrat Herbert Bösch: »Es ist schlecht für die Betrugsbekämpfung, wenn die Kommission, die kontrolliert werden muss, den Ausschlag für einen Kandidaten gibt«, klagt er.

Freilich hatte Brüner auch mächtige Unterstützer. Während die Mehrheit im Ministerrat zwei andere Kandidaten favorisiert, setzt sich die Bundesregierung massiv für Brüner ein. Offenbar interveniert sogar Angela Merkels Kanzleramtsminister Thomas de Maizière in Brüssel. Auch »mehrere Ministerpräsidenten aus Süddeutschland« hätten sich in Brüssel für Brüner verwendet, schreibt der *Rheinische Merkur*.

Aber warum? Sollte nicht Deutschland als größter Nettozahler in der EU ein Interesse an einer effizienteren Betrugsbekämpfung haben?

Merkel hat im Ministerrat einen zweifelhaften Alliierten: die italienische Regierung des Silvio Berlusconi. Kaum ein anderer europäischer Regierungschef stand so häufig wie er unter Betrugs- und Korruptionsverdacht. Seiner damaligen Partei »Forza Italia« wird immer wieder eine angebliche Nähe zur Mafia vorgeworfen.

Wie Berlusconi gegen engagierte internationale Korruptionsgegner vorgeht, hat der Basler Professor Mark Pieth erlebt, der der OECD-Arbeitsgruppe gegen Bestechung vorsteht. Er hatte den Regierungschef in Rom verärgert, indem die OECD publik machte, dass Berlusconi ihren Kontrolleuren verboten hatte, mit den Staatsanwälten in Mailand zu sprechen, die gegen Berlusconi ermittelten. Daraufhin stemmte sich Italien gegen Pieths Wiederernennung, vergebens.

Anders als Pieth ist Brüner offenkundig ein Korruptionsbekämpfer nach Berlusconis Geschmack. Seine Brüsseler Vertreter werfen sich für den Deutschen in die Bresche. Auch im EU-Parlament setzen sich einflussreiche Politiker massiv für Brüner ein. Für die CDU-Europaabgeordnete Ingeborg Grässle ist es nicht weniger als »die wichtigste EU-Personalie dieses Jahres«. Und Kommissar Kallas verweist selbst öffentlich auf das Engagement der beiden mächtigsten Deutschen in der Volksvertretung. SPD-Mann Martin Schulz und Hans-Gert Pöttering, damals noch Fraktionschef der Christdemokraten, hätten sich für Brüners Wiederernennung starkgemacht.

Als der Olaf-Chef im Haushaltskontrollausschuss zur Abstimmung steht, nimmt auch der CSU-Parlamentarier Albert Deß an der Sitzung teil, kann aber nicht mitstimmen – der Mann, dessen Firma Bayernland fünf Jahre zuvor davon profitierte, dass Brüner den Skandal um die italienische Panschbutter herunterspielte. Seine Unionskollegin Grässle hatte ihn mobilisiert.

Gut für den alten und neuen Olaf-Chef, dass in den meisten deutschen Zeitungen kaum einer nachfragt. Brüner-kritische Abgeordnete wie der ausgewiesene Betrugsexperte Herbert Bösch kommen in den sechs Monaten vor der endgültigen Entscheidung weder in der *Süddeutschen Zeitung* noch in der *FAZ* zu Wort. Der Brüsseler Korrespondent von *Focus* verballhornt Böschs Namen gar zu »Heribert Büsch«. Der sei gegen Brüner, »weil« er mit ihm »nun gar nicht kann«.

»Die Betrüger hätten sich ins Fäustchen gelacht«, wenn Brüner nicht wieder ernannt worden wäre, schreibt die *Zeit*. Der Brüsseler Büroleiter der *Süddeutschen* behauptet gar, Brüners »Fähigkeiten als akribischer Ermittler« seien »unbestritten«. Mit der Faktenlage ist das nur schwer in Deckung zu bringen.

Brüner hat gewonnen. Und er bleibt sich treu. »Es wird zu viel unter Betrug eingeordnet, was gar nicht Betrug ist«, verkündet er kurz nach seiner Mandatsverlängerung bei einem Auftritt in der Berliner Kommissionsvertretung.

Nachsicht für die Parlamentsoberen

Das Europaparlament, dessen Granden sich für den Olaf-Chef starkgemacht hatten, profitiert nun von seiner gewohnten Nachsicht. Im August 2006 entlastet Olaf die Volksvertretung vom Verdacht des Filzes mit deutschen und belgischen Banken. Es geht um ein Multimillionengeschäft, bei dem die Parlamentsoberen Ende der neunziger Jahre offen europäisches Recht gebrochen hatten. Die Profiteure waren die deutsche Landesbank WestLB und belgische Kreditinstitute.

Sie erhielten den Auftrag, ein 670 Millionen Euro teures Parlamentsgebäude an der Brüsseler Rue Wiertz zu finanzieren. Mitorganisiert wurde die Vergabe von einer Tochterfirma mehrerer belgischer Banken, die selbst hinterher von dem Auftrag profitierten. Das Parlament mogelte sich um einen offenen Wettbewerb herum, indem es die Bankenauswahl keinem anderem als dem Bauträger des Gebäudes, der S.A. Forum Léopold (SAFL), übertrug, zusammen mit der Unternehmensberatung Arthur Andersen. Es gelte, die EU-Ausschreibungsregeln »so weit wie möglich« zu achten, schrieb EP-Generalsekretär Julian Priestley im Januar 1998 an die Baufirma. Priestley formulierte die Kriterien für die Vorauswahl der Banken und stellte eine Liste von 25 Instituten zusammen, die eingeladen wurden, innerhalb von 25 Tagen Angebote zu präsentieren; die einschlägige EU-Richtlinie schreibt eine Angebotsfrist von 40 Tagen vor. Am Ende gewann die Düsseldorfer WestLB – und nahm die zwei SAFL-Aktionäre Bacob und Artesia in ihr Konsortium auf.

Nur sechs Banken schafften es überhaupt, fristgerecht zu antworten, darunter neben der WestLB die Banken Bacob und Societé Générale, deren Tochter SAFL das Manöver organisiert hatte. Hätte etwa Bacob den Zuschlag bekommen, »hätte es Fragen gegeben«, räumt Priestley hinterher ein. Die Wahl der WestLB gab dem Verfahren folglich einen seriösen Anstrich.

Publik wird das fragwürdige Geschäft bereits Anfang 2000. Er ist für Olaf potenziell hochrelevant, denn in Belgien ist die Behinderung des Wettbewerbs eine mögliche Straftat. Doch die Betrugsbekämpfer reagieren erst im Februar 2003, nachdem ein Luxemburger Journalist Kommissionspräsident Prodi ein umfangreiches Dossier zugeschickt hat. Fast zwei weitere Jahre vergehen, bis Brüners Leute am 28. Dezember 2004 einen belgischen Universitätsprofessor mit einem Rechtsgutachten beauftragen. Der bestätigt, dass das Parlament die Vergaberichtlinie hätte anwenden sollen. Der Professor findet auch »keinerlei Erklärung« dafür, warum dies nach dem Willen der Parlamentsverwaltung nur »so weit wie möglich« geschehen sollte.

Den Grund für diesen Rechtsverstoß der Volksvertretung, die der Professor nicht sehen konnte, finden nun Brüners Mitarbeiter. Man hätte zwar »erwarten können«, dass die Richtlinie korrekt angewendet werde, schreiben die Ermittler in ihrem Abschlussbericht vom 11. August 2006. Aber, so fügen sie hinzu, das Parlament habe bei der Kreditvergabe ja »eine gewisse Dringlichkeit« gesehen. Warum eine vom

Parlament selbst verschuldete Zeitnot von der Beachtung der Gesetze befreit, erklären die Olaf-Experten nicht.

Die Parlamentsoberen sind nun entlastet, nur eine Frage haben die Ermittler zu ihrem Bedauern nicht klären können. Man kenne bei dem Luxemburger Journalisten, der Prodi in der Sache angegangen war, »immer noch nicht seine Motive«. Immerhin habe man herausgefunden, so der Olaf-Report, dass der Mann in den frühen neunziger Jahren zeitweise in der Parlamentspressestelle tätig war.

Ein Bürger sorgt sich wegen Gesetzesverstößen der EU-Mächtigen! So etwas erscheint aus Sicht der Brüner-Truppe offenkundig der Aufklärung bedürftig.

Der Ermittler und sein dubioser Freund

Nur einen Monat nach Brüners Wiederernennung macht auch sein größter Unterstützer erneut Schlagzeilen. Auch er scheint nun der Hilfe wohlwollender Ermittler zu bedürfen. Gegen Lorenzo Cesa, der das Europaparlament wieder verlassen hat, ermittelt inzwischen die Staatsanwaltschaft in Catanzaro im italienischen Kalabrien. Diesmal geht es um den Verdacht auf Betrug mit EU-Fördermitteln. Er war laut dem Magazin *L'Espresso* angeblich daran beteiligt, Brüsseler Fördergelder an eine von ihm kontrollierte Firma umgeleitet zu haben.

Während die Italiener ermitteln, wartet Brüner erst mal in Ruhe ab. Solange ihn die dortigen Behörden nicht dazu aufforderten, sei er gar nicht gefragt, verkündet er im März 2006. Einige Zeit später nehmen die Olaf-Leute den Fall dann doch auf.

Doch im November 2007 beklagt der bekannte kalabrische Staatsanwalt Luigi de Magistris öffentlich, er habe bei Olaf »Widerstand« gegen eine Zusammenarbeit mit den italienischen Ermittlern gespürt. Brüners Sprecher Butticé verteidigt das Amt. Immerhin habe Olaf sehr wohl eine Untersuchung eröffnet. Doch Butticé beklagt auch die »Medienspekulationen«, die es um die Untersuchungsarbeit gegeben habe. Die behinderten die Ermittler bei ihrer Arbeit und verletzten die Persönlichkeitsrechte der Betroffenen. Brüner beschwert sich wegen de Magistris' Kritik gar beim italienischen Justizministerium.

Gut für Brüner und Cesa, dass die Justizverwaltung in Rom den aufmüpfigen de Magistris Anfang 2008 an ein Gericht in Neapel versetzt. Mit Vorwürfen selbst gegen den nun als italienischen Premierminister amtierenden Romano Prodi und dessen Justizminister hatte sich de Magistris weitere Feinde gemacht. Sein Nachfolger in Catanzaro stellt die Verfahren gegen Prodi und Cesa ein. Die Vorwürfe gegen ihn seien »vollkommen« unbegründet, zitiert Cesa den Beschluss des Staatsanwaltes vom April 2008.

Mit dem Messer bedroht

Im März 2007 bekommt das Gefängnis im Brüsseler Stadtteil Forest gleich drei neue Insassen. Alle drei sind Italiener und stehen gemeinsam unter dem Verdacht der Korruption. Unter ihnen ist ein Sektionschef der Generaldirektion für Außenbeziehungen der Kommission. Er soll einem Landsmann, der in Brüssel mehrere Firmen besitzt, Aufträge für den Bau und die Ausstattung von Auslandsvertretungen der EU-Kommission zugeschanzt haben. Als Vermittler fungierte angeblich ein Mitarbeiter des italienischen Europaabgeordneten und Exfußballers Gianni Rivera, der selbst als unbelastet gilt.

Der Unternehmer bekam die Aufträge. Der EU-Beamte soll dafür Firmenanteile erhalten haben, und nach Erkenntnissen der EU-Betrugsbekämpfungsbehörde Olaf wurde sein Haus gratis renoviert.

Die EU-Betrugsbekämpfungsbehörde schätzt den Wert der betroffenen EU-Kontrakte im März 2007 auf an die 30 Millionen Euro. Der belgische Justizsprecher Jos Colpin spricht gar von »mehr als 40 Millionen Euro«.

Olaf hielt den Korruptionsverdacht schon im Juni 2004 für so fundiert, dass es die belgische Justiz informierte. Aber warum brauchten die Ermittler dann drei weitere Jahre bis zu den Verhaftungen? Der belgische Justizsprecher Jos Colpin sagt, man habe zunächst »interne Ermittlungen« von Olaf in der EU-Kommission erbeten. Außerdem habe man Zeit gebraucht, um parallele Razzien in Frankreich, Italien, Luxemburg und Belgien international vorzubereiten.

Viel, viel Zeit. Denn der finnische Unternehmer, der die Ermittlungen auslöste, hatte die belgische Polizei bereits im Herbst 2003 informiert, also dreieinhalb Jahre vor der Verhaftung der drei Italiener. Einer der drei habe ihn mit einem Messer bedroht und ihm auf diese

Weise einen Scheck über 345 000 Euro gestohlen, sagt der Finne aus. Das Geld sollte er angeblich als Anzahlung für eine Bestechungssumme von 600 000 Euro herausrücken. Es sei als Gegenleistung für Aufträge für die EU-Vertretung im indischen Neu-Delhi gemeint gewesen. Aber der Finne wollte nicht schmieren und alarmierte darum auch die Olaf-Ermittler.

Der Fall wird zu einem der raren Erfolge für Brüner. In seinem Jahresbericht preist er wenig später die »stark erhöhte Effizienz« der Korruptionsbekämpfer. Er lässt inzwischen sogar verbreiten, seine Behörde sei groß genug, er brauche keine zusätzlichen Ermittler. »Der Generaldirektor sagt immer, wir brauchen keinen großen Personalzuwachs«, wird ein Brüner-Sprecher im Juni 2006 in einem Papier der Universität Graz zitiert. Das jetzige Personal sei »im Prinzip ausreichend, wir können auch keine Fälle erfinden«.

Demoralisierte Ermittler

Das ist offenkundig eine Mär. Dies zeigt sich im Oktober 2007, als ein in der Zwischenzeit neu gewählter und völlig neu zusammengesetzter Überwachungsausschuss seinen ersten Jahresbericht vorlegt. Anfangs hatte die Ausschussvorsitzende Rosalin Wright angekündigt, man werde gegenüber Olaf »die Rolle eines kritischen Freundes« einnehmen. Doch der Report im Herbst 2007 fällt eher kritisch als freundlich aus – um nicht zu sagen vernichtend.

Die fünf Ausschussmitglieder, darunter die frühere deutsche Europaabgeordnete Diemut Theato (CDU), rügen all diejenigen Schwächen von Olaf, die schon ihre Vorgänger schier verzweifeln ließen: Mangel an echter Unabhängigkeit, zu wenig Personal in den Ermittlungsabteilungen, Schlamperei und ein offenbar überfordertes Management.

Schon um die »erlahmende Moral« unter den Ermittlern wieder aufzurichten, brauche das Amt eine »stärkere Führung«, schreiben die Überwacher. In den Ermittlungsabteilungen herrsche Arbeitsüberlastung und »Personalmangel«, während andere Teile der Behörde übertrieben gut versorgt seien. Doch anstatt die Zahl der Ermittler zu vergrößern, habe Brüner fast ausschließlich zusätzliche Stellen für die Verwaltung und allgemeine Aufgaben beantragt.

Es sei eine »dringende« Führungsaufgabe, die lange Dauer der Untersuchungen zu verkürzen, schreiben die Ausschussmitglieder. Das Komitee formuliert »Bestürzung über das Fehlen einer klaren Ermittlungspolitik« und fordert, Olaf solle sich stärker auf den Kampf gegen »Betrug und Korruption« konzentrieren – als wäre dies nicht die Aufgabe, für die das Amt eigens gegründet wurde.

Verbreiteten Pfusch entdeckte der Ausschuss beim Studium von Zwischenberichten, die Olaf zu einer ganzen Reihe von langwierigeren Ermittlungsverfahren übermittelt hatte. Diese Reports hätten »nur selten« eine rechtliche Definition der entdeckten oder vermuteten Unregelmäßigkeiten enthalten. Außerdem fehlten Informationen über den Tatzeitpunkt, die potenziellen Sanktionen und die entsprechenden Verjährungsfristen. Der Ausschuss empfiehlt »radikale Änderungen« an dieser Berichtspraxis.

Noch ein Jahr später wird der Ausschuss beklagen, dass Brüner mehrfach Fallberichte an die Staatsanwaltschaften habe verschicken lassen, obwohl die Tatbestände bereits verjährt waren. Ein Jahr zuvor hatte der damalige deutsche Olaf-Ermittler Peter Baader auf einer Tagung im nordrhein-westfälischen Raesfeld die Professionalität der EU-Betrüger hervorgehoben. Es handle sich um »intelligente Täter mit außerordentlichen Planungsvorläufen«. Dasselbe lässt sich über Baaders Olaf-Kollegen nicht sagen.

Die Mitglieder des neuen Überwachungsausschusses sind offenkundig desillusioniert – auch weil Brüner sie bei der Arbeit behindere. Der volle Zugang zu Unterlagen über laufende Fälle werde ihnen von Olaf verweigert, klagen die Kontrolleure im Oktober 2007. Das Komitee habe seine Pflichten daher »nicht so vollständig erfüllen können«, wie es dies gewünscht hätte. Der Ausschuss habe nicht einmal alle zugesagten Stellen für sein Sekretariat erhalten. Mehrfach habe man sich über den »Mangel an Personal« beschwert, bis Ende Juni 2007 »ohne konkrete Ergebnisse«.

Noch im Juli 2008 nennt selbst der offizielle Olaf-Jahresbericht erschreckende Zahlen über die Ineffizienz der eigenen Ermittlungsarbeit: Im Schnitt brauchten die Ermittler über sechs Monate, um neu eintreffende Informationen zu evaluieren und zu entscheiden, ob eine Untersuchung eröffnet wird oder nicht. Die meisten der 18 geplanten Reformschritte, die den im Juli 2005 vom EU-Rechnungshof genannten Kritikpunkten abhelfen sollen, sind noch nicht oder nur teilweise umgesetzt.

Zugleich ist das Olaf-Budget auf über 70 Millionen Euro angeschwollen. Auf Brüners Personalliste stehen im Dezember 2007 sage und schreibe 467 Mitarbeiter. Aber wer führt das Amt? Schaut man im September 2006 auf das Organigramm der Behörde, dann findet man elf Führungsposten, die nur übergangsweise besetzt sind. Im August 2008 weist der Überwachungsausschuss »auf die große Zahl von Führungspositionen hin«, die über längere Zeit nur vorläufige Inhaber hätten. Von den acht Referaten in den beiden Ermittlungsabteilungen habe nur eines einen festen Leiter. Das Problem müsse »dringend gelöst« werden. Intern behaupten einige, Brüner sorge auf diese Weise dafür, dass sich Referatsleiter und Direktoren nicht zu stark fühlten – und damit leichter lenkbar seien. Fragt man Olaf nach den Gründen für das merkwürdige Personalmanagement, bekommt man keine Antwort.

Nett, aber ineffizient

Wie sehr auch Olaf-Mitarbeiter der eigenen Behörde misstrauen, lässt sich einer von dem Amt selbst bestellten Meinungsumfrage entnehmen, die das belgische Institut Significant GfK in November und Dezember 2007 unter allen 33 145 Mitarbeitern der EU-Kommission veranstaltete. Danach ist das Vertrauen in Olaf gerade bei Olaf-Mitarbeitern besonders niedrig – welche Ironie!

Die Bediensteten des Amtes schätzten ihre Kenntnisse über Aufgaben und Kompetenzen von Olaf weitaus niedriger ein als der Durchschnitt der 4257 Kommissionsbeschäftigten, die an der Umfrage teilgenommen hatten. Brüners Untergebene gehörten sogar zu denjenigen in der EU-Exekutive, deren Zweifel an der Unabhängigkeit von Olaf besonders ausgeprägt waren. Nur 39 Prozent von ihnen schrieben dem eigenen Arbeitgeber dieses Attribut zu.

Die Olaf-Führung sieht die Umfrage als Beleg dafür, dass das Vertrauen in das Betrugsbekämpfungsamt unter den Kommissionsbeschäftigten hoch sei. Brüners Mitarbeiter veröffentlichen freilich nicht die kompletten Ergebnisse. Diese zeigen, dass gerade die EU-Beamten, die die Betrugsbekämpfung wichtig finden und die Antikorruptionseinheit gut kennen, eine »kritischere Haltung« zu ihr einnehmen. Ungewöhnlich häufig wird Brüners Behörde von den EU-Beamten ein »Mangel an Transparenz« zugeschrieben. Dass Olaf »effektiv« arbeitet, bejahen nur zehn Prozent ohne Einschränkung. Unter den Kommissionsmitarbeitern, die bereits mit Olaf-Bediensteten zu tun hatten, wurden diese von 51 Prozent als »freundlich« wahrgenommen, aber nur von 37 Prozent als »effektiv«.

Nett, aber ineffizient – das ist ein problematisches Image für eine Ermittlungsbehörde. Und auch den Ruf der Intransparenz hat sich Olaf nicht zufällig erworben. Schon im Februar 2007 ist ein Vorfall bekannt geworden, der bei einigen in Brüssel die Zweifel an der Seriosität des Amtes erneut festigt. Es geht um Brüners Personalpolitik.

Verdächtig, aber mächtig

In ein Auswahlkomitee, das Bewerber für gleich zwei Olaf-Direktorenposten anhören sollte, hatte er im Herbst 2007 ausgerechnet eine hohe italienische Kommissionsbeamtin berufen, die selbst Gegenstand einer Olaf-Untersuchung war. Verantwortlich für die Untersuchung war ein Brüner-Mitarbeiter, der sich selbst um einen der Direktorenposten bewarb.

Spekulationen machen die Runde. Wollte Brüner sichergehen, dass die Dame – weil unter Druck – auf jeden Fall in seinem Sinne entscheiden würde? Um seine beiden angeblichen Wunschkandidaten durchzusetzen, die die Posten bereits übergangsweise versahen?

Brüner bestreitet dies. Er habe nicht gewusst, dass gegen die Kommissionsbeamtin ermittelt werde, lässt der Generaldirektor erklären. Das klingt schon schwer glaublich. Und dann fällt ihm überdies einer seiner Direktoren in den Rücken, der Italiener Alberto Perduca. Er selbst, so beharrt Perduca am 30. Januar 2007 in einer Note an Brüner, habe ihn sehr wohl bereits im Dezember 2006 mündlich darauf hingewiesen, dass die Beamtin in einen Fall verwickelt sei, in dem Olaf ermittle.

In einem Brief an den Europaabgeordneten Paul van Buitenen räumt Brüner schließlich im September 2007 ein, dass man ihn bereits kurz vor Weihnachten 2006 über das »potenzielle Problem« betreffend die italienische Beamtin informiert habe. Doch »hinreichend klar« sei die Situation erst später geworden – weswegen er das Auswahlverfahren dann am 24. Januar gestoppt habe, um mit einem neuen Vorauswahl-ausschuss die Prozedur noch einmal zu wiederholen.

Brüner verwickelt sich in Widersprüche. Denn noch am 16. Juli 2007 hatte sein Sprecher Jörg Wojahn schriftlich erklärt, Brüner habe erst am 24. Januar von dem Interessenkonflikt erfahren und dann »unverzüglich« gehandelt. Diese Aussage ist nun Makulatur.

Und warum hatte Olaf den Leumund der Beamtin nicht geprüft, bevor man sie in das Auswahlkomitee aufnahm? »In Zukunft« werde man »Kontrollen« einführen, »um eventuelle potenzielle Interessenkonflikte bei Auswahlverfahren zu vermeiden«, lässt Brüner im Februar 2007 ankündigen.

Es ist ein Fall, der nach Aufklärung schreit. Doch erneut wird Brüner im Europaparlament kaum mit kritischen Fragen behelligt. Der niederländische Abgeordnete Paul van Buitenen versucht seit langem, seine Parlamentskollegen auf Pannen und Unregelmäßigkeiten in dem Betrugsbekämpfungsamt aufmerksam zu machen. Doch im Haushaltskontrollausschuss will die Mehrheit der Mitglieder keinen Streit mit Brüner.

Immerhin gelingt van Buitenen eines: Er setzt Brüner so sehr unter Druck, dass der im November 2007 Kommissar Kallas darum bittet, dessen Disziplinaramt möge den Vorgang um die Auswahl der zwei Direktoren untersuchen.

Im Oktober 2008 stellt das Disziplinaramt in der Tat »Verwaltungsmängel« bei Olaf fest, sieht aber keinen Anlass für disziplinarische Konsequenzen. Brüner selbst verbreitet erleichtert dieses Ergebnis.

Doch peinlich genug, dass es überhaupt zu einer Untersuchung kam, mit der ausgerechnet die Kommission Fehlverhalten bei Olaf untersuchte. Gedacht war es »andersherum«, spottet van Buitenen. Als das Betrugsbekämpfungsamt 1999 geschaffen wurde, war es als Lösung der Brüsseler Korruptionsplage vorgesehen. Zehn Jahre später ist Olaf Teil des Problems.

Kapitel 9 Plädoyer für ein bisschen Finnlandisierung

Was wir von Finnen, Amerikanern und Briten lernen können. Warum es beim Kampf gegen die Korruption nicht nur auf die Politiker ankommt, sondern auch auf die Bürger.

Finnlandisierung, das war in der Zeit des Kalten Krieges ein negativ besetztes Schlagwort. Wer in der Debatte um die deutsche Außenpolitik für mehr Abstand zu den USA oder gar für einen Kurs der Neutralität zwischen den beiden Blöcken plädierte, der machte sich auf einen Abweg Richtung Helsinki.

Finnlandisierung, das stand auch für die zweifelhafte Weise, in der sich eine demokratische Republik den Interessen einer mächtigen benachbarten Diktatur beugte – etwa, indem sie sowjetkritische Bücher nicht auf Finnisch erscheinen ließ. Finnlandisierung war kein erstrebenswerter Zustand.

Dennoch können wir heute von den Finnen eine Menge lernen, nicht nur über das gelungene Design von Mobiltelefonen oder ein erfolgreiches Schulsystem. Das Land am Polarkreis steht eben nicht nur bei den Pisa-Tests der OECD stets auf den vorderen Rängen, sondern auch in den Korruptionsrankings von Transparency International.

Sind Finnen also von Geburt an sowohl klüger als auch ehrlicher? Das darf als unwahrscheinlich gelten. Was Finnland, aber auch seinen Nachbarn Schweden von Deutschland unterscheidet, ist ein grundlegend anderes Verhältnis zwischen Bürgern und Staat. Das zeigt sich vor allem in einer für uns nahezu unvorstellbaren Transparenz der staatlichen Verwaltung. Seit 1766 galt in Schweden und ebenso in dem seinerzeit schwedisch kontrollierten Finnland ein Großteil der Behördenakten als öffentlich. Bürger können die Akten der Administration einsehen und damit auch persönlich überprüfen, ob etwa bei der Vergabe von Regierungsaufträgen alles mit rechten Dingen zugegangen ist.

Wir sind gewohnt, uns bei der Verbrechensbekämpfung auf unseren

Staat zu verlassen, auf Polizei und Justiz. Doch gegen Schmiergeldgeschäfte und Amtsmissbrauch helfen die klassischen staatlichen Instrumente wenig. Mehr Repression, mehr Eingriffsmöglichkeiten für Polizei und Staatsanwälte, eingeschränkte Bürgerrechte – beim Kampf gegen die Korruption ist das nicht der Königsweg. Denn Polizei und Staatsanwaltschaft sind ja gerade Teil des Staatsapparates, unter dessen Protagonisten sich die Täter finden.

Darum liegt die Lösung nicht in mehr Staat, sondern in mehr Bürgerrechten. Nicht der Staat braucht mehr Zugriff auf die Daten der Bürger, sondern die Bürger benötigen mehr Möglichkeiten, das Gebaren der Mächtigen zu kontrollieren.

Bürger müssen über die Arbeit der Behörden informiert sein, die in ihrem Namen Macht ausüben. Dieses Prinzip galt in Schweden und Finnland schon zu den Zeiten, als beide Länder noch keine Demokratien waren. Die moderne deutsche Demokratie dagegen hat den Schatten der absolutistischen Monarchie bis heute nicht abgeschüttelt. Das gilt für die übertriebenen Geheimhaltungspraktiken unserer Behörden ebenso wie für den anachronistischen Einfluss, den die Politik bis heute auf die Arbeit der Justiz in unserer Republik ausübt. Dieser Anachronismen sind wir uns jedoch zumeist gar nicht bewusst.

Unsere heimliche Hybris

Wir Deutschen schreiben uns selbst gern einen Mangel an Patriotismus zu. Die fahnenschwingende Variante des Nationalismus ist ja bei uns tatsächlich bis heute verpönt, jedenfalls außerhalb von Fußballturnieren, und dies aus sehr berechtigten Gründen. Aber der wirtschaftliche Erfolg der Bundesrepublik seit dem Krieg hat uns insgeheim trotzdem zu dem Glauben verführt, dass nicht nur deutsche Autos die besten der Welt seien, sondern auch die deutschen Institutionen, von den Behörden über die Gerichte bis zu den Schulen.

Mühsam mussten wir in den vergangenen Jahren lernen, dass Nachbarländer wie die Niederlande und Dänemark die besseren Rezepte beim Kampf gegen die Arbeitslosigkeit hatten, dass in Frankreich Kinder besser betreut werden und deshalb mehr von ihnen geboren werden – und dass eben finnische Schüler beim Pisa-Test weit vor den deutschen Eleven liegen.

Jetzt ist es Zeit für einen ähnlichen Erkenntnisschub in Sachen Korruptionsbekämpfung. Wir müssen realisieren, dass es Gründe hat, warum Finnland oder Schweden in Korruptionsrankings besser dastehen als wir. Und wir müssen uns der Frage stellen, ob die effizientere Korruptionsprävention in den nordischen Ländern vielleicht einer der Gründe ist, warum sich die Wirtschaft dort über viele Jahre deutlich dynamischer entwickelt hat als in Deutschland.

Demokratie wie auch erfolgreiches Wirtschaften basieren auf Vertrauen. Korruption erschüttert das Vertrauen von Unternehmern, dass es in erster Linie auf die Qualität ihrer Produkte und Dienstleistungen ankommt und nicht auf die erfolgreiche Kungelei mit dem Auftraggeber. Und sie zehrt am Vertrauen der Bürger, dass ihre Stimme als Wähler zählt – nicht nur der lange Arm der Lobbyisten.

Deshalb sollten wir uns bei den Ländern umschauen, die in den vergangenen Jahren und Jahrzehnten Reformen unternommen haben, um ihre Demokratien und Volkswirtschaften gegen die Korruption zu wappnen. Kein Land ist gegen sie gefeit, keines kann für sich beanspruchen, in allen Domänen perfekt zu sein. So geriet auch der staatliche finnische Waffenhersteller Patria im Jahr 2008 in den Verdacht, slowenische Politiker und Beamte bestochen zu haben, um den Lieferauftrag für 135 Radpanzer zu erlangen. Im Korruptionsindex von Transparency International ist Finnland darum um vier Plätze abgerutscht.

Trotzdem rangiert es damit immer noch neun Plätze vor Deutschland. Und Finnland ist keineswegs das einzige Land, von dem wir etwas lernen können. Großbritannien verlangt seinen Parlamentsabgeordneten deutlich mehr Transparenz über Nebentätigkeiten und Einladungen der Lobby ab als Deutschland. Selbst ein Tony Blair musste nach seinem Ausscheiden aus dem Amt des Premierministers seine neuen Beraterjobs von einer Ethikkommission genehmigen lassen. Erst als Regierungschef den Bau einer Pipeline voranzutreiben und unmittelbar nach seiner Zeit als Bundeskanzler Aufsichtsratsvorsitzender des Konsortiums zu werden, das das Projekt baut – als britischer Premier hätte Gerhard Schröder dazu die Erlaubnis einholen müssen.

Lehrreich ist auch ein Blick in die USA. Sie gelten vielen als Mutterland der Lobbyisten und Pressure Groups. Doch gleichzeitig verfügen die Vereinigten Staaten über eine sehr viel ältere und tiefer verankerte Tradition der Informationsfreiheit als Deutschland. Und

Auslandsbestechung ist US-Firmen bereits seit 1977 verboten, nicht erst seit 1999 wie hierzulande.

Kaum ein anderer Staat hat überdies ein ähnlich elaboriertes System wie die USA entwickelt, um Lobbyisten zur Offenlegung ihrer Aktivitäten zu zwingen – und gleichzeitig Kongressabgeordneten das Annehmen von Geschenken dieser heimlichen Strippenzieher zu verbieten. Wenn wir so viel mehr über Lobbyskandale in den USA lesen als über ähnliche Affären in Deutschland, dann liegt dies auch daran, dass es für Journalisten in Washington sehr viel einfacher ist als für Korrespondenten in Berlin, die Arbeit der Lobby im Detail zu recherchieren.

Auf die Presse kommt es an

Und auf die Journalisten kommt es an. Es waren die Zeitungen, die Skandale wie die um die Nebentätigkeiten deutscher Bundestagsabgeordneter aufdeckten. Ohne die Recherchen von Journalisten wäre der Skandal um die Schmiergeldzahlungen bei Siemens womöglich rasch wieder eingeschlafen.

Wo die Presse dagegen schwach ist, blüht die Korruption. Sei es in Kommunen bis hin zur Größe einer Millionenstadt wie Köln, in denen es wenig oder keine Konkurrenz unter den Zeitungen gibt. Sei es in Brüssel, wo die falsch verstandene Europabegeisterung mancher Korrespondenten zusammen mit einem überbürokratisierten politischen System Öffentlichkeit im Keim zu ersticken droht.

Ohne öffentliche Debatte und den Druck der Bürger lassen sich Korruption und Klüngel nicht bekämpfen. Nur ein Münchhausen konnte sich am eigenen Schopf aus dem Sumpf ziehen. Der deutschen politischen Klasse gelingt dieses Kunststück nicht. Egal ob es um Parteispenden oder die Nebentätigkeiten von Abgeordneten geht – unter den Politikern herrscht weitgehende Einigkeit, es bei großzügigen Regelungen und laxen Kontrollen zu belassen. So groß ist die Hartleibigkeit der Mehrheit im Bundestag, dass die Parlamentarier seit nun bereits sechs Jahren der völkerrechtlichen Verpflichtung widerstehen, Abgeordnetenbestechung in vollem Umfang strafbar zu machen.

Trotzdem wollen uns einige glauben machen, es bestehe kein Grund zur Beunruhigung. Sie versichern, deutsche Politiker seien besser als ihr Ruf. Der *Bild*-Journalist und Buchautor Nikolaus Blome zitiert zustimmend einen Satz der Grünen-Politikerin Antje Vollmer aus dem Jahr 1994: »Die Skandale werden ja immer kleiner. Es geht inzwischen um Tankzettel und Rentenabrechnungen.«

Doch wie passt die 1999 ans Tageslicht gekommene CDU-Spendenaffäre, die ja in Wahrheit auch eine Korruptionsaffäre war, zu Vollmers Befund? Und wie die Weigerung der vermeintlich so unbestechlichen deutschen Parlamentarier, Abgeordnetenbestechung in aller Form für strafbar zu erklären? Auf diese Fragen gibt es dann in der Regel keine Antwort.

Politiker seien nicht schlechter und nicht besser als die Bürger, die sie vertreten – auch so wird entschuldigend argumentiert. Der Journalist und Korruptionsexperte Hans Leyendecker glaubt, Korruptionsfälle unter den »Herrschenden seien eine Art soziologisches Lackmuspapier«. An ihrem Verhalten ließen sich »die Auffälligkeiten einer Gesellschaft ablesen«.

Tatsächlich ist es jedoch so, dass die sogenannte Kleinkorruption in Deutschland kaum verbreitet ist. Anders als vielleicht in manchen Balkanländern ist es kein Alltagsphänomen, dass Polizisten gegen Bakschisch auf den Strafzettel für zu schnelles Verfahren verzichten – oder der Arzt Bares verlangt, bevor er einen Operationstermin vergibt.

In Deutschland gelte diese sogenannte »Gelegenheitskorruption, im Englischen petty corruption, also Kleinkriminalität, als verabscheuungswürdiger Normenverstoß«, schrieben Anfang 2009 die beiden Sozialforscher Angelos Giannakopoulos und Dirk Tänzler. Dagegen werde bei uns die »grand corruption als Kavaliersdelikt angesehen«.

Im Rahmen eines EU-geförderten Forschungsprojektes hatten Giannakopoulos und Tänzler sowohl Politiker wie Richter, Staatsanwälte und Polizisten befragt. Während Vertreter von Wirtschaft und Politik darin übereinstimmten, »dass Korruption kein strukturelles Problem in Deutschland sei«, verfochten die Strafverfolger die genau entgegengesetzte Auffassung. Sie hielten »Korruption für ein ernsthaftes und weit verbreitetes Delikt, das die Gesellschaft bedroht«.

Trotzdem wäre es falsch, deutschen Politikern vorzuwerfen, sie seien in unverbesserlicher Weise machtversessen und geldgierig.

Würden es uns die Gesetze erlauben, straflos Steuern zu hinterziehen, würden wir es tun, jedenfalls viele von uns. Erlauben wir es unseren Volksvertretern, sich straflos bestechen zu lassen, dürfen wir uns nicht wundern, wenn sie es tun. Oder zumindest einige unter ihnen. Erlauben wir es den Vorsitzenden unserer Parteien, straflos Millionenspenden anzunehmen und die Namen der Geber zu verheimlichen, wird es irgendwann einen geben, der das tut. Es gab ihn, er heißt Helmut Kohl.

Immerhin, was er getan hat, ist inzwischen strafbar. Viele andere Tatbestände sind es bis heute nicht. Dass für Politiker keineswegs immer das Gemeinwohl höchste Priorität hat, darüber haben schon viele große Geister geklagt, von Joseph Schumpeter bis hin zu Niklas Luhmann. Umso wichtiger ist es, dass Regelwerke existieren, die die Eigeninteressen der Politiker »unter Kontrolle halten« können, wie der Staatsrechtler Hans Herbert von Arnim resümiert.

Solche Regelwerke durchzusetzen ist eine Aufgabe der Politik. Doch es ist auch eine Aufgabe der Bürger und der Öffentlichkeit – gerade dann, wenn die Politik nicht in der Lage ist, sich aus eigenem Antrieb selbst zu beschränken. Ein Lehrstück war der Skandal um die Nebentätigkeiten der Bundestagsabgeordneten zu Beginn des Jahres 2005. Er hat gezeigt, wie das deutsche Parlament unter dem Eindruck der öffentlichen Empörung transparentere und schärfere Regeln einführte, die ohne die öffentliche Debatte niemals zustande gekommen wären. »Es läuft alles nur mit öffentlichem Druck« – diese Lehre hat der SPD-Bundestagsabgeordnete Christian Lange daraus gezogen.

Staaten, die über ausgefeilte Strategien zur Verhütung von Korruption verfügen, besitzen häufig auch eine besonders wache Öffentlichkeit. In den USA gehört es zum guten Ton, der Regierung in Washington zu misstrauen. Deshalb stilisierten sich im US-Präsidentschaftswahlkampf sowohl John McCain als auch Barack Obama als Kämpfer gegen die – vermeintliche oder echte – Kultur der Korruption in Washington. In den USA sei in Fragen der politischen Ethik »offensichtlich der Druck von Seiten der Medien, der Öffentlichkeit, sehr viel größer«, folgert der Präsident des rheinland-pfälzischen Landesrechnungshofes, Klaus Behnke.

Überkorrekte deutsche Behörden?

Warum neigen wir dazu, das strenge deutsche Amtsgeheimnis als gott-gegebene Normalität anzusehen? Im Juni 2008 veröffentlichte die Journalistenvereinigung »Netzwerk Recherche« eine Studie über die Berliner Politikberichterstattung. Eigentlich hat sich das »Netzwerk« einem kritikfreudigen Journalismus verschrieben. Trotzdem qualifizierten die beiden Autoren der Studie das Auftreten der deutschen Ministerien als eher »durchsichtig-überkorrekt«, gerade im Vergleich zu ihren Pendants in den Vereinigten Staaten.

Doch die Behörden in Deutschland sind nicht offener, sondern verschlossener als in den USA oder in Großbritannien. Anders als in den angelsächsischen Ländern gilt bei uns übertriebene Geheimhaltung jedoch nicht als Skandal. Großbritannien führte sein nationales Informationsfreiheitsgesetz nur ein Jahr früher ein als Deutschland. Aber auf den Britischen Inseln waren diesem Schritt jahrelange heftige Debatten über Politaffären vorangegangen, in denen die Regierung der Öffentlichkeit Informationen vorenthalten hatte – um Parlament und Bürger zu täuschen. Das Amtsgeheimnis als solches war in Misskredit geraten. Kaum war der Freedom of Information Act im Januar 2005 in Kraft getreten, wetteiferten die Journalisten der großen britischen Zeitungen darum, das Gesetz für ihre Recherchen zu nutzen.

Hier in Deutschland haben wir unseren Mächtigen zu lange zu viel durchgehen lassen. Wir haben die Geheimhaltungspraxis unserer Behörden akzeptiert und jahrelang schulterzuckend Korruptionsvorwürfe gegen große Firmen wie Siemens akzeptiert. Im Zweifel galt uns der deutsche Beamte als redlich und vertrauenswürdig und der deutsche Unternehmer als nur um die Schaffung von Arbeitsplätzen besorgt.

»Der Reflexionsstand über die Schädlichkeit von politischer Korruption« sei in anderen Ländern oft »erheblich höher« als in Deutschland, sagt die ehemalige SPD-Politikerin Anke Martiny. Sie hat recht. Mehr öffentliches Misstrauen ist im Interesse unserer Republik.

Nachwort
Oder: Wie korrupt sind Journalisten?

Viscount Northcliff, ein britischer Pressebaron des frühen 20. Jahrhunderts, hat eine berühmte Definition des Journalismus geprägt: »News is what someone somewhere wants to keep secret. Everything else is advertising.« Frei übersetzt: Journalismus besteht darin, Dinge zu veröffentlichen, die andere geheim halten wollen. Alles andere ist Reklame.

Viele Fälle von Korruption und Bestechung wurden so nur bekannt, weil Journalisten ihre Arbeit taten und Informationen publik machten, die andere gern unter der Decke gehalten hätten. Kluge Politiker wissen, dass freie Medien ihnen helfen, Missstände zu bekämpfen und Reformen durchzusetzen – gerade dann, wenn sich dagegen in der politischen Klasse Widerstände regen. Die CDU-Bundestagsabgeordnete Martina Krogmann sah in der Presse gar eine Art Ersatzstaatsanwaltschaft, durch die sich die Strafverfolgung korrupter Kollegen erübrige: »Ich denke, dass die Kontrolle der Parlamentarier durch die Kontrollorgane in unserer Demokratie, beispielsweise durch die Medien, viel wirkungsvoller ist«, entgegnete sie denjenigen, die eine umfassende Strafbarkeit der Abgeordnetenbestechung fordern.

Das hieße freilich das Vertrauen in die Medien zu übertreiben. Journalisten sind keine Polizisten und keine Staatsanwälte. Sie können – zum Glück – keine Hausdurchsuchungen beantragen. Mehr noch als die Ermittlungsbehörden sind sie auf den Zufall angewiesen, etwa auf Informanten, die Hinweise und vielleicht sogar Dokumente weitergeben.

Nur wenn die Presse solche Quellen schützen könne, sei sie in der Lage, ihre »unverzichtbare Rolle als Wachhund« zu spielen – das sagt keine geringere Instanz als der Europäische Gerichtshof für Menschenrechte in Straßburg. Er sieht sich immer wieder dazu veranlasst, an die Bedeutung des Quellenschutzes zu erinnern. Die im deutschen Grundgesetz wie auch in der Europäischen Menschenrechtskonvention verankerte Garantie der Pressefreiheit ist nicht lückenlos. Razzien in Redaktionsräumen oder das Abhören von Telefongesprächen recherchierender Journalisten sind auch im vermeintlichen demokratischen Musterland Deutschland keine Seltenheit. Solche Eingriffe schrecken Hinweisgeber ab und untergraben die Kontrollfunktion der vierten Gewalt.

Journalisten sind noch aus einem weiteren Grund nicht immer gut genug gerüstet, ihren Lesern mehr als nur Reklame zu liefern. Auch Medienleute sind bestechlich. Und wer Journalisten korrumpiert, macht sich nicht einmal strafbar. Nur Mitarbeiter der öffentlich-rechtlichen Sender sind nach Ansicht mancher Juristen Amtsträger und darum den Antikorruptionsgesetzen unterworfen.

Gewiss, der Deutsche Presserat hat einen Kodex für alle Journalisten erlassen, der an Deutlichkeit wenig zu wünschen übrig lässt. Hier die Kernpunkte:

»Die Annahme von Vorteilen jeder Art, die geeignet sein könnten, die Entscheidungsfreiheit von Verlag und Redaktion zu beeinträchtigen, sind mit dem Ansehen, der Unabhängigkeit und der Aufgabe der Presse unvereinbar. Wer sich für die Verbreitung oder Unterdrückung von Nachrichten bestechen lässt, handelt unehrenhaft und berufswidrig.«

»Schon der Anschein, die Entscheidungsfreiheit von Verlag und Redaktion könne beeinträchtigt werden, ist zu vermeiden. Journalisten nehmen daher keine Einladungen oder Geschenke an, deren Wert das im gesellschaftlichen Verkehr übliche und im Rahmen der beruflichen Tätigkeit notwendige Maß übersteigt.«

»Recherche und Berichterstattung dürfen durch die Annahme von Geschenken, Einladungen oder Rabatten nicht beeinflusst, behindert oder gar verhindert werden. Verlage und Journalisten bestehen darauf, dass Informationen unabhängig von der Annahme eines Geschenks oder einer Einladung gegeben werden.«

Das sind gute Grundsätze. Doch einklagbar sind sie nicht. Und welche Einladungen sind überhaupt – im Sinne des Kodex – noch sozial üblich? Wann schlagen sie um in das Anfüttern einflussreicher Redakteure? Was ist mit der notorischen Praxis mancher Autohersteller und Touristikunternehmen, Berichterstattern kostenlose Reisen zu attraktiven Ferienorten zu offerieren?

Alle sechs Monate lädt etwa der Vorstandschef des Stromkonzerns Vattenfall die Chefredakteure wichtiger Medien in ein brandenburgisches Schlosshotel. Ein silbergrauer Mercedes der E-Klasse holt die Gäste am Berliner Gendarmenmarkt ab. Nach 35 Kilometern setzt der Chauffeur den Zeitungsmann vor – zum Beispiel – dem Schloss Ziethen nördlich der Hauptstadt ab. Ein Glas Champagner am Eingang hilft über die Strapazen der Reise hinweg, bevor das opulente Abendessen beginnt. Während die Kellner kommen und gehen, beantwortet der ebenfalls eingeladene SPD-Fraktionsvorsitzende Peter Struck Fragen zur SPD-Krise, und Vattenfall-Vorstandschef Tuomo Hatakka neben ihm verteidigt seinen moderaten Einsatz für den Klimaschutz, auch gegen die Einwände anwesender Alphajournalisten, die meinen, man dürfe es beim Umweltbewusstsein nicht übertreiben. Währenddessen schlürfen sie Weiß- und Rotwein, Riesling Hengst Grand Cru und Châteauneuf du Pape, Jahrgang 2004.

Natürlich sind Shuttle-Service, Gourmetmenü und Übernachtung kostenlos, genauso das Hintergrundgespräch mit Berliner Spitzenpolitikern. Die kommen gern, wenn Vattenfall ruft. Auch Wirtschaftsminister Michael Glos war schon da. Es sei »wichtig, dass Unternehmen, Medien und Politik im ständigen Dialog miteinander bleiben«, begründet Vattenfall die Einladungspolitik. Aber ist der Dialog nur möglich, wenn das Unternehmen fürstlich bewirtet?

Beim britischen Wochenblatt *Economist* gilt eine einfache Regel. Dessen Journalisten dürfen nur solche Geschenke annehmen, die sich im Lauf eines Tages konsumieren lassen. Eine Flasche Wein ist in Ordnung, eine Kiste Wein nicht. Diese Grenze wird in Deutschland öfters überschritten.

Es gibt eine noch effektivere und sehr schwer greifbare Methode, Berichterstatter gewogen zu stimmen. Wer Zeitungsleute bestechen will, tut das am einfachsten, indem er ihnen Informationen gibt. Das ist die simpelste Methode, mit der Politiker oder Unternehmen Journalisten in Abhängigkeit bringen können.

Auch deshalb sind Informationsfreiheitsgesetze so wichtig. Wenn die Medien ein einklagbares Recht auf Informationen haben, dann ist es schwerer, ihnen diese nur bei Wohlverhalten zu gewähren. Der Verfasser hat selbst erlebt, wie ihn ein hoher Regierungsbeamter drängte, auf weitere IFG-Anfragen zu verzichten. Einem *stern*-Redakteur gewähre man doch ohnehin alle nötigen Informationen, lockte der Beamte. Anders gesagt: Er versuchte darauf zu bestehen, Offenheit als Gnadenrecht zu gewähren.

Aber das heißt auch: Gnade, wem Gnade gebührt. Wer kritisch schreibt, dem kann es passieren, dass ihn Politiker oder Firmen mit dem Entzug von Informationen oder dem Streichen von der Einladungsliste für Hintergrundgespräche bestrafen. Der Sprecher von Gesundheitsministerin Ulla Schmidt (SPD) drohte im Dezember 2008 der *Bild*-Zeitung sogar, man werde bei ihr eine geplante Anzeige nicht schalten, weil das Blatt kritisch über eine PR-Kampagne des Ministeriums berichtet hatte.

Ministerin Schmidt entschuldigte sich schließlich für die Ausfälle ihres Mitarbeiters. Auf einen allgemeinen Aufschrei der Medien über diesen offenen Versuch der Erpressung – noch dazu mit Hilfe von Steuergeldern – wartete man aber vergebens. Dabei ist der Anzeigenboykott – oder nur die Angst vor ihm – in Zeiten der Wirtschaftskrise ein besonders effektives Druckmittel.

Doch wenn Einladungen zu Hintergrundgesprächen und lukrative Anzeigen nur bei Wohlverhalten gewährt werden – was wären diese dann anderes als ein Versuch der Bestechung? Einer, der in vielen Fällen vielleicht sogar erfolgreich ist?

Journalisten sind nicht nur das Objekt von Bestechungsversuchen, sie geraten manchmal auch selbst unter Korruptionsverdacht. Wenn ein Reporter es schafft, Informationen und Dokumente zu beschaffen, die Behörden gern geheim halten würden, dann beginnt in diesen die Suche nach dem Leck. Wie konnte es dem Journalisten gelingen, eine solch gute Beziehung zu Mitarbeitern aufzubauen, dass die Beamten bereit waren, ihre Pflicht zur Geheimhaltung zu ignorieren und Interna weiterzugeben?

Potenzielle interne Quellen ausfindig zu machen gehört zum Handwerkszeug recherchierender Journalisten. Es ähnelt in manchem der Vorgehensweise von Lobbyisten. Allerdings gibt es einen wichtigen Unterschied. Lobbyisten beschaffen Informationen einzig und allein zum Nutzen ihres Unternehmens oder ihrer Branche. Journalisten publizieren die so gewonnenen Informationen und stellen sie damit der Öffentlichkeit zur Verfügung.

Während man aber hierzulande kaum etwas von Korruptionsermittlungen gegen Lobbyisten hört, erheben Staatsanwälte immer wieder Bestechungsvorwürfe gegen Journalisten. Das ist so etwas wie die Ultima Ratio für Behördenleiter, die bei der Jagd auf Whistleblower im eigenen Haus gescheitert sind. Konstruiert man einen Korruptionsverdacht, lässt sich damit eine Hausdurchsuchung bei dem verdächtigen Journalisten rechtfertigen. Dabei, so die Hoffnung, lassen sich in dessen Papieren oder auf dem Computer vielleicht Hinweise auf die verborgenen Quellen finden.

So erging es mir selbst im März 2004 als EU-Korrespondent des *stern* in Brüssel. Jahrelang hatte ich immer wieder aus internen Papieren des EU-Betrugsbekämpfungsamtes Olaf zitiert. Die Unterlagen offenbarten, dass Betrug und Korruption in den europäischen Institutionen verbreiteter waren, als das der damalige Kommissionspräsident Romano Prodi und viele Europaabgeordnete wahrhaben wollten. Und die Dokumente halfen mir zu belegen, dass Olaf oft nur sehr zögerlich gegen verdächtige Beamte vorging.

Olaf-Chef Brüner geriet deshalb in der EU-Kommission unter Druck – nicht wegen seiner oft kraftlosen Ermittlungsarbeit, sondern weil es ihm nicht gelang, die Lecks in den Reihen der eigenen Mitarbeiter aufzuspüren. Bereits im März 2002 – nachdem mir zwei besonders brisante interne Papiere zugespielt worden waren – ließ Brüner einen schweren Verdacht lancieren. »Ein Journalist« habe diese Unterlagen erhalten und dafür möglicherweise einen Beamten bestochen, verbreitete Olaf in einer Pressemitteilung.

Was für ein potenziell tödlicher Vorwurf! Ein Journalist, der über Korruption schreibt, macht sich selbst der Korruption schuldig? Aber wie selbstzerstörerisch würde ein Reporter handeln, der genau das Delikt beginge, das er anprangert? Der Quelle, die Olaf suchte, hatte ich jedenfalls nicht mehr als einen Kaffee bezahlt.

Wenige Tage nach der brisanten Pressemitteilung räumte selbst Brüners Sprecher Alessandro Butticé in einer internen E-Mail an alle Kollegen ein, dass es nur »Gerüchte« seien, auf die sich der Bestechungsverdacht gründe. Über zwei Jahre später kam auch noch heraus, wer der Urheber dieser Gerüchte war: Joachim Gross, der damalige

Sprecher der zu jener Zeit für Olaf zuständigen EU-Kommissarin Michaele Schreyer. Auch sie hatte ich im *stern* immer wieder wegen ihrer laxen Antikorruptionspolitik kritisiert.

Gross wiederum berief sich gegenüber Olaf auf ein angebliches Gespräch mit einem *stern*-Kollegen. Später verwies er öffentlich auf eine mysteriöse dritte Person in Brüssel, von der der Korruptionsverdacht stamme. Trotz der dürftigen Beweislage ließ der ehemalige bayerische Oberstaatsanwalt Brüner im Februar 2004 in Schreiben an die Staatsanwaltschaften in Belgien und Hamburg Durchsuchungen des Brüsseler *stern*-Büros und der Hamburger *stern*-Zentrale nahelegen. Eile sei geboten, weil ich dabei sei, nach Washington zu wechseln. Wichtige Unterlagen drohten damit unwiederbringlich verloren zu gehen.

Der Umzug nach Washington war frei erfunden. In Wahrheit war ich dabei, nach Hamburg zurückzukehren – eine Stadt auf EU-Territorium. Aber das prüften die belgischen Justizbehörden nicht nach, bevor sechs Polizisten am 19. März 2004 morgens um sieben an meiner Wohnungstür im Brüsseler Stadtteil Ixelles klingelten und einen Durchsuchungsbefehl präsentierten.

In meiner Wohnung und dem *stern*-Büro im EU-Viertel beschlagnahmten die Polizisten Adressbücher, Kalender, Kontoauszüge, Mobiltelefone, Computer und 17 Kisten mit Unterlagen. In den folgenden dreieinhalb Jahren filzten sie zusammen mit Olaf-Ermittlern die beschlagnahmten Papiere, lasen die auf meinem Computer gespeicherten Notizen und E-Mails und stellten minutiöse computergestützte Vergleiche meiner Dokumente mit anderen Kopien derselben Olaf-Unterlagen her – immer mit dem Ziel, meine Informanten ausfindig zu machen. Obwohl früh klar war, dass aus all den Materialien nicht der kleinste Hinweis auf Bestechung hervorging, führten sie ihre Untersuchung ungerührt fort. Die Jagd auf meine Informanten hatte trotzdem weiter hohe Priorität.

Um diese Quellen zu schützen, finanzierte der *stern* Klagen bis zu den höchsten europäischen Gerichten, anfangs ohne Erfolg. Der Europäische Gerichtshof in Luxemburg wies unsere Klage gegen die EU-Kommission ab, weil allein die belgischen Behörden für die Razzia verantwortlich gewesen seien. Dass Mitarbeiter von Olaf nun dank der erfundenen Korruptionsvorwürfe auf dem Umweg über die belgische Justiz Einblick in meine Unterlagen nehmen konnten, beeindruckte die EU-Richter nicht. Die belgischen Gerichte, die wir anriefen, wiesen unsere Klagen ebenfalls zurück. Die Justiz des Königreichs habe ja auf Wunsch der EU-Behörde Olaf gehandelt!

Das *Wall Street Journal* fühlte sich angesichts dieser Manöver der belgischen und europäischen Richter an Kafka erinnert. Dabei hatte der Europäische Ombudsmann Nikiforos Diamandouros bereits im November 2003 das EU-Betrugsbekämpfungsamt aufgefordert, die gegen mich erhobenen öffentlichen Bestechungsvorwürfe zurückzunehmen – wenn auch ohne Erfolg. Im Mai 2005 ging der Ombudsmann noch einen Schritt weiter. Er warf Olaf-Chef Brüner in einem Sonderbericht an das Europäische Parlament vor, ihn in meiner Sache wiederholt in die Irre geführt zu haben.

Im November 2007 wendete sich unser Blatt schließlich auch vor den Gerichten. Der Europäische Menschengerichtshof in Straßburg – der keine EU-Institution ist, sondern unter der Verantwortung des Europarats arbeitet – gab der Klage statt, die wir gegen das Königreich Belgien eingereicht hatten. Die Polizeirazzia im März 2004 war illegal gewesen, urteilten die sieben Richter einstimmig. Der Bestechungsverdacht, den das EU-Betrugsbekämpfungsamt gegen mich lanciert hatte, habe auf nichts als »vagen unsubstantiierten Gerüchten« beruht, stellten sie fest.

Im Februar 2007 gab mir die belgische Polizei daraufhin die fast tausend Seiten Unterlagen zurück, die sich noch immer in deren Besitz befanden. Das Ermittlungsverfahren gegen unbekannt stellte die Brüsseler Staatsanwaltschaft im Januar 2009 ein. Für den von Olaf lancierten Korruptionsverdacht gebe es keine Belege.

Ein hochrangiger Olaf-Mitarbeiter hatte mir noch im Sommer 2008 nahegelegt, meine Berichterstattung über das Betrugsbekämpfungsamt ganz einzustellen. Seine Begründung war bemerkenswert: Ich sei befangen – wegen der Vorwürfe, die das Amt gegen mich erhoben hatte.

Das Argument war absurd. Würde es gelten, könnte eine Behörde kritische Journalisten jederzeit mit fingierten Vorwürfen zum Schweigen bringen. Wäre ich dem Rat gefolgt, nicht mehr über Brüner und Co. zu schreiben, hätte man mir anlasten können, ich fürchte die Olaf-Vorwürfe zu Recht – und schweige nun, weil ich eingeschüchtert sei.

Das hätte nicht zuletzt diejenigen in der Betrugsbekämpfungsbehörde und den anderen EU-Institutionen enttäuscht, die sich seit der Brüsseler Razzia mit neuen Informationen an mich wendeten. Stattdessen habe ich auch ihre Hinweise aufgegriffen und ihre Identität geschützt – so wie die der Quelle, die Olaf und die belgische Polizei suchten. Übrigens bis heute vergebens.

Anhang

Danksagung

Bei den Recherchen, auf denen dieses Buch fußt, haben mir viele Menschen geholfen. Mitarbeiter von deutschen und europäischen Behörden, aber auch von Konzernen wie Siemens haben über die Jahre immer wieder Hinweise gegeben, ohne die viele *stern*-Artikel nie erschienen wären und dieses Buch nicht möglich geworden wäre. Die Informanten taten das nicht selten unter beträchtlichem persönlichem Risiko. Um es nicht zu vergrößern, können sie hier nicht namentlich genannt werden.

In Brüssel habe ich meinen Journalistenkollegen Marcello Faraggi, Philippe de Casabianca und Nicola Smith für die gute Zusammenarbeit zu danken. Der Londoner Reporter Michael Gillard ermöglichte es mir im Jahr 2005, tiefer in das Korruptionsgeflecht rund um den Siemens-Konzern einzusteigen. Dank auch an die Kollegen Brigitte Alfter in Kopenhagen, Etienne Gingembre in Paris, Otfried Nassauer in Berlin, Manfred Redelfs in Hamburg, Vladimir Radomirovic in Belgrad und Jürgen Stoldt in Luxemburg.

Unverzichtbar war der Rat, den der Speyerer Staatsrechtler und Korruptionsexperte Hans Herbert von Arnim immer wieder parat hatte. Christian Humborg war als Geschäftsführer von Transparency International ebenfalls ein stets hilfreicher Ansprechpartner. Der Rechtsanwalt Wilhelm Mecklenburg gab Ratschläge bei allen Fragen rund um das Informationsfreiheitsgesetz.

Dank vor allem an meine Kollegen und Vorgesetzten beim *stern* – für die Erlaubnis, dieses Buch zu schreiben, und für die gute Zusammenarbeit. Der *stern* gehört bis heute zu den Medien, die ihren Redakteuren die Freiheit und die Ressourcen bieten, die recherchierenden Journalismus erst möglich machen.

Mein Agent Holger Kuntze hat dieses Buchprojekt von Anfang an begleitet und war immer zur Stelle, wenn es irgendwo hakte.

Für alle Fehler und Mängel auf den Seiten dieses Buches bin ich selbstverständlich allein verantwortlich.

Literatur

Adamek, Sascha / Otto, Kim   *Der gekaufte Staat*, Köln 2008

Arnim, Hans Herbert von (Hg.)   *Korruption. Netzwerke in Politik, Ämtern und Wirtschaft*, München 2003

Arnim, Hans Herbert von (Hg.)   *Korruption und Korruptionsbekämpfung*, Beiträge auf der 8. Speyerer Demokratietagung, Berlin 2007

Arnim, Hans Herbert von   *Integrität und Politik*, Vortrag auf der 11. Speyerer Demokratietagung am 23. 10. 2008

Bannenberg, Britta / Schaupensteiner, Wolfgang   *Korruption in Deutschland*, München 2007

Blome, Nikolaus   *Faul, korrupt und machtbesessen? Warum Politiker besser sind als ihr Ruf*, Berlin 2008

Bruns, Tissy   *Republik der Wichtigtuer*, Freiburg im Breisgau 2007

Buitenen, Paul van   *Korruptionskrieg in Brüssel*, Gießen 2004

Crouch, Colin   *Postdemokratie*, Frankfurt am Main 2008

Dagger, Steffen / Kambeck, Michael (Hg.)   *Politikberatung und Lobbying in Brüssel*, Wiesbaden 2007

Dolata, Uwe / Schilling, Akatshi   *Korruption im Wirtschaftssystem Deutschland*, Murnau 2004

Dölling, Dieter   *Handbuch der Korruptionsbekämpfung*, München 2007

Gammelin, Cerstin / Hamann, Götz   *Die Strippenzieher*, Berlin 2005

Gaugler, Markus   *Bundestagsabgeordnete zwischen Mandat und Aufsichtsrat*, Saarbrücken 2006

Jastrow, Serge-Daniel / Schlatmann, Arne   *Informationsfreiheitsgesetz – IFG. Kommentar*, Heidelberg 2006

Joly, Eva   *Im Auge des Zyklons*, München 2006

Leif, Thomas / Speth, Rudolf (Hg.)   *Die fünfte Gewalt. Lobbyismus in Deutschland*, Wiesbaden 2006

Leyendecker, Hans   *Die Korruptionsfalle*, Reinbek 2003

Leyendecker, Hans   *Die große Gier*, Berlin 2007

Mulgan, Geoff   *Good and Bad Power. The Ideas and Betrayals of Government,*
London 2007

Oldag, Andreas / Tillack, Hans-Martin   *Raumschiff Brüssel. Wie die Demokratie
in Europa scheitert,* Berlin 2003

Pierer, Heinrich von / Homann, Karl / Lübbe-Wolff, Gertrude   *Zwischen Profit
und Moral – Für eine menschliche Wirtschaft,* München 2003

Pies, Ingo / Sass, Peter / Meyer, Henry zu Schwabedissen   *Zur Theorie und Praxis
der Korruptionsbekämpfung,* Halle-Wittenberg, 2005

Ritter, Rubin / Feldmann, David (Hg.)   *Lobbying zwischen Eigeninteresse und Verantwortung,*
Baden-Baden 2005

Simmert, Christian   *Die Lobby regiert das Land,* Berlin 2002

Tillack, Hans-Martin   *From Brussels to Burma,* in: David Dadge (Hg.)   *Silenced,*
Amherst 2005

Tillack, Hans-Martin   *Subtiler Jubel aus Brüssel,* in: Message, Heft Nr. 3, 2006, S.34–41

Tillack, Hans-Martin   *Bonn, Berlin, Brüssel – Recherche in politischen Institutionen,*
in: Netzwerk Recherche e.V. (Hg.)   *Quellenmanagement – Quellen finden und öffnen,*
Wiesbaden 2008

Vahlenkamp, Werner / Knauß, Ina   *Korruption – hinnehmen oder handeln?,*
BKA-Forschungsreihe, Band 33, Wiesbaden 1997

Wegener, Bernhard W.   *Der geheime Staat,* Göttingen 2006

Personenregister